薬袋秀樹
Minai Hideki

図書館運動は何を残したか
図書館員の専門性

LIBRARIAN

勁草書房

はしがき

　日本の公立図書館の発展の契機となったのは，日本図書館協会から1963年に出版された『中小都市における公共図書館の運営』と1970年に出版された『市民の図書館』であるといわれている。『中小都市における公共図書館の運営』の出版から35年以上が経過した。この間，公立図書館の館数は増え，市民に親しまれるようになってきた。施設や蔵書の規模も拡大してきた。先進的な図書館では，勤労者の利用が増え，さまざまな学習や調査のための利用者が増加している。ベテランの司書によるレファレンスサービスも高く評価されている。

　しかし，その反面，公立図書館はベストセラーを貸し出すところであり，図書館職員は本の貸出手続きを行う人であり，図書館の仕事は誰でもできるという誤ったイメージも存在している。わが国の社会では，公立図書館は何のために存在するのか，何をするところなのかという根本的な問題はまだ理解されていない。公立図書館の専門的職員である司書の役割についても同様である。

　わが国の図書館界には，図書館界を代表する職能団体として社団法人日本図書館協会があり，図書館の振興と図書館専門職の確立のためにさまざまな運動を行なってきた。また，主に公立図書館職員からなる団体として図書館問題研究会があり，公立図書館の振興と司書職制度の確立のためにさまざまな運動を進めてきた。運動には理論と実践があり，理論の構築は主に日本図書館協会によって，実践は日本図書館協会と図書館問題研究会によってそれぞれ行なわれてきた。

　しかし，公立図書館と司書の役割の明確化に関してはこれまでの運動は必ずしも成功していない。特に，司書職制度の確立に関してはほとんど成果を上げていない。日本図書館協会や図書館問題研究会の関係者ですら，そのことを自認せざるを得ない現状にある。

　その原因はどこにあるのだろうか。

　日本図書館協会や図書館問題研究会が30年間以上にわたって運動を続けてき

はしがき

たにもかかわらず，目立った成果が得られないとすれば，それらの運動の理論と実践に何らかの根本的な欠陥があると考えるべきである。このような状況では従来通りの運動を続けるのではなく，まず，これまで成果が得られなかった原因を解明するべきである。それなしには運動を続けても無意味であろう。

そこで，本書では，過去30年間にわたるこれまでの司書職制度を求める運動の理論と実践に何らかの問題がなかったかどうかを検証したい。

本書は3部からなる。

第Ⅰ部「司書職制度の基礎」では，司書職制度に関する筆者のこれまでの研究成果を整理し紹介する。司書職制度の概要をまとめ，問題点を指摘し，現状の打開策を提案する。

第Ⅱ部「司書の専門性に関する理論」では，司書職制度を裏付ける理論として，日本図書館協会と図書館関係者が提起してきた「図書館員の専門性」，「図書館員の倫理綱領」，「司書の資質論」の3点を取り上げ，それらが理論的整合性のあるものであるかどうか，対外的に説得力のあるものであったかどうかを検証する。

第Ⅲ部「司書職制度要求運動の現実」では，司書職制度要求運動の一つの例として，1967年の東京都公立図書館長協議会による要請書の問題を取り上げ，その経過と評価を明らかにし，図書館問題研究会東京支部の会員による反対運動が妥当な運動であったかどうかを検証する。

本書は，第Ⅲ部が1960年代後半のできごと，第Ⅱ部第2章が1970年代前半，第3章が1970年代後半，第4章が1960年代から1990年代までの論議を取り上げており，全体として，主に1960年代から1970年代までを論じている。

これによって，日本図書館協会による理論作業，図書館問題研究会による実践活動からなる運動が，戦後の公立図書館界においてどのような役割を果たしてきたのかを明らかにしたい。わが国の公立図書館に関しては，図書館情報学の立場から，高度な情報技術の導入の必要性が主張されることが多いが，筆者は，図書館職員の組織が近代的な組織であるかどうかが最も基本的な問題であると考える。

なお，一般には「公共図書館」という用語が用いられるが，本文中では法律

上の用語である「公立図書館」を用いた。法律上は，市町村立図書館と都道府県立図書館を含むいわゆる公共図書館を公立図書館と呼んでいる。

　本文中では，人名に発言当時の所属を付記し，敬称は省略した。また，日本図書館協会図書館員の問題調査研究委員会は「委員会」と略記した。公立図書館の司書は法律上は専門的職員であるため，「専門的職員」で統一したが，他館種を含める場合は「専門職」または「専門職員」とした。図書館学については，1980年代までは「図書館学」，1990年代以後は「図書館情報学」を用いた。

　巻末に各章ごとに注と参考文献リストを掲載した。参考文献リストは各章のテーマに関する文献を発行年代順に配列したが，第5章〜第7章の参考文献は一つにまとめた。書誌事項は，編者と同一の出版者および発売者は省略し，シリーズ名は図書館関係のシリーズのみを書名に続けて記載した。注では，初出以外は副標題を省略し，参考文献リストでは，年代順に配列するため，単行書にも出版年月を記載した。

　本文および注で出典を示す場合，参考文献リストに収録した文献については，［　］内に文献の一連番号とページ数（必要な場合）を付記した。

　例：［23］（文献番号），［23：3-5］（文献番号：ページ数）

　　　2001年3月30日

　　　　　　　　　　　　　　　　　　　　　　　　　　　　薬袋　秀樹

図書館運動は何を残したか
目　次

はしがき

I　司書職制度の基礎

第1章　わが国における司書職制度 …… 3

はじめに …… 3
1　図書館職員をめぐる論議 …… 3
2　公立図書館の司書の現状 …… 6
3　司書職制度を求める運動の現状 …… 17
4　司書職制度の問題点 …… 23
5　司書職制度を求める運動の問題点 …… 31
6　司書の配置を進めるための方法 …… 33

II　司書の専門性に関する理論

第2章　「図書館員の専門性とは何か(最終報告)」をめぐって …… 41

はじめに …… 41
1　最終報告の概要 …… 42
2　最終報告に対する当時の評価 …… 46
3　専門性の三つの要件 …… 51
4　専門性の要件の検討経過 …… 55
5　専門職養成と専門職制度 …… 60
6　倫理綱領と専門職団体 …… 65
7　専門職の要件 …… 68
8　最終報告の評価 …… 70
おわりに …… 72

第3章 「図書館員の倫理綱領」は有効だったか …………… 73
 はじめに ……………………………………………………………… 73
 1 図書館員の倫理綱領とは何か ……………………………… 74
 2 「図書館員の倫理綱領」の概要 …………………………… 77
 3 「図書館員の倫理綱領」の特徴 …………………………… 85
 4 「図書館員の倫理綱領」の問題点 ………………………… 91
 5 「図書館員の倫理綱領」の評価 ……………………………103
 おわりに ………………………………………………………………106

第4章 司書に必要な基礎的能力とは何か ………………107
 はじめに ………………………………………………………………107
 1 司書の資質論の概要 …………………………………………108
 2 司書の資質論の内容 …………………………………………111
 3 司書の資質論の分析 …………………………………………120
 4 司書の資質論の特徴と問題点 ………………………………127
 5 司書に必要な基礎的能力 ……………………………………132
 おわりに ………………………………………………………………137

Ⅲ 司書職制度要求運動の現実

第5章 司書職制度の要請書をめぐって ……………………141
 ――東京都公立図書館長協議会の要請書(1967)――
 はじめに ………………………………………………………………141
 1 要請書に至る経過 ……………………………………………143
 2 要請書の概要と提出 …………………………………………150
 3 要請書に対する回答とその後の論議 ………………………157

　　　　　4　その後の論議 …………………………………………………168
　　　　　5　要請書と回答の評価 ……………………………………………175
　　　　おわりに ………………………………………………………………177

第 6 章　なぜ要請書に反対したのか ……………………………………178
　　　　はじめに ………………………………………………………………178
　　　　1　反対意見の分析 ……………………………………………………178
　　　　2　反対理由の問題点 …………………………………………………182
　　　　3　反対運動の方法の問題点 …………………………………………195
　　　　4　反対運動の背景 ……………………………………………………204
　　　　おわりに ………………………………………………………………212

第 7 章　図書館運動の「負の遺産」………………………………………213
　　　　はじめに ………………………………………………………………213
　　　　1　要請書と回答の評価 ………………………………………………213
　　　　2　今後の課題 …………………………………………………………218
　　　　おわりに ………………………………………………………………219

結　語 ………………………………………………………………………………220

年　表 ………………………………………………………………………………222
注・参考文献 ………………………………………………………………………224
あとがき ……………………………………………………………………………242
謝辞 …………………………………………………………………………………244
索引 …………………………………………………………………………………245
初出一覧

Ⅰ　司書職制度の基礎

「Ⅰ　司書職制度の基礎」では，第1章で司書職制度に関する筆者のこれまでの研究成果を整理し紹介する。司書職制度の概要をまとめ，問題点を指摘し，現状の打開策を提案する。

第1章　わが国における司書職制度

はじめに

　この章では，公立図書館とその専門的職員である司書について，基本的事項とそれを取り巻く諸問題を解説する。最初に，これまでの研究の歴史を明らかにし，次に，公立図書館とそこで働く司書とは何かを明らかにする。その後，司書職制度について論ずる。

　1では，図書館職員をめぐる論議，2では，公立図書館の司書の現状，3では，司書職制度を求める運動の現状，4では，司書職制度の問題点，5では，司書職制度を求める運動の問題点，6では，司書の配置を進めるための方法について論ずる。

1　図書館職員をめぐる論議

　図書館職員については多くの研究テーマがある。専門性，専門的職務，資格制度，採用制度，人事管理，非常勤職員，養成教育，研修，専門職性，専門職制度，専門職団体，倫理綱領，図書館運動などである。具体的な研究対象としては，日本と英米などの図書館先進国の各館種の図書館の職員がある。

1.1　日本図書館協会を中心とする論議

　戦後50年間の図書館職員論を体系的に整理した文献はない。それぞれの時期の文献を紹介したものとして，雑誌『図書館界』（日本図書館研究会発行）の50号ごとの特集号に掲載される文献展望がある。1959年の特集には職員に関する

ものはない。1967年の「図書館員の養成」(高橋重臣)[1]と1976年の「大学における図書館員教育」(久保輝巳)[2]は職員について若干触れている。それ以後は1985年の「職員論」(後藤暢)[3]，1993年の「図書館員の専門性と専門職制度」(田口瑛子)[4]がある。1960年代の文献については，共著の単発記事「文献レビュー・図書館学教育」[5]，「図書館学教育文献目録」[6]（編集委員会）があり，職員について触れている。このほか，個別の文献リストや展望記事はあるが，その体系化は今後の課題としたい。

1940〜1950年代には，『図書館雑誌』に図書館職員の待遇，任用制度，職務内容に関する文献が見られる。1960年代には，図書館職員の職務内容や制度に関する議論が盛んになる。1960年代後半に入ると，専門職の制度が未確立であることからさまざまな問題が生じてきた。

そこで，1970年に，「図書館員の専門性を明らかにし，現行の司書職制度の批判の上にたって，専門職としての司書職制度の確立のために調査研究する」ことを第一の目的として，日本図書館協会に図書館員の問題に関する調査研究委員会（以下，委員会という）が設置された。委員会は，1970年代には，最初は図書館員の専門性について，次にそれを受けて倫理綱領について検討を行い，それと並行して司書職制度について調査や検討を進めた。1970年代には多数の報告記事を発表し，1976年に『図書館員の専門性とは何か—委員会の記録』[7]として出版した。その成果として，日本図書館協会は1980年に「図書館員の倫理綱領」を制定した。委員会は，1980年代には倫理綱領の普及と司書職制度の調査を進め，司書職制度に関する報告書やパンフレットを発行した。

久保輝巳（関東学院大学）は，1970年の設置時からこの委員会の委員で，1974年度から2代目の委員長となった。1970年代前半から，司書の専門性，司書の倫理綱領，司書職制度などに関する論文や記事を発表した。1983年に，1967年から1982年までの論文と記事を集成した『公共図書館職員論』[8]を出版した。この本に収録された論文・記事には委員会の見解に関連するものが多い。1986年にはこれをもとに司書に関する入門書として『図書館司書という仕事』[9]という本を出版した。途中から委員となり，久保に続いて3代目の委員長となった後藤暢（国立国会図書館）は，久保と同様に委員会の見解を反映した記事を発表している。

委員会は，1990年代には，学校司書，非正規職員，週休2日制などの個別の課題に関する調査研究を行ない，調査報告書を刊行しているが，それに関する十分な論議は行なわれておらず，それがどのように体系化されるのかは明らかではない。注目される報告書として，委員会によるものではないが，1994年に出版された『海外図書館員の専門職制度　調査報告書』[10]がある。これはアメリカ，イギリス，スウェーデンの3国の図書館の専門職制度の調査報告である。これまでも雑誌記事では同様の試みはあったが，パンフレットになったのは初めてである。しかし，この報告書もほとんど論議の対象にはならなかった。委員会とは別に，司書をめざす人のためのガイドブックとして塩見昇編著『図書館員への招待』[11]が1996年に出版されている。

これ以外にも，1970年代以後，図書館員の専門性や専門職制度に関してはさまざまな論者によって多数の文献が発表されているが，体系的な研究は少なく，専門的に研究している人物は少ない。

1.2　図書館学者による論議

図書館学者は，養成教育（図書館学教育）については多くの研究を行なってきたが，専門職制度や職員問題については十分研究を行なってこなかった。日本図書館学会研究委員会編集の『論集・図書館学研究の歩み』（現在は日本図書館情報学会研究委員会編集『論集・図書館情報学研究の歩み』）が19集を数えながら，一度も図書館職員を取り上げてこなかったことはその象徴である。日本図書館学会の学会誌『図書館学会年報』（現在は日本図書館情報学会『日本図書館情報学会誌』）を見ても，1980年代まででは，職員制度の研究として岩猿敏生（京都大学附属図書館）による大学図書館職員の制度の研究[12]，長倉美恵子（国立教育研究所）による学校図書館職員の制度の研究[13]はあるが，公立図書館職員の制度の研究は見られない。これまで，図書館職員に関する研究が不十分だった理由として，研究に実務的な知識と資料が必要であること，現場の職員の利害にかかわるため研究しにくいことが考えられる。

養成教育については，図書館学者によってきわめて多くの論文や記事が書かれてきたが，それらを集大成した研究はなく，特定のテーマを掘り下げた研究論文も少ない。『論集・図書館学研究の歩み』でも，第1集で「図書館学の研究

と教育」[14],第3集で「図書館学の教育」[15]を取り上げたのみである。

1.3 筆者による研究

筆者が,図書館の専門職員に関する研究論文を『図書館学会年報』に発表したのは1995年3月である。それ以来6年間が経過した。筆者は,この間,図書館員,司書及び司書職制度に関する論文をいくつか発表してきた。関連する研究に,1994年以降の大庭一郎（図書館情報大学）による図書館職員の職務分析に関する一連の研究[16]がある。

筆者の研究は,委員会,久保・後藤などの委員会関係者,その他の公立図書館関係者によるこれまでの職員論を批判的に検討するものである。これまでの見解をひとつひとつ検討することを通じて新たな見解を構築することを意図している。これまで,図書館員の専門性,図書館員の倫理綱領,図書館法の司書に関する規定,司書の資質論などについて考察してきた。これらは,専門職員論に関して必要な研究の一部に過ぎない。したがって,本書は,職員論研究の中間総括に当るものである。今後は,委員会の見解だけでなく,これまでの論議全体を検討していきたい。

2　公立図書館の司書の現状

2.1　公立図書館とは何か

社会にはさまざまな種類の図書館がある。公立図書館,学校図書館,大学図書館,専門図書館,国立図書館などである。これらの図書館の種類を館種という。学校図書館,大学図書館,専門図書館は,本来,その図書館を設置する学校,大学,団体・企業・官庁等のために設けられたものである。そのため,それぞれの学校,大学,団体・企業・官庁の構成メンバー,すなわち学校図書館は教員と児童又は生徒,大学図書館は教員と学生,専門図書館は団体・企業・官庁の職員が主なサービス対象であり,利用者の中心である。

公立図書館は,これらの館種の図書館とは異なり,すべての人々の利用を目的としている。したがって,公立図書館は,すべての市民に開かれ,市民にとって最も身近で,市民が学習や調査研究に利用できる図書館である。大学・

学校や団体・企業・官庁に属さない市民が利用できる図書館は公立図書館だけである。公立図書館の目的として，図書館法では，教養，調査研究，レクリエーションの3点が挙げられている。図書館の資料を利用する目的はほぼこの3点に含まれる。市民は，これらのさまざまな目的から公立図書館を利用する。この中で注目すべき点は調査研究である。市民は，公立図書館を利用することによって，さまざまな調査研究を行なうことができる。

公立図書館は，市町村や都道府県などの地方自治体が設置する図書館で，市町村が設置する市町村立図書館と都道府県が設置する都道府県立図書館からなる。市町村立図書館は，主に市町村民に資料や情報を提供する。都道府県立図書館は，都道府県民および都道府県内の市町村立図書館に対して，市町村立図書館を補完する資料とサービスを提供する。これには市町村立図書館が所蔵しない資料の提供と市町村立図書館では提供できないレベルのサービスの提供が含まれる。都道府県立図書館は，多くの場合，県庁所在地の市ないしは主要な市にある。

一般に用いられている公共図書館という用語は法律上の用語ではない。一般に公共図書館と呼ばれる市町村立図書館と都道府県立図書館 は法律上は公立図書館である。これは，逆に見れば，公立図書館は，現在，公共図書館と呼ばれているということである。

公立図書館と対立する概念に私立図書館がある。では，公立図書館と私立図書館を合わせて何と呼ぶのだろうか。終戦直後の一時期，図書館界では，公立図書館と私立図書館を合わせて公共図書館と呼んでいた[17]。公立の公共図書館と私立の公共図書館があり，この両方を合わせて公共図書館と呼んでいたのである。公共図書館という用語は，設置主体を問わず，一般市民のために設置され一般市民が利用できる図書館を意味していた。これは，現在の用法とは異なっている。

この公立図書館と私立図書館を合わせた概念に対してもう一つ別の表現がある。図書館法では，この概念に対して図書館という用語を用いている。しかし，私立図書館は数が少ないので，実際に問題になることはほとんどない。したがって，公立図書館と私立図書館を合わせた概念である「公共図書館」ないしは「図書館」がそのような意味で用いられることは少ない。したがって，問題

は公立図書館と公共図書館のどちらを用いるかである。

本書では，法律上の用語を尊重して，地方自治体の設置する図書館に対して法律上の用語である公立図書館という用語を用いている。

わが国では，公立図書館と私立図書館については図書館法が規定している。図書館法は3章からなり，1章は総則で，2章で公立図書館について定め，3章で財団法人と社団法人が設置する私立図書館について定めている。先に述べたように，公立図書館と私立図書館を合わせて，法律上では図書館と呼んでいる。これは，先に述べた終戦直後の公共図書館という用語と同義である。図書館法で図書館という用語が用いられているのは，この言葉が「日常使われている言葉で」「社会通念としても（中略）公共性をもつ図書館施設について使われている」という事情があったためである[18]。利用者から見た公立図書館と私立図書館の最大の相違は，公立図書館は図書館資料の利用に対する対価を徴収することはできないが，私立図書館は図書館資料の利用に対する対価を徴収することができる点である。

以上を整理すると，次のような関係になる。

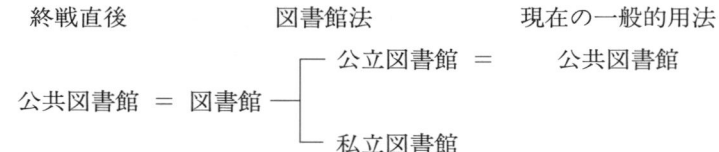

「ユネスコ公共図書館宣言　1994年」(UNESCO Public Library Manifesto 1994)[19]は，公共図書館の使命と運営原理について述べている。それは次の6点に整理することができる。

1. 公共図書館は，その利用者があらゆる種類の知識と情報をたやすく入手できるようにする，地域の情報センターである。
2. 年齢，人種，性別，宗教，言語あるいは社会的身分を問わず，すべての人が平等に利用できる。
3. 原則として無料である。
4. 地方および国の行政機関が責任を持つ。
5. 国および地方自治体により経費が調達されなければならない。
6. 特定の法令によって維持されなければならない。

この公共図書館（Public Library）は，わが国の公立図書館にあたる。

図書館法は，公立図書館と私立図書館の目的，設置，サービス，職員，運営の原則とともに，図書館に関する国と地方自治体の役割を規定している。

公立図書館は全国の地方自治体のうちどれくらいの自治体に設置されているのだろうか。1999年4月1日現在で，市町村立図書館の設置率は49％である。これを市立図書館と町村立図書館に分けると，市立図書館の設置率は97％であり，町村立図書館の設置率は36％である。ほとんどの市に図書館が設置されており，3分の1以上の町村に図書館が設置されている。1980年4月現在の設置率は，市立図書館が81％，町村立図書館が13％，1990年4月現在の設置率は，市立図書館が91％，町村立図書館が20％であったことを考えると，町村立図書館が急速に整備されていることがわかる[20)21)22)]。1995年4月現在の町村立図書館の設置率を，人口段階別に分けると，次のとおりである[23)]。

5千人未満	11.5％	2.5万人～3万人未満	56.4％
5千人～1万人未満	22.5％	3万人～3.5万人未満	62.3％
1万人～1.5万人未満	35.2％	3.5万人～4万人未満	70.0％
1.5万人～2万人未満	49.0％	4万人以上	53.3％
2万人～2.5万人未満	55.1％		

人口4万人以上の段階以外は，人口が多い町村ほど，図書館の設置率が高くなっている。人口1万人以上の町村全体では，設置率は45.6％である。

2.2 司書とは何か

公立図書館には，資料の選択と収集，資料の分類と目録，利用者に対する利用案内，読書案内，レファレンス，リクエスト等のサービス，運営方針の決定や予算編成などの図書館運営，相互貸借や総合目録の作成などの図書館ネットワークの構築などの専門的な職務がある。図書館職員は，これらの専門的職務を含むさまざまな職務を行なう。図書館法では，専門的職員としての司書・司書補となる資格を定めている。一般に，これらの資格を司書・司書補資格といい，これらの資格を持つ人のことを司書・司書補有資格者という。司書・司書補有資格者は，司書・司書補の職名を得て初めて司書・司書補になる。しかし，一般には，司書・司書補有資格者を司書・司書補と呼ぶことが多い。

I　司書職制度の基礎

　このことから，司書・司書補はすべての館種の図書館の専門職員と考えられがちであるが，これは正しい理解ではない。公立図書館，学校図書館，国立国会図書館について定めている三つの法律（図書館法，学校図書館法，国立国会図書館法）は，専門職員について次のように規定している。図書館法は，第4条で，公立図書館と私立図書館に置く専門的職員を司書・司書補と称すること，第5条で，司書・司書補となるための資格を定めている。司書・司書補は，すべての館種の図書館の専門職員の資格ではなく，公立図書館と私立図書館の専門的職員の資格である。学校図書館法は，第5条第1項で「学校には，学校図書館の専門的職務を掌らせるため，司書教諭を置かなければならない」ことを定め，第2項で「前項の司書教諭は，教諭をもつて充てる」と定めている。司書教諭は，まず教諭として辞令を受け，さらに司書教諭講習を修了していることが必要である。司書教諭は「学校図書館の専門的職員」と呼ばれることはあるが，学校図書館の専任であるとは限らない。この点で司書・司書補とは異なる。しばしば，学校図書館に司書・司書補有資格者を含む職員が配置されており，これを一般に学校司書と呼んでいる。学校司書は法律上は事務職員であり，専門的職員ではない。国立国会図書館法は専門的職員については定めていない。大学図書館に関しては，図書館法や学校図書館法のような，大学図書館について定めた独立した法律は存在しない。（なお，図書館法上の私立図書館はきわめて少数なので，これ以後は言及しない。）

　このように，図書館業務のみを行なう専門的職員として法律で定められているのは現在のところ司書・司書補だけである。しかし，図書館の仕事は，公立図書館，大学図書館，学校図書館，専門図書館，国立国会図書館のどの館種であれ，技術上は共通する部分が大きい。そのため，大学図書館，学校図書館，専門図書館の職員として司書・司書補有資格者を採用する場合や，大学図書館，学校図書館，専門図書館，国立国会図書館に勤務する職員が，専門的知識や技術を求めて，司書・司書補講習を受講して司書・司書補資格を取得する場合がある。このような場合，司書・司書補資格は，さまざまな館種の図書館の専門職員に共通する資格，あるいは図書館の専門職員の資格一般と見なされ，その役割を果たしている。

　なお，関連する用語に図書館職員と図書館員がある。図書館職員は，図書館

で働くすべての職員を指す用語で，専門的職員である司書・司書補と事務職員その他の職員を含む。図書館員は，一般に，司書・司書補ないしは図書館の専門職員一般を指す。特に，公立図書館以外の館種の図書館の専門職員，全館種にわたる専門職員一般に対して，図書館員が用いられる。

なお，公立図書館界では，司書を「専門職」と位置づけることが多いが，多くの場合，これは地方自治体職員の専門職種の一つとなることをめざすもので，医師，弁護士を代表とする伝統的プロフェッション（専門職）となることをめざすものではない。

2.3 専門的職員の職務

図書館法は，第4条第2項で，司書は図書館の専門的職務に従事すること，第3項で，司書補は司書の職務を助けることを規定している。司書・司書補の職務内容については，1998年まで文部事務次官通牒「司書および司書補の職務内容」（1950）があり（1998年12月10日付けで廃止），図書館の庶務的・総務的職務も含めて，司書と司書補の職務の分担を示していた。若干の例外はあるが，司書の職務は判断を要する職務であり，司書補の職務は判断を要しない職務である。前者は，専門的職務であり，後者は非専門的職務である。

しかし，わが国の公立図書館ではこの通牒は実行されなかった。その理由は次の2点である。第一に，日本の地方自治体の職場では，一般に，大学卒と高校卒で仕事を区別することはなく，図書館もその影響を受ける。第二に，司書・司書補で職務を区分したとしても，司書補は3年後には司書になることができる。図書館職員が全員司書有資格者になれば，専門的職務と非専門的職務を区分せず混合して分担せざるを得ない。つまり，非専門的職務も司書が担当することになる。したがって，この通牒は実行不可能であった。こうして，公立図書館の司書は専門的職務も非専門的職務も合わせて図書館の業務全般を担当することになった。図書館業務には非専門的職務が多いため，司書の職務の相当部分は非専門的職務になってしまった。このように，通牒は現場では実行されなかったが，図書館法では判断を必要とする職務とそれ以外の職務の分離が意図されていたことは確かであり，その点を十分理解する必要がある[9]。

Ⅰ 司書職制度の基礎

都立図書館では，図書館法制定後しばらくは司書と司書補が採用されていたが，ある時期から大学卒（4年制大学または短大卒）の司書のみを採用するようになった。その後，1970年代に，新たに設置された市立図書館が同様に司書を採用した。ここから，公立図書館の職員は庶務担当者以外は全員大学卒の司書が配置されるべきだという通念が生まれた。この時期の公立図書館は，職務内容としては非専門的職務が多いにもかかわらず，多数の大学卒が配置されており，職務内容と配置される職員がアンバランスな状態にあった［1］。

このため，1970年代末から生じた図書館の人員不足に対して，管理部門は，大学卒の司書を増員することなく臨時職員や嘱託職員を導入した。この時が，専門的職務と非専門的職務を分離するチャンスであった。しかし，専門的職務と非専門的職務を明確に区分する考え方がなかったため，専門的職務の範囲は不明確なまま，臨時職員や嘱託職員が導入されてしまった。

近年，図書館には臨時職員や嘱託職員が多数導入されており，この点がしばしば批判されている。しかし，図書館には非専門的職務が多いことを考えると，臨時職員や嘱託職員が非専門的職務を担当している限り，導入自体は批判されるべきではない。問題は，専門的職務と非専門的職務が明確に区分されていないこと，臨時職員や嘱託職員が専門的職務を担当している場合があることである。

2.4 司書の資格
(1) 司書・司書補となる資格

図書館法は，第5条第1項，第2項で，司書，司書補となる資格を有する者について定めている。主な規定の趣旨は下記のとおりである。
- 司書補となる資格（第2項）
  1．高等学校を卒業した者または高等専門学校第3学年を修了した者で，司書補講習を修了したもの。
- 司書となる資格（第1項）
  1．大学を卒業した者で，司書講習を修了したもの。
  2．大学を卒業した者で，大学で図書館に関する科目を履修したもの。
  3．3年以上司書補として勤務した者で，司書講習を修了したもの。

大学は4年制大学と短期大学を含む。司書となる資格の特徴は，1・2のいずれも最終的に大学を卒業しなければならないことである。つまり，司書補を経ることなく，司書資格を得るには大学を卒業することが必要なのである。司書補は，3年間司書補として勤務し，3年目に司書講習を受講すれば，司書の資格を得ることができる。

なお，司書・司書補となる資格は，文部省が大学の学長に委嘱して，学長が授与する。司書・司書補有資格者の持つ資格は，司書・司書補となる資格であり，司書・司書補の職名を得て初めて司書・司書補となる。

(2) 司書・司書補講習の受講資格

司書・司書補講習を受講できる者については，図書館法施行規則第2条，第3条で定めている。主な規定の趣旨は下記のとおりである。
・司書講習　　大学に2年以上在学して，62単位以上を修得した者
・司書補講習　高等学校を卒業した者または高等専門学校第3学年を修了した者

4年制大学の学生は3年次以後，短大生は卒業後，司書講習を受講することができる。高校生は卒業後，司書補講習を受講することができる。

(3) 司書・司書補講習の履修科目

司書・司書補となる資格を得るために講習で修得しなければならない科目については，図書館法施行規則（文部省令）第4条，第5条で定めている。単位数は，司書は20単位，司書補は15単位である。この科目を，一般に省令科目または司書科目と呼んでいる。大学で履修する図書館に関する科目は，司書科目に対応した科目でなければならない。20単位は，専門職として位置づけるには少ない。この点がしばしば批判されている。

2.5　司書の養成

大学で司書科目に対応した科目を開講するには二つの方法がある。一つは，他に専攻を持つ学生を対象に司書科目に対応した科目を開講する教育課程で，これを司書課程という。他の一つは，司書科目に対応する科目を専門科目として開講する学科や専攻で，これを専攻科という場合がある。専攻科では，司書科目と同一の科目ではなく，科目数が増加し，より専門的な科目として再編成

I 司書職制度の基礎

されていることが多い。学生は，司書課程では，自分の専門科目とは別に司書科目を履修し，専攻科では，専門科目として司書科目を履修する。専攻科には，図書館情報学，生涯学習，社会情報学，文化情報学等多様な名称があり，図書館情報学の科目を他の分野と組み合わせて，新しいコンセプトを作っている場合が多い。一般に，徐々にではあるが，専攻科が増える傾向にある。司書科目の内容は，学問分野としては，かつては図書館学，現在は図書館情報学に属している。専攻科は，司書資格のための必要履修単位数が少ない点を，図書館情報学関係の科目を充実し多数開講することで解決しようとしている。

　図書館業務には，司書科目以外にも，一般教養，語学，主題知識などのさまざまな知識が必要になるが，これらの科目の意義については，これまで十分議論されてきていない。図書館情報学の教育では専攻科が優位にあるが，教養，語学，主題知識を含む図書館職員として必要な知識全体の教育に関しては，専攻科が優位にあるとは限らない。そのため副専攻を設けている専攻科もある。

　司書という職業に対して正しい認識を持つには実習が不可欠である。司書科目に実習は含まれていないが，実習を準必修化している大学もある。講義を聞き，演習科目を履修して，司書となる資格を得ても，経験を積まなければ，実務を適切に行なうことはできない。司書は，履修単位が少ない分，それだけ多くの経験を積むことが必要である。司書資格が実質を伴うには，少なくとも5年程度の経験が必要であろう。

　司書課程等で司書養成を行なっている教員は，大きく，図書館職員OBと大学院の修了者の2種類に分けることができる。これまでは図書館職員のOBが多かった。OBは図書館現場の実情にくわしい点は優れているが，研究業績が少ない場合も少なくない。近年，大学院修了者が増えつつあるが，図書館現場の実情に関する認識が不足し，実践的な研究を避ける傾向がある。司書は公立図書館職員の資格であるにもかかわらず，教員には公立図書館の研究者が少ない。また，これまでの図書館学研究は，内外を問わず，歴史の研究と外国の事情や学説の研究が多かった。その結果，日本の公立図書館の現状に関する批判的な研究はきわめて少なかった。

2.6 図書館法における司書の配置

図書館法は，第13条で公立図書館における職員の配置について定めている。第1項では，専門的職員の配置について，「教育委員会が必要と認める専門的職員を（中略）置く」と定めている。これは，司書・司書補を配置するかしないかは自治体の自由であり，配置を義務づけたものではないと解釈されているが，図書館界には専門的職員の配置が原則であるという解釈もある［9］。

これまで，文部省によって，公立図書館に司書有資格館長と司書・司書補の配置を進める政策が行なわれてきた。1997年度まで，文部省は公立図書館の建設補助金を支出していた。各自治体が文部省の図書館建設補助金を受ける場合は，その条件として，図書館法第21条にもとづく公立図書館の最低基準の充足，図書館法第13条第3項にもとづく司書資格を持つ図書館長の配置の二つの条件を満たすことが義務付けられていた。公立図書館の最低基準では，サービス人口に比例した一定人数の司書・司書補の配置を定めていた。このように，文部省の公立図書館の建設補助金は，司書有資格館長，司書・司書補の配置を促進してきたのである。

しかし，1980年代中頃から強まった地方分権や規制緩和をめざす政策に対応して，1996年末には，1998年度以降の文部省の公立図書館施設整備費補助金が廃止された。1999年7月には図書館法が改正されて第13条第3項が廃止され，2000年2月には図書館法施行規則が改正されて「公立図書館の最低基準」が廃止された（いずれも施行は2000年4月）。これらの相次ぐ制度改正により，司書有資格館長や司書の配置は後退している。

こうした地方分権や規制緩和をめざす人々も，公立図書館には司書有資格館長や司書は必要ないと考えているわけではない。規制緩和が必要になった原因の一つは，地方の町村には，司書講習の機会や司書課程のある大学が少なく，司書有資格館長や司書・司書補の確保が容易ではないことである。司書有資格館長や司書・司書補の確保は，大都市圏の自治体ではそれほど困難ではないが，地方の自治体では容易ではない。町村立図書館の振興を働きかける以上，こうした地方分権の動きが進むことは十分予想されたが，図書館界はほとんど何の対応も行なってこなかった［13, 14］。

2.7 司書職制度と司書の配置

　これまで，図書館法の規定によって司書有資格館長と司書・司書補の配置が促進されてきた。このような制度に支えられて，公立図書館関係者は，図書館業務には専門的知識と経験が必要であると考えて，公立図書館に司書を配置することを強く求めてきた。公立図書館に司書を配置するには，各地方自治体が司書有資格者を採用することが必要である。図書館界では，司書有資格者を事務職員とは別枠で正職員として採用し，図書館に配置する各自治体の制度を司書職制度と呼んでいる。このように，事務職と別枠で採用することを一般に別枠採用と呼んでいる。司書職制度のより一般的な表現が専門職制度である。

　司書職制度を採用すると，司書は異動の心配なく図書館で働き続けることができ，知識と経験の蓄積や専門的サービスの実施が可能になるが，小規模な図書館では図書館職員の異動が困難になることがある。司書職制度を採用しない場合，職員の異動は可能になるが，司書有資格者は図書館で働き続けられる保障がなくなり，知識と経験の蓄積や専門的サービスの実施が困難になる。

　現在では，恒常的に司書を採用する公立図書館は，都道府県と政令指定都市の約3分の1と，図書館の専門的な活動を重視する一部の市町村にとどまる。1970～1980年代に司書を採用した中小規模の市立図書館の多くは，財政上の困難もあり，現在は司書を採用していないか，採用を一時中止している。

　司書職制度を採用しなくても，事務職員の中から司書有資格者を図書館に配置したり，事務職員を司書講習等に派遣して司書資格を取得させて図書館に配置することができる。司書の配置を制度化せずに，このような方針を取る自治体や，一定期間司書職制度を採用した後にこのような方針を取る自治体が多い。しかし，このような方針では，長期にわたって図書館運営の中心となる職員が確保できない。どうしても司書が必要な場合には，特例として司書を採用したり，司書採用を復活させることになる。

　現在，全国の公立図書館職員の約51％が司書有資格者であるが[24]，これにはこのようなさまざまな形で配置されている司書有資格者が含まれている。

　この間，公立図書館関係者は司書職制度の必要性を繰り返し主張してきたが，司書職制度は広がりを見せていない。残念ながら，現状のままでは，司書職制度を採用する自治体が大幅に増加する見込みは低いと思われる。

3 司書職制度を求める運動の現状

公立図書館界では，図書館法の制定以来，今日までさまざまな形で司書職制度の設置を求める運動が行なわれてきた。

3.1 二つの図書館運動団体

公立図書館における司書の採用と配置を求めている団体に，社団法人日本図書館協会（略称：日図協，JLA），図書館問題研究会（略称：図問研）の二つの団体がある。この二つの団体は日本の図書館運動を代表する団体である。このうち，（社）日本図書館協会は，一般に，日本の全館種の図書館を代表する団体と考えられている。日本図書館協会の会員には個人会員と施設会員があるが，全国の各館種の図書館の相当数が施設会員になっており，また，そこで働く職員のうち数千人が日本図書館協会の個人会員となっている。しかし，日本図書館協会は，専門的職員である司書・司書補有資格者からなる団体，入会に際して司書・司書補資格を必要とする団体ではない。なぜなら，日本図書館協会の個人会員になるには，司書・司書補資格は必要なく，入会を希望すれば，誰でも会員になれるからである。また，図書館に勤務する司書・司書補有資格者のうち，日本図書館協会の個人会員となっている者は少数にとどまる。そもそも日本の図書館界には，司書・司書補や司書教諭のような専門的職員の有資格者だけからなる団体は存在しない。

2000年1月末現在で，個人会員は6797人，施設会員は2886館である[25]。個人会員，施設会員それぞれによる選挙で選ばれる評議員会，評議員による選挙で選ばれる理事会，理事の互選による常任理事会の3段階の役員会がある[26]。また，24の委員会があり，約250人の委員が調査研究活動などを行なっている[27]。機関誌は『図書館雑誌』（月刊）である。

この協会の役員の特徴は，個人選出の評議員，理事，常任理事に大学教員等の学識経験者や図書館の管理職が少ないことである。役員には司書有資格者の図書館職員が多い。役員や一部の委員会の委員には，同じ意見を持つ図書館職員が多数を占める傾向がある。これは，役員選挙に際して，図問研のような多

I 司書職制度の基礎

数の会員を擁する組織によって候補者の推薦と票割りが行なわれてきたこと，理事選挙，常任理事選挙が間接選挙であるため，上位の役員選挙ほど大組織に有利になることによる [1]。また，委員の場合は，しばしば旧委員の紹介や推薦で新委員が選ばれ，旧委員は自分の属する研究会等の会員の知人を推薦するためである。

3.2 日本図書館協会図書館員の問題調査研究委員会の運動

日本図書館協会にはさまざまな委員会があり，それぞれの分野の調査研究活動を実施している。図書館員の問題調査研究委員会（以下，委員会という）は1970年1月に日本図書館協会の常置委員会として設置された。委員会の出発点は，1966年度の全国図書館大会で初めて図書館員の問題研究部会が設けられたことである。翌1967年度の全国図書館大会図書館員の問題研究部会で図書館員の問題に関する委員会設置を要望する決議が採択された。委員会は，設置以後，図書館員の問題について調査研究を行なうと共に，司書職制度を普及するためにさまざまな努力を積み重ねてきた。

委員会は，1970年に，図書館員の専門性に関する最初の報告を発表した後，1974年に，図書館職員の専門性を明らかにするために，「図書館員の専門性とは何か（最終報告）」という報告書を発表した。委員会は，この報告書をもとに，専門職制度を確立するには倫理綱領の制定が必要であると考え，数年にわたって検討を重ね，1980年には12か条からなる「図書館員の倫理綱領」（案）を発表した。これは，その年の日本図書館協会総会で採択された。その後，1981年に，倫理綱領の解説書を出版し，その普及に努めている。

「図書館員の専門性とは何か（最終報告）」と「図書館員の倫理綱領」は，司書の専門性に関する日本図書館協会の考え方を知る上で重要な文書である。

このほか，委員会は次のような活動を行なってきた。

1．公立図書館における典型的な司書職制度の実態調査
2．公立図書館における司書職制度の必要性を説明したパンフレットなどのPR資料の作成・配布
3．司書職制度を求めるシンポジウムやパネルディスカッションなどの集会の開催

4．週休2日制，非正規職員等図書館職員に関する個別の問題に関する実態調査
5．公立図書館職員，日本図書館協会会員の意識調査
6．公立図書館の司書採用の実態調査

　委員長は，1970～1973年度は田中隆子（国立国会図書館），1974～1980年度は久保輝巳（関東学院大学），1981～1990年度は後藤暢（国立国会図書館），1991～1996年度は前田秀樹（阪南大学），1997～1999年度は森智彦（東横学園女子短期大学）である[28]。田中委員長時代の成果が「図書館員の専門性とは何か（最終報告）」で，久保委員長時代の成果が「図書館員の倫理綱領」である。1990年代の10年間で『図書館雑誌』に掲載された委員会名の記事は5点しかなく，非常に活動が盛んだった1970年代と比べて，停滞化傾向にある。

3.3 図書館問題研究会の運動

　日本図書館協会の会員が，各館種の図書館職員と図書館から構成されているのに対して，図問研の会員は，少数の大学図書館職員と学校図書館職員を含むものの，大部分は公立図書館の職員である。会員数は2000年4月現在で1578名である[29]。過去の最高は1993年4月現在の1829名だが，その後一貫して会員数が減少しており，現在の会員数は1983年の水準である[30]。日本図書館協会の評議員，理事，常任理事に多数の会員が選ばれており，大きな影響力を持っている。機関誌は『みんなの図書館』（月刊）である。

　図問研の運動は，ほとんどが公立図書館に関するもので，主に次の8項目に分類することができる。

1．図書館職員のための情報交換・意見発表（『みんなの図書館』の発行）
2．先進的図書館の実地調査（いわゆる「日野調査」「置戸調査」等）
3．サービス方法（図書館システム，リクエスト等）に関する調査（いわゆる「練馬調査」「予約調査」）と提言
4．図書館の運営指針・政策の提起
5．司書職制度実現のための調査と運動
6．図書館業務の委託や合理化に対する批判と反対運動
7．国の審議会の報告や答申に対する批判的見解の発表

Ⅰ　司書職制度の基礎

　8．文部省による基準の制定や法改正に対する批判的見解の発表
　これらの運動の内容はおおむね次のようなものである。
　1．情報交換・意見発表の場として『みんなの図書館』が刊行されている。ただし，掲載記事の質は高いとはいえない。関連文献を十分踏まえていないものが多い。2．先進的図書館の実地調査は1970年代から1980年代初めまで，3．サービス方法の検討は1970年代から1990年代前半まで，4．公立図書館に関する運営指針・政策の提起は，1970年代末から1980年代前半に行なわれ，一定の成果を上げた。それ以後は，これらの試みはきわめて少なくなり，成果も上がっていない。
　5．司書職制度実現のための調査と運動は，主なものは次の5つからなる。主に1970年代から1980年代初めまで東京支部によって行なわれた。
　①　司書職制度を要求する集会開催
　②　司書職制度を要求する署名運動
　③　地方議会に対する司書職制度を要求する請願と陳情
　④　司書有資格者の人事異動に対する不当配転撤回要求運動
　⑤　司書職制度に対する有識者の意識調査
　1980年代以後の活動は，6．図書館業務の委託や合理化に対する批判と反対運動，7．国の審議会の報告や答申に対する批判的見解の発表，8．文部省による基準の制定や法改正に対する批判的見解の発表が中心である。それぞれ，次の事項に対する取り組みが行なわれた。6では，1980年代初頭は京都市図書館，長野市立図書館の委託，1980年代中頃は足立区立図書館の委託，1990年代前半は守口市立図書館，調布市立図書館の委託，1990年代後半は東京都特別区における司書職名の廃止が問題となった。7では，1980年代後半は社会教育審議会社会教育施設分科会による中間報告，1990年代初頭は生涯学習審議会社会教育分科審議会施設部会図書館専門委員会「公立図書館の設置及び運営に関する基準」が発表された。8では，地方分権の影響で，1990年代後半に，文部省の公立図書館施設整備費補助金の廃止，補助金の条件としての司書有資格館長の配置を定めた図書館法第13条第3項の廃止，2000年に公立図書館の最低基準の廃止が行なわれた。
　このほか，1990年代中頃には，筆者による読書案内と図書館員の意識改革の

問題提起があった。図問研は『みんなの図書館』で読書案内の特集を組み，検討のための委員会を設けたが，一部の会員から強硬な反対意見が出された。そのため，組織的な実践の取り組みは行なわれず，結果として，図書館界全体における自由な議論，生産的な議論が妨げられた。

このように，1980年代以降は，波状的に起こる委託等の地方行革の動き，文部省の審議会による報告や基準などの発表，筆者による問題提起などのさまざまな動きがあり，図問研は個々の局面に対する対応で忙殺された。そのため，司書職制度の実現のための組織的な運動はほとんど行なわれなかった。

3.4 三つの文書

(1) 「図書館員の専門性とは何か（最終報告）」(1974) ［7］

この報告書は，委員会による数年間にわたる検討の結果をまとめたものである。当時の図書館員が置かれた状況と関連する論議を整理し，図書館員の専門性を「利用者を知ること」「資料を知ること」「利用者と資料を結びつけること」の3項目に要約している。これは，日本図書館協会のこの問題に関する唯一の文書である。図書館員の専門性を論ずるときは，この3項目がしばしば引用される。しかし，近年，図問研の会員もこの3項目は対外的な説得力に欠けることを指摘している。

(2) 「図書館員の倫理綱領」(1980) ［8］

これはすべての館種の図書館に勤務するすべての職員を対象とする全12か条の倫理綱領で，専門職制度の確立をめざして，図書館職員が自らを律するための手段として制定されたものである。委員会が10年近く検討して原案を作成し，1980年の日本図書館協会総会で採択された。「図書館の自由に関する宣言」を踏まえ，それに対応した内容となっている。2000年の倫理綱領20周年に関する記事では図書館界の倫理綱領に対する「関心度はきわめて低い」ことが指摘され，司書職制度については「かえって悪い方向に進みつつある」ことが指摘されている。倫理綱領は，かつては高く評価されていたが，実際には，ほとんど意識されておらず，これによって専門職制度の確立が進んできたとはいえないことが明らかになっている。

(3) 司書の資質論 ［10］

Ⅰ 司書職制度の基礎

上記の二つの文書以外に,もう一つ重要な文書がある。1960年代から1990年代にかけて,委員会の委員を含む図書館運動のリーダーの人々が,司書には,専門的知識だけでなく,特定の資質が必要であると主張し,それぞれ必要と考える資質を明らかにした。これらは,一般に資質論と呼ばれている。さまざまな人々が主張した資質ではあるが,内容はかなり共通しているため,まとめて一つの資質論としてとらえることができる。

3.5 三つの文書の問題点
(1) 「図書館員の専門性とは何か(最終報告)」

関連文献をもとに,この報告書の問題点について検討した結果,次のことが明らかになった。1.委員会は,専門職の要件全体を検討することなく,要件の一部だけを検討している。2.専門性(専門技術性)については3項目の抽象的な規定を示すにとどまっており,この規定は対外的な説得力に欠ける。3.専門職の養成方法と専門職制度の検討を他組織に委ねて,自分では検討していないため,建設的な意見が見られない。4.専門職の要件を明らかにすることなく,倫理綱領の制定のみを取り上げている(本書第Ⅱ部第2章)。

(2) 「図書館員の倫理綱領」

関連文献をもとに,倫理綱領の特徴と問題点について検討した結果,次のことが明らかになった。1.倫理綱領の規定が抽象的であること,2.倫理綱領の前提である図書館員の専門性が解明されていないこと,3.専門性の内容を規定するサービス,職務内容,教育の適切な基準が存在しないこと,4.日本図書館協会が専門職団体ではなく会員に対して規制力を持たないこと,以上の4項目である。また,日本図書館協会の役員会等での支持を得るために,倫理綱領の対象をすべての図書館職員に拡大した結果,倫理綱領は司書のための目標ではなくなった。これらの結果,倫理綱領は図書館員の自律のための手段として効果を上げることができず,司書職制度の確立には寄与しなかった。現行の倫理綱領を生かすためには,その前提として専門性(専門的職務と専門的知識)の確立が必要である(本書第Ⅱ部第3章)。

(3) 司書の資質論

1960年代から1990年代までに発表された司書の資質論10点を分析した結果,

次のことが明らかになった。これまでの資質論は，先人の意見を整理することのない各論者の意見にとどまっている。その内容は，抽象的で具体性がなく，調査研究や管理業務の観点がなく，組織運営や社会的ニーズの重要性に対する認識に欠けていた。すぐれた司書になるためには，司書資格や図書館情報学の専門的知識だけでなく，日常的な関心，理解，態度，行動等の基礎的能力が必要である。図書館業務の根本理念は「人間とその知的活動に対する理解，愛情，信頼」である。司書に必要な基礎的能力は「周囲の人々との理解と協力による組織の運営」「一つの学問の体系・方法論の理解」「社会，地域・自治体，市民生活の理解」などの10項目である（本書第Ⅱ部第4章）。

　以上のように，図書館職員のあり方について，3種類の文書がこれまで発表されてきた。これは，委員会の委員を始めとする公立図書館関係者が，司書の専門性を明らかにするために作成した文書であるが，いずれも対外的な説得力が不十分で，司書職制度の確立には結びつかなかった。

4　司書職制度の問題点

　法律で資格が定められているにもかかわらず，なぜ司書を採用する地方自治体が少ないのであろうか。日本図書館協会や図問研がこの点を正しく取りあげ，問題解決の正しい方法[31]を適用していれば，早い時期にその根本原因を明らかにすることができたはずである。ところが，日本の図書館界にはこのような発想がきわめて乏しかったため，問題の根本原因を明らかにすることなく，30年間にわたってほとんど同じような形で要求を繰り返してきた。

4.1　専門性と専門的職務

(1)　専門的サービスと専門的職務

　1970年代の公立図書館では，多くの図書館で貸出を伸ばすことが第一の目標とされてきたため，本の案内（読書案内）やレファレンスサービスなどの専門的なサービスは，もっと職員体制が充実してから行なうものとして，後回しにされた。また，本の案内は貸出業務の中で行なわなければならないという誤った考え方が広がっていた。したがって，司書が配置されている場合でも，読書

I　司書職制度の基礎

案内やレファレンスサービスは十分行なわれてこなかった。この結果，司書の専門的職務は明らかにならなかった [3, 4, 5, 6]。

(2)　非専門的職務の扱い

1970年代の公立図書館では，専門的職務と非専門的職務を区別せず，すべて司書が行なっていた。図書館の職務のほとんどは専門的職務と見なされ，司書の仕事として位置づけられた。貸出や配架も司書の仕事として位置づけられた。この結果，専門的職務が明らかにされないまま，職務に占める非専門的職務の比率が高くなっていたため，司書の職務に対する評価は低下した。

(3)　図書館員の専門性（専門技術性）

図書館員の専門性について，最終報告においても，現場の図書館職員から「説得力がない」と批判されるような説明しか示せなかった。実際，報告の作成過程においても説得力の不足は指摘されていた [7]。また，論理的な説明よりも「学校に教師，保育園に保母がいるように」というように他の専門職を引き合いに出すことが多かった。このような表現は司書が必要であることの証明にはならない。このような主張では相手の説得は困難である。

図書館界は，これまで「専門性」という不明確な用語を用いてきたが，この用語を用いると議論が抽象的になりがちである。専門性は「専門的職務」と「専門的知識」からなるため，この二つの用語を用いるべきである [1]。

4.2　司書の姿勢

(1)　図書館運営の姿勢

ごく一部の図書館ではあるが，図書館の管理運営において，利用者本位ではなく職員本位である面が見られた。例えば，児童サービスに重点を置いている市立図書館の分館で，正規職員の司書が3名いながら，午前中開館をしていなかった例がある。また，レファレンスサービスのデスクでサービスを行なう司書がネームプレートを着用しようとしない例がある。いずれも，管理者の要請に対して長期間反対を続けてきた（続けている）ものである。このような例は司書の独りよがりの考え方に基づくものが多く，利用者や管理部門に不信を招いてきた。このような事実の背景にあるのは，すべての図書館業務を司書が行なうという考え方や図書館運営の方針は司書が決めるという考え方である。ま

た，前者の背景には，司書が図書館業務に専門的に取り組もうとすると，特定のサービスに埋没し，図書館全体を見失いがちになるという傾向があった。

(2) 司書相互の内部批判，切磋琢磨

図書館運動の参加者は，相互の関係が密接になりすぎ，図書館運動団体は一種の共同体的組織，相互扶助団体となっている。運動参加者の間では暗黙のうちにかばい合いが行なわれるため，内部批判，相互批判，切磋琢磨が行なわれなくなっている。その反面，運動に対する外部からの批判に対しては拒絶反応が起き，しばしば集団的な批判が行なわれる。このため，運動参加者以外には批判しにくいものになっている［1］。結果として，運動参加者はほとんど批判を受けることがない。他方，運動に参加しない人々は図書館界で知られる機会がないため，図書館界で活動ができず，自分の力を発揮することができない。

また，図書館活動において顕著な成果を上げた図書館の館長がオピニオンリーダーになることが多い。しかし，これらの図書館長は，図書館創設のために，首長に支持されて他の自治体から招かれた人が多く，必ずしも困難な状況を自力で打破した経験があるわけではないが，このことは広く認識されていない。

(3) 事務職からの助言

図書館界では，司書有資格者に発言の機会が多く，事務職は，たとえ司書資格を持っていても，発言の機会は少ない。したがって，事務職が図書館界や司書に対して助言や忠告をする機会はほとんどない。他方，司書は事務職から学ぼうとする姿勢が弱い。特に，図書館界のオピニオンリーダーは，積極的に事務職，事務系管理職との相互理解や交流を進める必要がなかったため，事務職との相互理解を進める必要性を明らかにしてこなかった。事務職は，優れた人ほど，司書を専門職として評価しようとするため，司書に対する批判が弱まる傾向がある。

(4) 専門的サービスのＰＲ

各図書館は自館の実績についてＰＲを行なっているが，各図書館によるＰＲには限界がある。図書館一般に関する社会的認知度の向上やイメージアップは日本図書館協会の役割である。しかし，日本図書館協会はこれまでＰＲ効果のある出版物を出版してこなかった。また，時代の変化をとらえることができ

ず，時代に対応するサービスに立ち遅れることが多く，図書館の進むべき道をアピールすることができなかった。特に，1990年代以後は地方分権への対応に関してマスコミの支持を得ることができなかった。

4.3 司書の教育内容

(1) 司書資格のための履修単位数

司書資格取得に必要な履修単位数について，図書館学教育者は単位数を増やすことを提案してきたが，司書講習による現職者の資格取得が困難になるため，図書館界の支持が得られなかった。必要履習単位20単位が少ない点を克服するには，現職者が対応できるグレード制や資格試験が必要であるが，そのような戦略的な展望は組織的に検討されなかった。結局，司書全体の教育水準を高める現実的な方法は提案されなかったのである［12, 15］。

(2) 資料知識

図書館における資料選択には資料知識（図書館資料に関する知識）が必要である。これは，図書館が選択・収集する個々の資料に関する知識で，そのうち最も必要性が高いものは，主な著者（作家，評論家，ジャーナリスト，学者），著作，出版社の名称と概要であり，次に，各分野や各主題に固有の主な著者，著作，出版社の名称と概要である。これらの知識は経験を通じて身につけることができるが，大学で基礎を教育する必要がある。しかし，現在の図書館情報学教育においては，この分野に関する教育は不足しており，資料選択の演習も行なわれていない［1］。

(3) 一般教養

公立図書館では，外国語の知識はあまり必要としないが，自治体行政，地域社会，現代社会などに関する知識が必要である。また，司書科目の学習にはその基礎となる行政学，社会学，政治学，法学，経済学，歴史学等の一般教養科目の学習が必要である。特に，わが国の図書館情報学専攻科の構想やカリキュラムは，米国の専門職業人養成のための大学院（教養中心の学部教育を終えた後，進学する）を学部レベルに置き換えた傾向が強いため，特に一般教養を充実する必要がある。しかし，近年の大学入試科目の削減と教養科目の軽視の結果，教養教育は危機的な状態にある。

(4) 基礎的能力

　図書館の業務を行なう上で必要な知識は，図書館情報学の専門知識，資料知識，一般教養の知識だけではない。とかく，図書館業務は他の業務と異なり，本を扱う，本を相手にする業務のようにとらえられがちである。しかし，図書館業務は利用者に資料や情報を提供する業務であるから，人に対するサービス業務である。また，図書館業務を進めるには，利用者だけでなく，地域住民，地域・行政関係者，社会教育関係者，書店・出版関係者等さまざまな人々との接触や交流が必要である。特に，行政の中で地味な図書館業務を進めていくためには積極性，能動性が必要である。これらを整理すると，本に対する関心，本の意義に関する理解，調査研究に対する関心，社会や市民生活に対する関心，利用者に対する思いやり，積極的・能動的な姿勢，組織で仕事をする能力，行政や社会に対して働きかける能力である。これまで，これらは資質や適性と呼ばれてきた。しかし，これらの点は，人が生まれつき持っている適性ではなく，教育や努力によって身に付ける能力と考えるべきである（本書第II部第4章）。

4.4　資格試験の必要性

　現在の司書資格の最大の問題点は，大学で単位を取得するか，講習を受ければ，資格を得ることができ，資格試験がないことである。わが国で，職業として成立している専門職のほとんどには資格試験がある。

　資格試験がないことから生じる問題は次の2点である。第一に，資格試験がないと，大学の教育水準の格差が反映され，有資格者の力量にばらつきや格差が生じ，利用者から信頼が得られない。また，有資格者は資格に誇りを持つことができない。第二に，大学を卒業できる水準と専門職員として責任を持って仕事をするために必要な水準は異なる。わが国では，大学の卒業には必ずしも高い成績は必要ないが，専門職として責任を持って働くには，かなり高い成績が必要である。日本の大学のように，入学は難しいが，卒業（単位取得）が比較的容易な場合は，大学で単位を取得することによって得られる資格の水準を高くすることは困難である。

　わが国で職業として成立している専門職で資格試験がないのは教員だけである。教員の場合は，採用試験が都道府県単位で行なわれるため，採用試験が資

格試験に近い役割を持っている。しかし，資格試験がないため，年度や都道府県によって試験の難易度は大きく異なる。公立図書館の場合は自治体単位の採用のため，自治体によって試験の水準や受験者数が著しく異なる。

　文部省の所管する資格や免許のほとんどには資格試験がない。これは，戦後，教育行政に対する国の中央集権的な規制を恐れたためであろう。司書資格は，資格試験がないという点で教員の免許の弱点を共有しているが，都道府県単位の人事という教員の利点は持っていないのである［12］。

4.5　人事異動の必要性

　図書館における人事管理の問題点は，組織の規模が小さく職員数が少ないため，人事異動の範囲が限定されることである。職員間の円滑な人間関係や組織の新陳代謝のためには適度な人事異動が必要である。職員数が少ないと職員間での指導－被指導関係が固定化し，若い職員が育ちにくい傾向がある。

　かつては，中小規模の自治体でも，司書職制度を採用し，図書館の新設時に司書の大量採用が行なわれたことがあった。このような場合，採用した司書の年齢構成が偏り，同年齢の職員が多くなる。同年齢の職員が多いと，職員間のリーダーシップやイニシアティブは生じにくくなる。また，年齢の上昇と共に職場全体が高齢化して，新しい知識の吸収や新しい試みの意欲に欠ける恐れが生じる。昇進ポストも不足する。

　教員の場合は採用試験だけでなく，人事も都道府県単位で行なわれているため，広域の人事異動が可能である。公立図書館の司書は自治体によって採用されるため，人事異動は自治体内部でしか行えない。専門的知識や経験の蓄積と人事異動とは二律背反になることが多いが，両者を両立させなければならない。

4.6　図書館実務のノウハウ

(1)　司書の日常活動のマニュアル［16～18］

　各自治体の事務職の司書に対する評価は必ずしも高いとはいえない。この最大の要因は，これまで司書が専門的職務を十分実行してこなかったことにある。そのほか，司書に対する批判としては，行政事務に関する知識が不十分である，自治体職員としての自覚が不足している，視野が狭く柔軟な考え方がで

きない，対外的な積極性に欠けるといったものがある。また，専門職であることを主張する反面，自己研修の努力は不十分であり，専門職としての自覚が不足しているという批判もある。

これらの批判のうち公表されているものは少ないため，司書はこれらの批判があることを十分認識していない。まず，どのような批判があるのかを示すことが必要である。それをもとに，司書はどうあるべきかを示し，さらに司書が自らを律するための具体的な指針を示すことが必要である。図書館界が重視する「図書館員の倫理綱領」は抽象的で，具体的でないため，実用的でない。

(2) 図書館業務のマニュアル

図書館の仕事のノウハウは短期間で学べるものではない。仕事のノウハウを蓄積し，他の図書館でも活用できるようにするための方法として基準やマニュアルがある。図書館の業務やサービスに関しては，各図書館で共通して利用できる基準やマニュアルが少ない[32]。時々，個々の図書館が自館で作成した基準やマニュアルを他の図書館へ配布する程度である。図書館界では，業務に関する基準やマニュアルを作成し，ノウハウを蓄積する姿勢が弱い。業務ごとにすぐれた基準やマニュアルを収集し，比較検討し，すぐれたもの，特徴的なものを紹介し，出版することが必要である。

4.7　司書の原稿執筆の機会

司書の専門性を高めるために，司書も文章や論文を書いて発表すべきだという意見がある。雑誌に論文や記事を発表することは専門性を発揮し高めることとして評価されている。しかし，公立図書館の世界ではこの点について複雑な事情がある。それは『図書館雑誌』や『みんなの図書館』に記事を書く機会のある図書館職員はきわめて限定されているということである。『みんなの図書館』は図問研の機関誌であるから，執筆者の大部分が図問研の会員であるのは当然である。ところが，『図書館雑誌』の公立図書館関係記事の執筆者の多くもまた図問研会員なのである。

したがって，公立図書館に関する雑誌記事の執筆者の大部分は図問研会員になってしまう。それも，一部の図書館運動に熱心な会員に集中している。その結果，図問研の熱心な会員がいる図書館では，多数の司書がいても，特定の職

員しか文章を書く機会がないことが多い。その最大の理由は，『図書館雑誌』の編集委員のうちの公立図書館職員の多くを図問研の会員が占めているため，図問研会員への原稿依頼が多くなることにある。『図書館雑誌』に対して「いつも同じような人が同じようなことを書いている」（ある県立図書館司書の話）という批判があるのはこのためである。

では，このような図書館運動に熱心な職員は，果たして実際に各図書館の仕事を支えているのだろうか。雑誌を見ていると，これらの職員が図書館界を支えているような印象を受ける。これらの職員は実務的な記事も沢山書くからである。しかし，現実の職場で実務を支えて同僚の信頼を得ているのは，これらの職員ではなく，別の職員であることが多い。後者の職員は実務家タイプで，図書館界では活躍していないが，よく勉強し，自分の図書館の仕事に打ち込んでいる。図書館運動に熱心な職員の中にもその館の仕事を支えている職員もいる。しかし，そのような職員は，運動に割けるエネルギーが限られているため，決して運動の中心にはなれない。図書館運動に熱心な職員は，自分の館の仕事よりも図書館界全体の状況に関心があることが多く，自分の館の仕事よりも図書館界の仕事に熱心であることが多い。

もちろん，これらの職員が，司書に不足している政策的な観点を提供し，雑誌の編集などの図書館界の不可欠な仕事を担っているという面もある。しかし，文章を書く機会を広範な図書館職員に公平に与えることができないようでは，それを評価することはできない。

公立図書館界では雑誌の種類が少ないため，掲載記事の影響は大きい。雑誌に文章を書いていると，その職員が職場を支えているかのように見える。そこから，一つの奇妙な現象が生ずる。一般の図書館職員は，自館の職員については日常の実践から客観的に評価することができるが，他館の職員については活字で見た印象のとおりに評価しがちである。このため，図書館職員全体に運動熱心な職員に対する幻想が広がっている。「活字幻想」が図書館運動を支えているのである。

図書館職員が文章や論文を書くことは必要なことである。しかし，その発表の機会がすべての図書館職員に開かれていない現状は改革しなければならない。一部の図問研会員は，記事を書く機会が多いことから，研修会の講師をし

たり，本を出版したりする機会に恵まれ，図書館長や図書館学の教員になる機会にも恵まれる。しかし，それ以外の多くの仕事熱心で真面目な図書館職員は，原稿の依頼がないため，文章を書く機会にすら恵まれない。図書館界の数少ない人的資源を有効に活用し，各図書館で真に仕事を支えている図書館職員に活躍の機会を与えなければならないのである。

5　司書職制度を求める運動の問題点

5.1　図書館運動の問題点

　筆者は，1972年4月に東京都教育委員会に採用されて，都立図書館に勤務し，その後，一貫して公立図書館界の動きを見守ってきた。その中で感じたのは，図書館運動の特異性である。

　第一に，図書館運動の関係者によって発表されるさまざまな意見には社会科学的な発想や方法が希薄であり，感覚的，情緒的な意見が多い。第二に，日本図書館協会では，役員や委員などの一部の人々の意見が強く，これに対する批判がほとんど考慮されない。本書で論じている専門職員論においても，「図書館員の専門性とは何か（最終報告）」と「図書館員の倫理綱領」の二つの文書の作成過程で，基本的な事項について批判的な意見が出されたにもかかわらず，委員会は事実上それらを無視してきた。そして，委員会とその周辺のメンバーの意向によって文書の作成を進めてきた。その結果，委員会の意見が貫かれてきたのである。

5.2　図書館問題研究会東京支部の運動

(1)　1967年の司書職制度設置の要請書に対する反対運動

　図問研東京支部が実質的にかかわった初期の運動として，1967年に東公図（東京都公立図書館長協議会）が提出した司書職制度確立の要請書とそれに対する反対運動がある。筆者は，初めてこの運動とそのもたらした結果を聞いた時，耳を疑った。そして，そのような事実が明らかにされない公立図書館界に対して深い疑問をもった。これまで，この反対運動の事実は正しく報告されていない。この事件は，区立図書館における司書職制度の採用をめざす取り組みを決

Ⅰ　司書職制度の基礎

定的に阻害したのである。この問題は，筆者にとって，いつか必ず明らかにしなければならない問題であった（本書第Ⅲ部）。

(2)　荒川区立図書館職員不当配転提訴支援運動

　1973～1978年の荒川区立図書館職員の不当配転提訴に対する支援運動がある。図書館に勤務する事務職員が司書講習に通って司書資格を取得したとしても，労使間に人事異動における本人の希望の優先，あるいは司書有資格者の人事異動に関する何らかの協定や慣例がないかぎり，通常の人事異動は不当配転には当たらない。それを不当配転として，人事委員会に提訴しても，撤回の見込みがないだけでなく，区行政に対し大きな負担をかけるため，運動としても得策ではない。この運動の最大のマイナスは，これを契機に，東公図の会員である区立図書館長から，司書職制度の要請に対する協力が得られなくなったことである。

　不当配転提訴の代わりに，労使間の人事異動協定の実現，理事者側の人事異動政策の変更，労組執行部の理解を求める運動を行なうべきであった。

(3)　全国署名運動

　1970年代末には，上記の裁判支援運動の一環として「図書館の国民的な発展を求める全国署名」という署名運動が行なわれた。この運動は，図問研の発案のもとに，陰山裁判を支援する会（略称），日本子どもの本研究会，日本親子読書センター，親子読書地域文庫連絡会，大学図書館問題研究会，児童図書館研究会の7団体によって行なわれた。「陰山さんの図書館復帰」「司書養成に児童奉仕の科目を」の2項目を求めて，1977年4月から10月までの間，全国で署名運動が行なわれた。結果は，前者が2万5141名，後者は2万8117名であった。前者は東京都，後者は文部省に提出された。これを背景として，1979年に特別区に司書職制度を作るための運動が行なわれた。

(4)　司書職制度要求署名運動

　1979年には，特別区に司書職制度を設置するために，特別区の行政関係者への要請活動や住民に対する署名運動が行なわれ，約2万人の署名が集まった。図問研東京支部は，区長公選が行なわれることになったため，署名運動によって区長に大きな影響を与えることができると予測していたようである。しかし，ほとんど影響を与えることはできなかった。

1960～1970年代の図問研東京支部の運動は，基本的に，大衆運動の力によって行政組織を動かそうとする運動であった。これに対して，1980～1990年代は，図書館運動の側から運動を起こす余裕がなく，社会や行政の動きに一対一的に対応するにとどまっている。

6　司書の配置を進めるための方法［1, 2］

6.1　専門職性の検討方法［7］

　図書館界ではこれまで司書は専門職であることが暗黙の前提となっていた。しかし，外部に対して司書が専門職であると主張するには，司書が専門職であるかどうか，あるいは専門職となり得るかどうかを綿密に検討する必要がある。ある職業が専門職であるか，専門職になり得るかどうかを検討するには，その職業が専門職の要件（専門職性）を満たしているかどうかを検討する必要がある。ここで，市川昭午（国立教育研究所）による専門職の属性の要約を紹介する。これは専門職の要件と考えることができる。

(1) 職務の公共性
　　社会の存続に不可欠で，ほとんどすべての人々に必要なサービスを提供する人間関係に関する職務であること。
(2) 専門技術性
　　長期の専門的教育を必要とし，高等教育機関における学習と現場における実習を修得した者にのみ，適格試験などを経て資格が認められること。
(3) 専門的自律性
　　専門的判断に関して他者の指図を受けない職務上の自律性を持ち，専門能力の水準を自主的に維持するための自主規律の権能を持つ職業団体があること。
(4) 専門職倫理
　　他人のプライバシーへの関与，職務上の自律性といった諸特権が社会的に是認される反面，職務上の秘密の保持などの職業的倫理が要求されること。
(5) 社会的評価

I 司書職制度の基礎

　以上のような条件を備えた職業は，その重要性，資格修得の困難性からいって，それにふさわしい社会的地位と経済的報償が与えられること。

　ある職業が上記の要件を満たしていない場合，その職業を専門職に高めていくには，専門職の要件それぞれを満たすように長期計画を立て，一歩ずつ努力していく必要がある。その際，重要なことは，最も根本的な要件，専門性（専門技術性）の充実を最優先することである。

　委員会は，最終報告では，専門職の要件全体について検討を行なわず，その一部のみを検討し，教育と資格という重要な要件の検討を他の組織に委ねた。その後も，司書が専門職の要件を満たすかどうかは本格的に検討されていない。

　専門職制度の実現のためには，司書が専門職の要件を満たしているかどうかを検討し，満たしていない場合には，それを満たすための計画が必要である。これは，日本の図書館界ではこれまで行なわれてきていない。要件を満たすための努力を行なえば，司書の地位は現在よりは向上するであろう。専門職の要件は論者によって若干異なる。実現しやすい要件もあれば，そうでないものもある。司書にとって都合の良い要件を選ぶことなく，検討を行なう必要がある。

6.2　専門性（専門技術性）の検討方法 [7]

　図書館界では，司書の職務には専門性があり，事務職にはできないという暗黙の前提がある。しかし，外部に対してそう主張するためには，事務職には行なえないことを証明する必要がある。この点で，日本図書館協会の図書館員の専門性の「三つの要件」は役立つだろうか。三つの要件では図書館業務の本質が要約され，対応する職務が挙げられている。しかし，これだけでは専門性（専門技術性）を証明することはできない。

　専門性を証明するには，職務の名称だけでなく，職務の内容とそれに必要な専門的知識を明らかにする必要がある。それには職務分析が必要である。その際に重要なことは，専門的職務と非専門的職務を区別し，非専門的職務を司書の職務から除外することである。司書の職務に専門的職務が含まれていることはほとんどの人が認めているが，同時に多数の非専門的職務が含まれているため，専門性の評価が低くなっているからである。

次に，これらの職務を利用者が必要としていることを証明する必要がある。それには，利用者が専門的なサービスや運営を必要としていること，先進的な図書館でこのようなサービスが十分利用され高く評価されていることを示す必要がある。最後に，これらの職務は事務職員には行い得ないことを証明しなければならない。これについては，専門的能力の獲得のためには長期の専門的教育が必要であること，専門職の配置されている図書館とそうでない図書館ではサービスや運営に相違が見られることをデータや事例で実証的に示すことが必要である。これらを整理すると次のようになる。

A 利用者が専門的職務を必要としていること
 A_1 専門的職務に対する利用者の要求
 A_2 先進的な図書館の専門的職務の利用状況
B 事務職員には専門的職務は困難であること
 B_1 長期の専門的教育の必要性
 B_2 職員配置の相違によるサービスの相違

A_1，A_2，B_2 を証明するには，国民の図書館要求の調査や先進的な図書館の利用者調査が必要であるが，同時に専門職が配置された図書館でサービスが顕著に向上していることが必要である。

B_1 については，長期の専門的教育が広く行なわれていればよいが，行なわれていない場合はあるべき専門的教育の実体を示すことが必要である。専門的職務に関する専門的教育の実体として次の3点がある。

① 学問的な研究が行なわれ，研究成果が発表され，普及していること。
② 必要な指針，基準，マニュアル，ツールが作成され，普及していること。
③ 養成機関などで十分な教育と研修が行なわれていること。

したがって，専門職制度を実現するには，上記の4点がどの程度実現されているのかを評価し，不十分な点があれば，今後の課題を設定し，その解決方法を示すことが必要である。これまでのところ，日本の図書館界にはこうした観点は見られない。専門職制度についてはこうした体系的かつ戦略的な計画は検討されてきていないし，提案されていない。司書職制度が必要であるという主張や個別の断片的な改革の主張が行なわれてきたにすぎない。

6.3 専門的サービスへの積極的な取り組み

わが国では，図書館員による専門的サービスが十分行なわれていない上に，社会の認識も不十分であるため，専門性の要件を明らかにするだけでは不十分であり，現場で専門性を実証することが必要である。現在，専門職を十分に配置している図書館は少ないため，専門職制度を採用している図書館は積極的に専門的サービスを行なわなければならない。数少ない専門職は，パイオニアとして，現在の専門職員数でサービスの向上に努力しなければならない。荒川美穂子（広島女子学院図書館）は，1974年に，「図書館側は，利用者の要求が高まるのを待ち，理事者側の理解が深まるまでじっと手をこまねいていてはならない。図書館員自らが，利用者と図書館をいかに結びつけるか又，利用者に図書館への関心を促すための方策を積極的に考えなければならない」[33]と述べている。しかし，公立図書館界では，専門性が認められない要因は主に外部にあるものと考えられており，このような実践的な立場は見られない。ここにも問題がある。

6.4 司書の配置を進めるための方法

司書の配置を進め，維持するためには次の方法が必要である。

(1) 公立図書館職員の職務を分析し，判断を必要とするか否かを基準に，専門的職務と非専門的職務を区分し，専門的職務の内容とそれに必要な知識と経験を明らかにする。非専門的職務の存在を認めれば，専門的職務が明確になる。

(2) 正規職員の司書は専門的職務を担当し，非専門的職務は司書資格を持たない正規職員や非正規職員（嘱託等）が担当するようにする。非専門的職務に司書有資格者を配置する必要はない。専門的職務を正規職員の司書で担当し切れない場合は，できるだけこれに準じた形で対応するようにする。

(3) 社会や技術の急速な変化にもとづく図書館の役割の変化に対応して，公立図書館の専門的職務を定期的に再検討し，それをもとに，教育や研修の体系を改革する。

(4) 専門的職務のうちでは，児童，障害者，郷土資料など個別のサービスの

前提として，資料の収集と情報の提供に関する基本的な職務とサービスを確立し，司書は基本的な専門的サービスの充実に努める。
(5) 貸出フロアに，貸出・返却カウンターとは別に本の案内カウンター（デスク）を設けて，経験ある司書が本の案内（読書案内）サービスを行なう。中規模，大規模図書館では，このほか，レファレンスデスクを設けてレファレンスサービスを行なう。小規模図書館では，本の案内カウンターがレファレンスデスクを兼ねる。
(6) 利用者が自力で図書館を利用できるように，経験ある司書が中心となって利用案内の資料を作成し，利用者教育のための講座を行なう。レファレンスサービスやインターネットの利用方法に関する講座を開くことによって，図書館職員が行なう直接サービスの範囲を限定することができる。
(7) 図書館の資料収集と蔵書構成を，資料の種類・主題別に体系的に検討する組織を設け，資料の内容について学習し，蔵書の内容について質的評価を行なう。
(8) 利用者に接する職員の服装とネームプレートに関する基準を作り，利用者に対する接遇のマニュアルを複数の図書館が共同で作成し，接遇の研修を行なう。
(9) 司書職，事務職を問わず，仕事上必要な法令，資料，研修資料を全職員に配布する。図書館に異動した事務職に対し，図書館職務に最低限必要な内容の基礎的な研修を実施する。そのカリキュラム，教材を複数の図書館が共同で開発する。
(10) 司書の人事管理について検討し，組織の活性化，そのための計画的採用，人事交流の方法，昇進ポストの確保等について検討する。人事交流には，関連職場との人事交流，事務職場との交流が考えられる。
(11) 複数の養成機関が協力して，司書資格のための学習内容を試験問題にまとめ，各養成機関で学生（受講生）の能力評価のための試験を行なう[11]。

II　司書の専門性に関する理論

「Ⅱ　司書の専門性に関する理論」では，司書職制度を裏付ける理論として，日本図書館協会と図書館関係者が提起してきた図書館員の専門性，図書館員の倫理綱領，司書の資質論の3点を取り上げ，それらが理論的整合性のあるものであるかどうか，対外的に説得力のあるものであったかどうかを検証する。
　第2章で図書館員の専門性，第3章で図書館員の倫理綱領，第4章で司書に必要な基礎的能力を論ずる。

第 2 章 「図書館員の専門性とは何か（最終報告）」をめぐって

はじめに

　わが国の公立図書館の最大の問題は，司書に対する評価が低く，司書職制度が確立されていないことである。その一つの原因は，図書館員の専門性が不明確なことにある。したがって，司書職制度を確立するには，図書館員の専門性について検討する必要がある。そのためには，これまで図書館員の専門性に関して発表されてきた文献を再検討する必要がある。

　この章では，日本図書館協会図書館員の問題調査研究委員会（以下，委員会という）が1974年3月に発表した「図書館員の専門性とは何か（最終報告）」[6]を取り上げる（以下では，「図書館員の専門性とは何か（最終報告）」を最終報告という）。これは委員会の公的な見解であり，委員会の姿勢と考え方がよく表われている。

　この報告は，図書館員の専門性に関する文献の中でしばしば言及され，専門性の三つの要件はしばしば引用されている。図書館学の研究者の中では，1970年代末に渋谷嘉彦（相模女子大学）[20]が論じており，渋谷の優れた指摘からは多くの示唆を得ることができる。しかし，全体として，図書館学研究者は実務家が中心となって作成したこの報告に十分関心を払ってこなかった。また，近年，図書館運動の参加者から三つの要件に説得力がないことが指摘されている。したがって，この報告について検討することは十分有意義であろう。

　1では，最終報告の概要を明らかにし，2では，関係文献をもとに最終報告に対するこれまでの評価を明らかにする。3以下で最終報告の内容について検討する。3では，専門性の三つの要件について検討し，4では，中間報告等に

おける専門性の要件の検討経過を明らかにする。5では，専門職の養成と専門職の制度の検討を他組織に委ねた経過と検討結果を明らかにし，6では，倫理綱領の作成と専門職団体としての日本図書館協会の指導性について検討する。7では，専門職の要件について検討する。

1　最終報告の概要

1.1　最終報告の成立経緯

　委員会は，1970年1月に設置されて以後，「図書館員の専門性とは何か」と題する5点の報告書を発表した。以下では，最初の報告書を「問題提起」，2～4番目の報告書を「中間報告1～3」と表す。

　　1970年 5月　「図書館員の専門性とは何か―いまこそ協会の出番」（問題提起）[2]
　　1970年11月　「図書館員の専門性とは何か―委員会の中間報告」（中間報告1）[3]
　　1971年11月　「図書館員の専門性とは何か　その現実と課題―社会教育法改正に関連して―続・委員会の中間報告」（中間報告2）[4]
　　1972年11月　「図書館員の専門性とは何か―委員会の中間報告・Ⅲ」（中間報告3）[5]
　　1974年 3月　「図書館員の専門性とは何か（最終報告）」（最終報告）[6]

1.2　最終報告の内容

　この文書は6章から構成されている。公立図書館に関する部分を中心に各章の概要を紹介する。

　「Ⅰ．目的」では，報告の目的は，一般的抽象的な専門性ではなく，専門職制度をつくり出すために必要な各館種共通の尺度としての専門性を明らかにすることにあると述べている。これは，館種によって，図書館員の専門性や専門職制度の内容の理解，専門職制度の追求方法が異なるため，館種を越えた共同の取り組みが必要と考えたからである。

　「Ⅱ．図書館員をめぐる状況」では，図書館員の問題に関する現状を分析し

ている。「1.館種別の状況」では，公立図書館，大学図書館，学校図書館，国立国会図書館の職員事情を述べている。公立図書館では，住民の図書館要求が急増しているだけでなく，司書に対する要求が増加していること，他方，公立図書館職員に占める司書の比率の全国平均は45％で，司書が一人もいない図書館が31％あること，先進地域において，各自治体が図書館整備計画の立案を開始し，その中で司書の数と質が提示されていることを指摘している。「2.総体的な状況」では，不当配転訴訟が行なわれており，その中で専門性が明確化されていること，貸出の増加の結果としての人員不足，整理業務の委託への疑問，週休2日制への移行のための増員の必要性が生じていること，身障者サービスは専門性にかかわる重要なサービスであることについて述べている。「3.司書養成と司書職制度」では，司書養成について，図書館に就職する司書有資格者の少なさ，教員配置・カリキュラムの不備を指摘し，日本図書館協会教育部会の「図書館学教育改善試案」に対しては「専門性のとらえ方，資格のグレード化，資格認定の問題等で」「賛否両論を含め現在なお論議が寄せられている」と指摘している。司書職制度については，採用，昇任，異動の三つの要件をすべて充足している図書館はきわめてまれであるが，司書を別枠採用する図書館が増加していることを指摘している。将来への志向として，「司書にかかわる養成と制度の問題は複雑多岐な問題を含んでおり，短時日での全般的解決は困難である」と指摘し，日本図書館協会が館種別ないし地域別の積極的な取り組みの連携をはかり，全館界的な規模で運動を進める必要があると提言し，「資格認定の問題にしても，将来は協会自体で自主的に認定する方向での検討を期待したい」と述べている。「4.その他の状況」では，1971年の社会教育審議会（社教審）答申「急激な社会構造の変化に対処する社会教育のあり方について」とその後，社会教育法改訂の動きのほか，安定した市場としての図書館とすぐれた司書の確保を求める出版界の声について述べている。

「Ⅲ．専門性の要件」では，「利用者の要求にこたえる専門性」の内容として，1.利用者を知ること，2.資料を知ること，3.利用者と資料を結びつけること，の3項目を挙げている。それぞれについて，①考え方，②必要な知識・能力とそのあり方（またはその知識を得る方法），③今後の課題を解説している。考え方と知識・能力がはっきり分けられていないこと，館種別（公立図書館，大学図

Ⅱ 司書の専門性に関する理論

書館)の説明のある項目とない項目があること,知識・能力に関する委員会の独自の見解を示していることが特徴である。

必要とされている知識・能力を抽出・整理すると次のようになる。

1. 利用者を知ること
    ・利用者一人一人の要求を察知するとともに,利用者の本来の意味をしっかりととらえ直すことが専門性の前提条件である。
    ・利用者との日常の対話の記録
    ・各種の利用調査(地域社会調査)
    ・利用者の権利に関する研究
    ・関連諸科学,運動との交流
2. 資料を知ること
    ・資料をよく知り,客観性をもった価値判断ができ,求めにできるだけかなう資料を提供することは専門性の基本的要件である。
    ◎資料の収集
    ・要求にそった質の良い本を選択する能力
    ・リクエストへの対応を通じて獲得される資料知識,蔵書構成の知識
    ・立場の異なる資料に対する客観性のある価値判断能力とその実行力
    ◎読書相談・参考業務
    ・資料に関する知識,参考図書・各種ツール類を使いこなす能力
    ・情報サービスの技術
    ・関連領域を含む系統的な資料と2次資料の知識,書誌作成の能力(大学図書館の場合)
    ◎資料を知るために
    ・必須の基本的資料知識,それを基礎とする主題別知識
    ・出版物の生産・流通過程の知識
    ・出版情報の知識
3. 利用者と資料を結びつけること
    ・奉仕計画(図書館政策)の作成・改善
        各図書館の奉仕計画は地域的・全国的奉仕計画と相互補完する

・資料組織の技術
　　利用のための整理技術，一般性を踏まえた自館に最適な資料組織化の技術，電子計算機の応用技術が求められている
・読書相談・参考業務など

　そして，「図書館員の専門性は，利用者を知り，資料を知り，これを結び付けるための技術を駆使することによって，常に人間の知識面に働きかける知的労働である」と述べている。
　「Ⅳ．専門性の維持発展のために」では，そのための課題を論じている。「1.研修」では，研修の必要性，あり方，条件整備を論じている。「2.人事行政」では，図書館員の任用，館長・管理職の人事，待遇・労働条件，婦人職員等の問題点と改善の必要性を主張している。「専門職員と非専門職員」の項では，小図書館の職員を全員司書とした東京都図書館振興プロジェクトチームの『司書職制度を中心とする区立図書館振興対策』（1972）を高く評価し，職務分析について，図書館員の「専門性の実質や，業務内容が各方面で問い直されつつある過渡的な現状においては，発展段階のことなる先進国の制度を画一的・形式的に模倣したり，業務の平面的分析を機械的に適用することには，慎重でなければならないであろう」と指摘し，現在の司書職制度を検討の基礎とすべきことを主張している。「3.職場の民主化と行政の役割」では，職場全体に利用者の立場に立つ積極性が広がっていること，個人の創意が奉仕計画の作成に活かされる民主的な職場であることが重要であると指摘している。
　「Ⅴ．倫理綱領」では，専門性の内容が明らかにされても，その担い手である個人が自主的に自らを律する基準が確立されなければ画竜点睛を欠くことを指摘し，倫理綱領の意義と要件，批判的な意見を明らかにした上で，倫理綱領の制定を主張して，10か条からなる原案を提案している。
　「Ⅵ．日本図書館協会と専門職集団」では，現在の日本図書館協会は真の意味での専門職集団とは言い難く，真の専門職集団に脱皮するには相当長期の日時を要することを指摘した上で，真の専門職集団をめざして図書館員の専門性を発展させるための努力と援助を行なうべきであり，図書館界に対して指導性を発揮すべきであると述べている。そして，日本図書館協会の当面の課題とし

て，1.倫理綱領の作成，2.司書職制度確立のための館界全体の協力体制，3.専門性を無視する制度（案）や事態に対する阻止行動の3点をあげている。

なお，「司書職制度に関する具体的な検討は「専門職委員会」にゆだね，また養成問題は（中略）目下検討が進行中なので，ともに本報告では立ちいらない」とされている。

2 最終報告に対する当時の評価

2.1 図書館界の評価

(1) 図書館職員の感想

委員会は，報告発表後の1974年7，8月号の『図書館雑誌』に図書館職員の感想7点を掲載している［8, 10］。図書館職員の感想は，7点中4点が公立図書館職員によるもので，委員会の努力に敬意を表しているもの，公立図書館の職員事情について述べ，専門性や司書職制度を主張することの難しさを指摘しているものが多い。森耕一（大阪市立図書館）が「主張されていることのほとんどに賛成」と述べている［9］以外は，報告の内容についてくわしい感想や評価を述べたものは少ない。ほかに，荒川美穂子（広島女子学院図書館）が利用者に対する図書館員の積極的な努力の必要性を指摘し［11］，野瀬里久子（品川区立図書館）が利用者の要求に応えるサービスの意義を指摘している［12］。

(2) 検討集会における批判

委員会は，1974年10月～1975年2月に，関西，中国，東京，東北・北海道の4地区で図書館員の問題検討集会を開いて最終報告について検討し，報告を1975年6，7月号の『図書館雑誌』に掲載している［15, 16］。検討集会では会場によってかなり厳しい批判が出されている。委員会は検討集会での論議を，Ⅰ．最終報告に対する批判，Ⅱ．討議された問題点に分けて示している［16］。

Ⅰ．最終報告に対する批判
　　・批判を8点にまとめているが，次の4項目に分類することができる。
　1．館種別の掘り下げが不十分である。

- 館種別，問題別の各論の掘り下げが不足のため，抽象的でわかりにくい。
- 専門図書館に全く触れていないのは問題ではないか。
2. 専門職の制度と教育の検討が不十分である。
- 司書職の制度問題と養成問題を検討対象からはずしたことは大きなマイナスである。
- 専門性の要件として中間報告にあげた"図書館学の確立"が最終報告で消えているのは首肯できない。
3. 専門職としてのあり方の検討が不十分である。
- 医師，弁護士等の専門職との対比のうえで，司書職の専門性を検討するのがよい。
- 専門性と現行職階制の矛盾等について明確な説明が必要である。
- 「最終報告」の対象は，専門職員に向けられているのかどうかがはっきりしない。
4. 政策論が欠けている。
- 司書職制度確立のための展望と政策論が必要である。

Ⅱ 討議された問題点
- 1．全般的問題と 2．専門性の2項目に分けてまとめている。
- 肯定的な評価としては，「利用者の立場に立って望ましい図書館員像を求めている点はひろい共感をえた」「倫理綱領の確立は，各集会を通じて強く支持され（中略）熱心な要望が出された」の2点である。
- 最終報告の問題点は，次の5点にまとめることができる。
  1. 最終報告は出発点を示したもので，今後館種別各論の具体的な展開が必要である。
  2. 社会と行政当局に対し真に説得力ある専門性の解明が必要である。
  3. 利用者を知ることを専門性の要件とすることには賛否両論がある。
  4. 資料を知ることは専門性の核心であるとする見解が多いが，今後の課題が多い。
  5. 司書職のグレード化には賛否両論がある。

Ⅱ 司書の専門性に関する理論

　最終報告に対しては，司書の制度と養成を検討対象から除いたことは誤りである，専門性の要件は対外的説得力のあるものではない，専門性の内容には未確定の部分がある，司書職制度確立の展望と政策論が欠けている，などむしろ批判的な意見の方が多いことがうかがえる。

(3) 委員会の対応

　委員会は，1973年度の報告では，最終報告が「会員各位によって，検証され訂正され，協会の見解となるよう，委員会としても努力したい」と述べている［13］。1974年度の事業計画では，最終報告に対する「諸々の意見・批判を，実状に即してどのように調整しもり込んで行くかの研究をする」と述べている［7］。1975年6月に掲載された検討集会の報告では，前文で「「最終報告」に対しては多くの貴重な示唆・批判が寄せられたが，今回はその要点のみ列挙するにとどめ，報告自体の改訂は他日を期することとした」と述べているほか，委員の松田上雄（東京大学附属図書館）は，中国地方集会の報告の中で，改訂版の検討に言及している［15］。1976年4月には，1976年度の事業計画として6件をあげているが，その1として「未実施の地区3会場程度でぜひ「最終報告」と倫理綱領に関する意見を聴取するための地方集会を実現したい。そして「最終報告」補訂の作業を完了したい」と述べている［17］。しかし，1976年度の報告ではこれについては全く触れられていない［19］。最終報告の発表直後には，委員会は，報告に対して多くの批判があること，報告の改訂の必要があることを認識していたようであるが，その後，地方集会の開催や報告の補訂作業は全く忘れられてしまったようである。

2.2　研究者の評価

(1) 専門職性の評価

　渋谷嘉彦は，1978年7月に最終報告についてくわしく論じ，基本的な性格を「現状分析とそこからの出発点の確認」と規定している［20：31］。渋谷は，委員会の最初の報告書である「問題提起」に示された下記の専門性の要件6項目を挙げ，図書館員がこれらの要件を社会的に認められる形で充足することができれば，少なくとも理論的には既成の専門職と同等の立場を得ることになると指摘している。

第 2 章 「図書館員の専門性とは何か（最終報告）」をめぐって

1. 国民の知る権利にこたえる知的・精神的な活動。
2. 確立された学問と，標準化された技術が存在し，それを習得するためには，長期の専門的教育と訓練が必要。
3. 個人の専門的判断と責任において仕事をするという職務上の自律性。
4. 資料をよく知っていること，および資料に対する一定の価値判断能力をもつこと。
5. 固有の倫理原則をもち，奉仕の精神で行なわれ，これに対して高い社会的評価と待遇が与えられる。
6. 免許・養成などについての自主的規制能力（権）をもち，倫理綱領を実施する総合的な自治組織としての職能団体を形成していること。

そして，これらの要件それぞれについて検討の不十分な点やさらに検討し解明すべき点を指摘している。特に，2については長期の教育・訓練が必要な理由を具体的に示さなければならないと指摘している [20：27-28]。

さらに，最終報告の専門性の三つの要件（1. 利用者を知ること，2. 資料を知ること，3. 利用者と資料を結びつけること）について，図書館員を専門職として社会に認めさせるには不十分であり，専門職として成立する必然性を示したことにはならないと指摘する。

そして，市川昭午（北海道大学）の「専門性」と「専門職性」の区別に基づく次のような考え方を紹介している [20：28-29]。

・現代社会ではどんな職業でも何らかの専門性を持っている。
・専門職性は，単にある職業の専門性を主張することからは生じない。
・専門職性は，社会における職務の位置付けの明確化，職務内容の自主的管理，質的向上のための専門職集団の自主的統制などの過程で確立される。

これを理解するには市川の「専門職性」と「専門性」の区別を理解する必要がある。市川は，専門職の最大公約数的な属性として，1. 職務の公共性，2. 専門技術性（これを「専門性」と呼んでいる），3. 専門的自律性，4. 専門職倫理，5. 社会的評価の5点をあげ [31]（7.1 参照），「専門職性」と呼んでいる [30：521]。「専門職性」は専門職の要件を示すもので，大部分が渋谷が挙げている「問題提起」の専門性の要件と一致する。最終報告の専門性の三つの要件は「専門性」に当る。

II 司書の専門性に関する理論

渋谷は,この考え方に基づき,現場の図書館員は専門職の質的向上のための具体的方策を打ち出すべきであるが,この文書にはそれが見られないと指摘し,次のように批判する [20：30-31]。

- 専門職集団としての質的向上に関しては,日本図書館協会による資格認定の問題提起のみで,改善への具体的方策を見出せない。
- 現行司書資格の改善に関しては,専門職員と非専門職員の関係や職務分析などについて積極的な提言を避けている。
- 専門職団体による自主的規制力に関しては,日本図書館協会による指導性の確立の問題提起に終っている。
- 将来のビジョンについては,具体性に乏しい。

渋谷の指摘から,図書館員の場合は,専門職性はまだまだ充足されていないことがわかる。渋谷は,最後に,図書館員の専門職化への道のりはまだ遠いことを指摘し,専門職の要件のうち図書館員集団の努力にかかっているものとして,集団としての自己規制力をあげ,「専門職性を確立するために,図書館員集団は自らの構成員に条件を課すことができるであろうか。(中略)このことは至難の技であろう」と述べて,それが困難であることを指摘している [20：32-33]。渋谷は,報告全体にわたって理論的な批判を的確に行なっている。

(2) 図書館学教育の評価

神本光吉（法政大学）は,1979年に,最終報告では,司書養成,図書館学教育のあり方について論点整理をしているだけで,委員会としての主張や結論は見出せないこと,最終報告に対する意見・批判,多数の委員会報告にも積極的提言が見られないことを指摘し,その理由として,司書の専門性の追求を急いだこと,あるいは司書職制度の確立と図書館員の倫理綱領の作成が先行したことをあげている [21]。

2.3 図書館運動参加者の評価

報告書全体ではなく,三つの要件に関してであるが,久保輝巳（関東学院大学）の「司書の専門性に関する理念的解説として,現段階ではほぼこの報告につきると考えてよいだろう」[22：133],伊藤松彦（鹿児島女子短期大学）の

「今日では館種を越えてほぼ共通理解になっている」[24] という評価のほか，ある公立図書館職員の「図書館員の専門性の内容を簡潔，的確に表現したすぐれた報告である」[25] という評価がある。しかし，1994年に，図問研全国委員長の西村彩枝子（江東区立図書館）が，三つの要件はやや抽象的で，もう少し説得力のある整理された表現はないかと思っていた，この表現では人事担当者に司書の必要性を納得してもらえないと思うと述べていることは注目に値する [26]。

2.4 最終報告の問題点

以上の点から，最終報告の問題点として，次の5点を挙げることができる。
① 司書職の制度と養成教育の検討を他組織に委ねたのはマイナスである。自主的に検討すべきである。
② 専門性の説明は説得力に乏しい。内容が未確立な部分，賛否両論のある部分がある。長期の教育・訓練が必要な理由が具体的に示されていない。
③ 専門職集団の質的向上，司書資格の改善，図書館学の確立，専門職団体の自主規制力など，専門職性確立のための具体策の積極的な提言が少ない。
④ 委員会は最初は改訂の必要があると考えていたが，途中で忘れられた。今後の運動の出発点となる文書であれば，改訂するべきである。
⑤ 司書職制度確立のための展望と政策論が欠けている。

この報告書は，主な内容に対して厳しい批判を受けている。評価されている点もあるが，評価よりも批判が目立っている。

3 専門性の三つの要件

この節以後では，最終報告の内容を個別に検討する。まず，専門性の三つの要件について検討する。

3.1 専門性の要件の解説

三つの要件の解説で必要な知識・能力を挙げていることは評価できる。ただ

し，網羅的ではなく，問題もある。最終報告の後，要件の解説を改めようとする試みがあった。久保は，1974年に最終報告をもとに司書の専門的職務の具体的内容を明らかにしている。「㈠住民を知ること」「㈡資料を知ること」「㈢住民と資料を結びつけること」の三つの要件ごとに3項目を挙げて説明を加えている。項目は最終報告とほぼ同様であるが，若干の変更がある。㈠では，対象が全住民であることを強調し，㈡の(1)では，新聞・書評紙の書評等を通覧すること，いくつかの主題の図書の内容に通暁することを挙げている [22]。1986年にはこれをさらにこまかく項目に分けているが，説明はない [23：85]。この項目を最終報告の分類に合わせて整理すると次のようになる。

1. 利用者を知ること
   (1) 利用者との日常の対話の記録
   (2) 利用者調査（地域の社会調査，利用者の生活実態調査，利用者の要求調査，利用状況の調査）
   (3) 知的自由など利用者の権利に関する調査・研究
2. 資料を知ること
   (1) 図書館資料についての日常研究
   (2) 出版動向の調査研究
   (3) 蔵書構成の立案と点検
   (4) 分野ごとの資料の調査研究
   (5) 資料の選択
   (6) リクエストへの対応
3. 利用者と資料を結びつけること
   (1) 全域サービス計画への参画
   (2) 分類・目録・排架など資料の組織化
   (3) 効率的な資料提供
   (4) 資料相談・読書案内，参考調査（レファレンス）サービス
   (5) 児童サービス，視聴覚サービス，障害者サービスなどに伴う固有の専門的業務

「必須の基本的資料知識」「出版物の生産・流通過程の知識」「出版情報の知識」が削除され，「出版動向の調査研究」「蔵書構成の立案と点検」が追加され

ている。「2. 資料を知ること」に重点があった「読書相談，参考業務」は「3. 利用者と資料を結びつけること」に移され，3には児童サービス，視聴覚サービス，障害者サービス等が付け加えられている。久保は「図書館業務はほとんどすべて専門的業務に該当する」と説明しており，図書館業務を列挙することによって説明できると考えているようである。修正・追加された部分は評価できるが，削除された部分は削除の必要があるかどうか疑問である。職務内容のリストとしては，どれも網羅性に欠ける。

3.2　専門性の要件の評価
この専門性の要件をどう評価すべきだろうか。
(1)　抽象的である

三つの要件は抽象的な命題と解説から成り立っている。このうちの抽象的な命題は専門性を明らかにしているとはいい難い。専門性を抽象的に要約した命題は平凡で自明なものにならざるをえない。利用者を知る，資料を知る，利用者と資料を結びつけるという三つの要件は扱う資料の違いはあっても，すべての人的サービスに共通するものである。資料を商品に置き換えれば，販売業やサービス業にも共通する。東京都特別区のある管理職は，利用者を知り，資料を知り，それを結び付けるのは「区民を知り」「区政を知り」「それを結びつける」一般職員の当然の義務であると述べている［27］。

抽象的な命題は，本質を明らかにできても，専門性の内容やレベルを明らかにすることはできないし，複雑な知識を要する仕事であるという事実も説明できない。専門職の専門性の内容は抽象的な命題によって表現できるものではない。簡単に説明できないからこそ，専門職が必要なのである。むしろ，解説の方が職務内容を表しており，専門性の説明に役立つ。

森耕一が三つの要件について「なんら新しみはない」「問題は，いい古されたことがどれだけ深められたか，今後どれだけ深められるかにかかわっているのであろう」と指摘しているのは［9］，この点を示唆しているのであろう。

(2)　過渡的な状態にある

委員会はこの時点で専門性をどうとらえていたのだろうか。Ⅳの2「人事行政」では，専門性の現状を「これが専門職だといえるような館員の専門性の実

Ⅱ 司書の専門性に関する理論

質や，業務内容が，各方面で問い直されつつある過渡的な」状態にあると指摘しており，専門性は現状ではまだ解明されていないことが指摘されている。

また，Ⅲの「資料を知るために」では，「資料を知るには（中略）独自の努力と工夫が必要である。そのための理論と技術の創造が，今日広くかつ切実に求められている」と述べ，図書館員としての基本的資料知識について「その具体化は今後の課題である」と述べて，専門性の内容はまだ確立されていないことを認めている。検討集会のまとめでも，Ⅱの2の(2)で，資料を知ることについては今後に残された問題が多いとされている。

これらの課題への取り組みは図書館学の役割であるが，この報告では図書館学教育は取り上げていないため，これらの解決方法については論じていない。

3.3 専門性の要件の構成

(1) 体系

1986年の久保の提案では，読書相談，参考業務を「3．利用者と資料を結びつけること」に移し，3に児童サービス，障害者サービスなどを加えている。最終報告では，読書相談，参考業務を資料を知る面からとらえているが，正しい位置付けとはいえないし，サービスの種類も不十分である。

最終報告では，資料組織を「3．利用者と資料を結びつけること」に含めている。これ自体はよいとしても，奉仕計画（図書館政策）の策定と資料組織を「利用者と資料を結びつけること」として一括するのは無理がある。それぞれ運営論（政策論）と技術論であり，次元の異なるものだからである。「利用者と資料を結びつけること」という標題からは，奉仕計画（図書館政策）の策定が含まれているとは考えにくい。また，奉仕計画と図書館政策は，対象地域の広がりと内容の具体性にニュアンスの相違がある。前者は個別の自治体レベル，後者は国，都道府県レベルのニュアンスがある。後者を丸括弧内に納めるのは不自然である。

(2) 図書館の制度，政策，経営管理

三つの要件の内容はおおむね図書館実務に必要な技術的知識である。図書館員が専門技術的知識を活かすには，このほかに適切な経営管理とその基盤を整備する図書館政策が必要である。図書館の経営管理や図書館政策の策定には，

その基礎として図書館制度に関する理解が必要であり，図書館制度を理解するには図書館の社会的役割に関する理解が必要である。これらは，社会的役割を除いてはほとんど触れられていない。久保の1986年の提案も同じである。図書館の理念や技術以外の社会にかかわる側面をどうとらえるかが問題である。これまで，図書館に関する理解において，このような観点が弱かったのではないだろうか。最終報告では図書館政策を取り上げているが，前項で指摘したようにその位置付けは不自然である。

これまで経営管理と図書館制度は取り上げられていない。これらの点を補うために，第4の要件として「利用者と資料を結びつける社会的仕組みを理解し運営し新たに創り出すこと」が考えられる。仕組みには図書館の機能・制度・政策・経営が含まれる。

(3) 貸出

三つの要件の説明には貸出が含まれていない。久保は，1986年の提案でリクエストへの対応，障害者サービスなどを付け加えているが，貸出サービスを含めていない。これは，委員会と久保が貸出サービスを非専門的業務として位置づけていることを意味するのだろうか。貸出サービスを含めるにせよ除くにせよ，何らかの説明が必要であろう。

4　専門性の要件の検討経過

この節では，最終報告に先立つ4点の報告書に示された専門性の要件について，その内容の変化を検討する。

4.1　問題提起 [2]

(1) 関連部分の内容

・「2．専門性の基本的要件」

次の6点を挙げている。これは後に渋谷が引用している。

1. 国民の知る権利にこたえる知的・精神的な活動。
2. 確立された学問と，標準化された技術が存在し，それを習得するためには長期の専門的教育と訓練が必要。

II 司書の専門性に関する理論

3. 個人の専門的判断と責任において仕事をするという職務上の自律性。
4. 資料をよく知っていること,および資料に対する一定の価値判断能力をもつこと。
5. 固有の倫理原則をもち,奉仕の精神で行なわれ,これに対して高い社会的評価と待遇が与えられる。
6. 免許・養成などについての自主的規制能力（権）をもち,倫理綱領を実施する総合的な自治組織としての職能団体を形成していること。

(2) 考え方の特徴

「専門性の基本的要件」を要約・整理して記号を付すと,次のようになる。

  1 知る権利に応える活動（図書館の本質）
  2A 確立された学問・技術
   B 長期の専門的教育
  3 職務上の自律性
  4A 資料に関する知識
   B 資料に対する価値判断能力
  5A 倫理原則
   B 社会的評価・待遇
  6A 自主的規制能力（免許など）
   B 自治的職能団体（倫理綱領の実施）

この専門性の要件は最終報告の専門性の要件と異なり,幅広い内容を含んでいる。この専門性の要件は何を意味するのだろうか。一部分類は異なるが,市川昭午の専門職性（専門職の要件）と内容がほぼ一致するため,これは専門職の要件であることがわかる（以下,専門職の要件という）。この取り上げ方の変化に注目したい。なお,4は2の技術の内容の一部を示したものといえる。

4.2 中間報告1 [3]

(1) 関連部分の内容

・「I 図書館員の専門性をなぜ中心テーマとしてとりあげるのか―1. 図書館員の専門性とその吟味」
次の4項目をあげている。

1. 資料の提供によって，国民の知る権利を保証する知的な活動。
2. 資料をよく知っていること，および資料に対する客観性をもった価値判断能力をもつこと。
   ・確立された学問と標準化された技術が存在し，それを習得するためには，長期の専門的教育と訓練が必要である。
3. 個人の専門的判断と責任において，仕事をするという職務上の自律性
   ・そのために固有の倫理原則をもち，奉仕の精神で行ない，高い社会的評価が与えられる。
4. 免許・養成などについての自主的規制権をもち，倫理綱領を実施する総合的な自治組織としての職能団体を形成していること。

・「II　図書館とは何か」

公立図書館の役割を国民の知る権利と知的自由の保証，民主主義の基盤として簡潔に論じている（最終報告にはない）。

・「III　どのような図書館員であればよいか」

利用者から専門職員配置の要求が出されていることを指摘し，「利用者の要求に答え得るような図書館員の要件」として次の3点を検討している。

1. 資料を知っている，客観性をもった価値判断ができる（4A，4B）
2. 高度の図書館学教育と権威ある資格認定制度がある（2B，6A）
3. 職務上の自律性と倫理を持つ（3，5A）

1では，潜在的要求を踏まえた資料の知識と価値判断能力は専門性の基本であり，資料を知ることの中味は今後の課題であると指摘している。2では，養成（講習），資格認定，研修について検討課題を列挙している。3では，倫理綱領の必要性を指摘している。

・「IV　組織—日本図書館協会の役割」

日本図書館協会を有資格者だけの専門家集団にすることは不可能・時期尚早と評価し，現在の日本図書館協会で可能なこととして，倫理綱領の作成，先進図書館における司書職制度の調査研究などを提案しているが，真の職能団体形成のための提案は見られない。

(2)　考え方の特徴

Iは専門職の要件を4項目に分類し直したものである。IIIでは，2A．確立

された学問・技術，5B．社会的評価・待遇が消え，1．図書館の本質，6B．職能団体は他の章で論じている。専門職の要件すべてについて検討せず，「利用者の要求に答え得る図書館員の要件」という側面について検討している。 4B．資料に対する価値判断能力は，Ⅲで見出しに現われるが，本文ではほとんど触れられていない。

4.3　中間報告2　[4]

(1)　関連部分の内容

・「Ⅱ　図書館員の専門性とは何か」

中間報告1のⅢの3点について，下記の見出しのもとで検討している。

1. "資料を知っていること"とは何か（4A）
2. 高度の専門教育と権威ある資格認定制度があること（2B，6A）
3. 倫理綱領をもつこと（5A）

1では，「選書」で，業務の現状について述べ，自館の蔵書を知ること，利用者の要求を察知することをあげ，「参考業務」では，児童への読書案内に必要な児童書の読書，文献調査に必要なツールを使いこなす知識，新たに作成する能力をあげている。図書館員として知っている必要のある資料の検討は今後の課題としている。

2では，高度の専門教育については教育部会で研究が行なわれているため，その成果を見守ると述べ，資格認定については，委員会の提案によって専門職委員会が設置されたこと，同委員会は日本図書館協会による認定の立場を取っていることを述べている。

3では，倫理綱領の必要性を論じ，「資料と解説」として，「図書館の自由に関する宣言」，石塚栄二（大阪市立図書館）の「プロフェッショナル・コードにもりこまれるべき事項」と米国図書館協会の「図書館員倫理コード」を収録している。

(2)　考え方の特徴

第一に，専門職の要件のうち，2A．確立された学問・技術，5B．社会的評価・待遇に続き，1．図書館の本質，3．職務上の自律性が姿を消している。第二に，2B．長期の専門的教育，6A．自主的規制能力は他機関に委ねられてい

る。第三に，5A．倫理綱領については2ページ以上にわたって資料を収録しており，倫理綱領に重点が移行している。

4.4 中間報告3 [5]
(1) 関連部分の内容
・「専門性の要件」

「Ⅱ　利用者の問題」「Ⅲ　資料を知ること」の二つの項目をあげ，検討を加えている（Ⅰは文献展望である）。

Ⅱでは，新たに，利用者を知ることの重要性を指摘し，利用者や地域社会の研究，利用者との協力による図書館政策の確立を提起している。

Ⅲでは，3点に分けて，1．選書では，予約サービスを通じて利用者の要求する資料を見る眼が養われることを述べ，2．参考業務では，大学図書館について参考図書，二次文献の知識，書誌作成能力をあげ，資料組織の重要性を指摘し，3．資料を知る努力では，公立図書館での出版情報や書評の検討例を紹介し，解題書誌の必要性を指摘している。

倫理綱領については，3か月後に別に「倫理綱領の具体化のために」[1]という報告を発表している。これ以後，他の章で論じられている。

(2) 考え方の特徴

専門職の要件のうち，4A資料に関する知識だけが残り，それに利用者を知ることが付け加えられた形になっている。

4.5 最終報告
(1) 関連部分の内容
・「Ⅲ　専門性の要件」

利用者の要求にこたえる専門性の内容として，1．利用者を知ること，2．資料を知ること，3．利用者と資料を結びつけることの3点をあげている。1はほとんどが新しい内容である。2はこれまでの報告の関係部分をもとに加筆している。3は新しい項目である。

(2) 考え方の特徴

専門性の要件として，専門職の要件のうちでは，4A資料に関する知識のみ

を論じている。他の章では，5A倫理綱領，6B職能団体を論じ，6A自主規制（資格認定）にも若干言及している。三つの要件のうち，1．利用者を知ること，3．利用者と資料を結びつけること，は4Aと同様に，2A確立された学問・技術の一部と見なすべきである。

4.6 まとめ

(1) 検討のプロセス

委員会による中間報告の経過を見ると，委員会が，最初は専門職の要件を包括的に挙げているにもかかわらず，徐々に取り上げる要件を減らし，最終的には資料に関する知識と倫理綱領だけに絞っている感がある。その理由は示されていない。図書館学教育，資格認定を他の委員会に委ねたことはあるが，それ以外の要件についても限定している。専門職の要件全体の検討は，いつ，どこで，誰が行なうのだろうか。

(2) 専門的知的技術

専門性の三つの要件は，専門職の要件の2A確立した学問・技術の内容を示すものである。これは，市川のいう専門技術性（専門性）のうちの専門的知的技術にあたり，専門的知的技術の原理を抽象的に規定したものといえる。

専門技術性は長期の専門的教育を条件としているが，最終報告はこの点についてほとんど論じていない。これは，報告3以後，高度の専門教育の検討を教育部会に，権威ある資格認定制度の検討を専門職委員会に委ねたためである。

5 専門職養成と専門職制度

この節では，専門職員の教育と制度について検討する。

5.1 専門職養成の検討

(1) 図書館学の水準の現状認識

委員会は，初期には専門性の基盤である図書館学の研究・教育に関する問題点を指摘している。委員会設置直後の1970年4月の問題提起の文章では，「図書館技術のうらづけとなる理論について，図書館学不在の現実が学生を始め各

方面で鋭く指摘され始めている。実践にたえうる図書館学の創造は，専門職の確立のためにも，極めて重要な問題であることが強く指摘された」と述べている［1］。問題提起では「3．専門性の実現をはばんでいるもの」として5点をあげているが，そのうちの4で「図書館学のあり方……学問として確立されているか。また図書館学の図書館実践に対する姿勢に問題がある」と指摘している。中間報告1では「2．この専門性の実現を阻んでいるもの」の「具体的な問題」の(3)で「養成（養成機関，カリキュラム［，］教師の資質など）および図書館学（学問性，実践に対する姿勢など）の在り方」を指摘している。しかし，それ以後はこうした点は見られない。

これは，中間報告2以後，高度の専門教育と権威ある資格認定制度の検討をそれぞれ教育部会と専門職委員会に委ねたためである。

(2) 「図書館学教育改善試案」に対する評価

日本図書館協会教育部会図書館学教育基準委員会は1972年6月「図書館学教育改善試案」を発表した[2]。その特徴は次の3点である。
・法改正による現行司書講習の廃止
・大学における図書館学教育の拡充（司書課程の図書館学科への移行と大学院の設置）
・全館種共通のグレード別（4段階）司書資格の法制化

さらに，これに伴う図書館学教育，司書課程等の基準案（目的，科目・単位数，専任教員，施設・設備等），司書等の資格案（種類，学歴，科目・単位数）を提案している。

これに対して，委員会は1973年1月に「「図書館学教育改善試案」について」という見解を発表し[3]，次のような批判を示した。

① 司書講習存続の要求は現実には無視できないため，司書講習は初歩的段階とし，日本図書館協会がより高度な資格認定を行なう方法も検討に値する。

② グレード化の必要性が明らかでない。現在必要なのは司書の比率を高めるよう基準化することであり，資格のグレード化ではない。

③ 高学歴者の招致は現状でも可能である。司書の昇格には行政の民主化が必要で，資格のグレード化だけでは実現できない。

Ⅱ　司書の専門性に関する理論

④　異なる学歴間の昇任措置や新制度への移行措置が用意されていない。

⑤　図書館学専攻の重視は大切であるが，他分野の専門知識の必要性や他分野専攻者の資格取得の方法が示されていない。

このうちの①④⑤は適切な批判である。しかし，最終報告にはこのような批判は見られず，Ⅱの3で，この試案には「賛否両論を含め現在なお論議が寄せられている」と述べるにとどまっている。委員会は，中間報告2以後，批判を持ちつつも，教育部会の検討に委ね，最終報告に批判を盛り込むことを避け，図書館学教育に関する問題提起を行なわなかった。

(3)　最終報告の評価

委員会の図書館学教育に関する見解は不十分である。第一に，「図書館学教育改善試案」に対し賛否両論があるならば，相違点を明らかにし，討論のための手がかりを提供すべきであるが，「広く館界全体の意見を徴すべきだという意見が多い」と述べるにとどまっている。第二に，「「図書館学教育改善試案」について」で述べられている「いま必要なのは（中略）資格のグレード化ではない」という主張と「より高度の資格認定を行なう」という主張に見られるように，委員会は資格のグレード化に反対する一方で，グレード化の望ましい方法を提案しており，一貫性が見られない。

検討集会では，東京地方集会で「専門性の基礎としての創造的な図書館学の確立を最終報告にも明記すべきであること」[15]が強調され，まとめでは，「Ⅰ．「最終報告」に対する批判」で「司書職の制度問題と養成問題を検討対象からはずしたことは大きなマイナスである」「専門性の要件として中間報告にあげた"図書館学の確立"が「最終報告」で消えているのは首肯できない」の2点が指摘されている。「Ⅱ．討議された問題点」でも「専門性の学問的基盤に値する図書館学の確立の重要性，および協会がまず養成，研修に本腰を入れるべきこと」が指摘されている[16]。以上のように，図書館学の研究・教育が不十分であること，委員会が図書館学の研究・教育の問題を他の委員会に委ねたことが批判されている。

図書館学教育部会は教育を行なう立場であるため，この部会による検討だけでは不十分である。教育を受ける立場，現場の職員の立場からの検討が必要である。

5.2 専門職制度の検討

(1) 資格認定に対する態度

最終報告のⅡの3では「資格認定の問題にしても,将来は協会自体で自主的に認定する方向での検討を期待したい。その意味で,当委員会の提唱で協会に設けられた専門職委員会の責務は重大である」と述べている。資格認定とは,資格試験等によって専門職の資格,司書資格の認定を行なうものである。

委員会は,1971年度の日本図書館協会の事業計画として,専門職員の資格認定に関する調査研究に着手するよう提案した。この結果,1971年8月に,諸外国における資格認定制度の調査,協会による資格認定制度の調査立案を任務とする専門職委員会(岡田温委員長)が設置された[4]。中間報告2によれば,この委員会の基本的な立場は,1. 批判の多い現行の司書資格よりも高度な資格を考える,2. 館種を越えて基本的な各館種に共通する司書を考える,3. 日本図書館協会で資格の認定を行なう立場で研究することなどであった。これ以後,委員会は司書職制度に関する検討をこの委員会に任せたのである。しかし,専門職委員会は,実際にはほとんど検討を行なわなかった[5]。

最終報告を検討するには,専門職委員会の検討結果と合わせて考える必要があるが,専門職委員会は検討を行わなかったため,その部分は理論の空白として残されている。委員会は,専門職委員会に委ねられた課題の検討に改めて取り組むべきであった。理論的空白のまま方針を打ち出すべきではなかった。少なくとも調査研究への着手を提案した立場からの意見の表明が必要であった。

(2) 職務分析とグレード制に対する態度

最終報告のⅣの2「人事行政」では,東京都図書館振興対策プロジェクトチームの『司書職制度を中心とした区立図書館振興対策』(1972)が,小規模館の職員構成について,全員を司書としたことには積極的な意義があると評価し,このことは「専門業務と非専門業務の区分,専門職員と非専門職員の比率のきめ方に種々の問題をなげかけている」と指摘し,専門性の実質が問い直されつつあるわが国の過渡的な現状では「発展段階のことなる先進国の制度を画一的・形式的に模倣したり,業務の平面的分析を機械的に適用することには,慎重でなければならないであろう」と述べている。これは,英米における専門的職務と非専門的職務の分離の適用について論じたものである。

II 司書の専門性に関する理論

　この指摘の特徴は，発展段階の相違があり，業務分析が平面的であることから，先進国の制度の模倣と職務分析の適用にはあくまで「慎重でなければならない」と主張し，先進国の制度の模倣と職務分析そのものは否定していないことである。この主張の論理に従えば，発展段階の異なるわが国の現状を踏まえて，先進国の制度を参考にし，立体的な業務分析を弾力的に適用することが必要になる。しかし，委員会は，反対はしていないものの，こうした対応を提案することなく，それ以上触れずに終っている。

(3) グレード制に対する態度

　IIの3「司書養成と司書職制度」では，教育部会の「図書館学教育改善試案」に対し，資格のグレード化の問題も含めて賛否両論があることを指摘している。また，国立大学図書館協議会の「3段階の「司書官」設置を柱とする具体案」に対しても，「階層分化の拡大」という厳しい批判が示されている。IVの2では，これに関連して，司書資格について，「資格の内容や制度は図書館活動や社会の発展段階に対応してつねに改訂され発展されるものである」と述べつつも，「性急に従来の資格や資格者を否定する」ものであってはならず，現行司書資格を検討の基礎としなければならないと提言している。委員会は，その後「司書のグレード化は現状においては必要ない」と明言している［14：2］が，グレード制に対し賛否両論がある以上，その相違点を明らかにし，討論のための手がかりを提供すべきであった。

(4) 最終報告の評価

　検討集会のまとめでは，司書職の制度問題を検討の対象からはずしたことは大きなマイナスであると批判されている。この批判は正当である。委員会は，自主的な資格認定には積極的で，職務分析には消極的であるという違いはあるが，それぞれの必要性は認めている。しかし，職務分析には慎重な対処を主張し，関連するグレード制に対しては，賛否両論があることを示しつつも，実質的な検討は全く行なわなかった。これによって，委員会は，結果的に職務分析とグレード制の問題提起を葬ってしまったのである。

6 倫理綱領と専門職団体

この節では，倫理綱領の制定を進めた考え方と日本図書館協会に対する評価について検討する。

6.1 倫理綱領の重視
(1) 倫理綱領重視の提案とその内実

最終報告の「Ⅳ．日本図書館協会と専門職集団」では，日本図書館協会の当面の課題として，「1．倫理綱領を作り，図書館員の専門性を生かす職務遂行の為のより所とする。2．司書職制度確立のために，館界全体の協力体制を作って行く。3．専門性が無視されるような制度（案）や事態に対しては，これを阻止する為の行動をする」の3点をあげている。この特徴は，第一にあげられているのが倫理綱領の制定であることである。

しかし，倫理綱領の提案にはいくつかの前提条件がある。委員会は次の3点を明らかにしている。

第一に，「Ⅴ．倫理綱領」では，倫理綱領を「専門性を，個々の図書館員が日常の職務のなかで生かしてゆくための裏打ちとなるものである」と規定し，「専門性の内容が明らかにされても，その担い手である個人の自律性，すなわち自主的に自らを律する基準が確立されなければ画竜点睛を欠くであろう」と述べている。すなわち，倫理綱領は，専門性が明らかにされた後の段階に必要になるものであり，倫理綱領がなければ，せっかく明らかにされた専門性が生かされないと考えているのである。しかし，専門性の内容が過渡的な状態にあることは委員会も認めている。

第二に，倫理綱領は「個人の座右銘だけでなく，所属する職能団体によって確立され，会員個々に対して指導力と規制力をもつようなものでなければならないであろう。しかしこの団体であるべき当協会が，現状ではなおこうした専門職集団といえる域に至っていないことを考慮しつつこの倫理綱領を作成した」と述べている。委員会は，日本図書館協会には倫理綱領にもとづいて規制を行なう実力がないことを認めている。

第三に，倫理綱領に対して，1. 倫理綱領は専門職集団があって始めて存在する，2. 倫理綱領と権利宣言とは異なるもの，3. 実態が伴わなければ無意味，したがって時期尚早である。4. 協会が会員の権利を守るためにどのようなことができるのか，また，してきたのか，といった意見が寄せられたことを明らかにしている。委員会も，これらの意見の多くを全く当然と考えていること，特に3，4については相当の危惧を抱いていることを明らかにしている。このように，委員会は倫理綱領制定の前提条件が存在していないことを認めつつ，倫理綱領の制定を最優先してきたのである。

(2) 倫理綱領重視の問題点

なぜ倫理綱領が最優先されてきたのだろうか。倫理綱領の制定が提言された経過を検討してみよう。

最初に倫理綱領の制定が提言されたのは中間報告1である。Ⅳで，日本図書館協会が有資格の専門家集団ではなく混成集団であることを指摘した上で，「混成集団である協会でできることは何であろうか」と問題を提起し，倫理綱領の作成と，先進館の司書職制度の考え方の普及，専門性を無視する制度等に対する阻止行動をあげている。中間報告2では，「主として第一線の館員の間に，社会的責任の自覚と誇り，広い連帯の確立の要求が急速に深まっており，これに共通の目標と基準を提示することは，協会の急務である。しかも，倫理綱領は，行政当局とのかけ引きもいらず，図書館員が自らの手で作れるものである」と述べている。

これらの点から見て，倫理綱領を制定した大きな理由の一つが，日本図書館協会でも現在すぐに実現できそうな点にあったことがわかる。

6.2　日本図書館協会の評価

「Ⅵ．日本図書館協会と専門職集団」では，現在の日本図書館協会に対して次の2点を批判している。

・正会員である図書館員に関する実際の行動は活発とはいい難かったこと。
・図書館員の専門性が阻害されるような重大な事態に対しても静観することが多かったこと。

そして，現在の日本図書館協会が「真の意味の専門職集団とはいい難いこと

は周知のとおりである」「協会が真に専門職集団に脱皮するには，司書職制度の未確立の現状ではなお相当長期の日時を要するであろう」「協会が司書職制度を目途として，これらの課題を行動に移すことは，現在の組織内にそれなりの矛盾撞着を呼び起こすであろう」と指摘し，日本図書館協会が真の専門職集団となることは困難であると指摘している。しかし，同時に「だからこそ，協会は真の専門集団をめざして，図書館員の専門性を発展させる為の努力と援助を惜んではならないのである」「館界への指導性を確立すべきである」と提案している。

　この主張には，一貫した論理が欠けている。このような方針では改革は困難である。

　第一に，なぜ日本図書館協会が真の意味の専門職集団とはいい難いかを明らかにしていない。中間報告1では，「現状では資格の有無に関係なく会員になることができる」「専門的資格という点では，等質集団ではなく混成集団である」ことをあげているが，最終報告では，「周知のとおり」として，この点については触れず，会員資格の問題よりも図書館員の専門性の擁護に積極的でないといった活動面について批判している。日本図書館協会の性格を明らかにするには会員資格の問題に触れることが必要である。

　第二に，日本図書館協会が真の専門職団体に脱皮するための方向を示していない。関係団体の取り組みの成果や問題点を集約することによって「必ず矛盾克服の新しい方向が見出されるであろう」といった抽象的な指摘にとどまっている。

　第三に，日本図書館協会を批判しながら，同じ日本図書館協会に指導性を期待している。これは日本図書館協会以外に期待し得る団体がないためであろう。しかし，限界のある日本図書館協会に期待するには，日本図書館協会の組織，運営上何らかの改革の条件を示すべきである。現状の日本図書館協会に期待しても，批判点がそのままであれば，指導性は発揮できないか，あるいは，批判されるような指導性しか発揮できないだろう。

　指導性を発揮するには，それを発揮しうる主体を形成しなければならない。その主体をどう形成するかが問題である。この点については，市川昭午が，職員団体は，「すべての関係職員をかかえて網羅組織として伸びてゆくか，それ

とも一定の能力や資格を有するものだけにメンバーを限定してゆくかということの選択」に迫られるだろうと指摘していることが参考になる［30：524］。渋谷もこれを紹介している。何らかの形でこのような考え方が必要になると思われるが，最終報告にはこのような観点が見られない。これでは現状を維持するのみである。

7　専門職の要件

　この節では，専門職の要件（専門職性）の重要性とその相互関係について検討する。まず，専門職（プロフェッション）とは何かを明らかにする。専門職の定義はさまざまであるが，ここでは，石塚栄二（大阪市立図書館）の指摘[6]を参考に，「物ではなく人間を対象とし，営利ではなく社会的責任を果たすことを目的とする高度の知的職業」と定義しておく。

7.1　市川昭午の専門職の属性論

　市川昭午（国立教育研究所）は専門職の属性をあげ，その相互関係を論じている［31］。これは専門職性であり，専門職の要件である。
　(1)　職務の公共性
　　　社会の存続，発展に不可欠な機能を担い，ほとんどすべての人々に必要とされるサービスを提供する，人間関係に関する職務であること。
　(2)　専門技術性
　　　高度に複雑で専門的な知的技術を中核とする仕事であるため，長期の専門的教育を必要とし，高等教育機関（通常は大学卒業後レベル）における理論体系の学習と現場における実習訓練を修得した者にのみ，適格試験などを経て資格が認められること。
　(3)　専門的自律性
　　　専門的技術的な判断および措置に関する限り，依頼人，使用者，上司などから指図を受けない職務上の自律性を有するとともに，専門能力の水準を自主的に維持するため，養成・免許・参入（開業・就業）などについて，自主規律の権能を有する自治的な職業団体を形成すること。

(4) 専門職倫理

　　他人のプライバシーへの関与，職務上の自律性，営業の独占といった諸特権が社会的に是認されること。その反面，職務上の秘密の保持，依頼人に対する感情的中立性，学問と自己研修の精神，非営利的な社会奉仕の精神，同僚との協調といった，前述の諸特権に見合うだけの職業的倫理が要求されること。

(5) 社会的評価

　　以上のような諸条件を備えた職業は，その社会的重要性，資格修得の困難性，適格者の希少性からいって，当然それにふさわしいだけの，相対的に高い社会的地位と比較的厚い経済的報償が与えられること。

　市川は，さらに，これらの属性は並列しているのではなく，一定の構造をなしていることを指摘している。すなわち，職務の公共性を前提に，専門技術性を基礎として専門的自律性が認められ，それと表裏の関係で専門職倫理が要求され，最後に以上の結果として社会的評価が賦与される。そして，専門技術性を専門性と呼んでいる。

　市川は，これらの属性の中で，専門性がいわば土台にあたり，自律性や職業倫理，地位・待遇などがその上部構造を形づくっていることを指摘している。そして，教職を例にあげて，上部構造にあたる属性は，いずれも専門性の確立を前提条件として初めて可能となるのであって，この土台を欠いた他の属性はいわば空中楼閣に過ぎない，この肝心な基盤が脆弱なことが教職の専門職化を阻む最大の障害となっていると批判している。

7.2　ウィレンスキーの専門職化の過程

　久保輝巳は，米国の産業社会学者ハロルド・L. ウィレンスキー（Harold L. Wilensky）が主張する専門職確立の5段階プロセスを紹介している［32］。それは，ある職業が専門職化する5段階の過程で，次のような内容である。

(1) 当該職業の専任化，職業の専門領域の境界の限定

(2) 知識・技術修得のための養成機関の設立と総合大学における養成の実施，そこでの用語の統一，学位授与，研究体制の確立

(3) 地方的・全国的専門職団体（協会）の形成，そこでの職務内容の明確化，

仕事上の階層分化，有資格者と無資格者の区別
(4) 仕事の領域と専門性の保持，倫理規定の維持のための法律の制定
(5) 自主的な倫理綱領の制定

　この5段階は，市川があげている5項目の属性とかなり共通している。市川の(2)専門技術性，(3)専門的自律性，(4)専門職倫理は，ウィレンスキーの(2)養成機関の設立，(3)専門職団体の形成，(5)倫理綱領の制定と対応している。久保は「ウィレンスキーの論旨をたどってくると，或る職業集団にとっての倫理綱領の重要性（中略）が，おのずから明らかになるように思われる」と述べ，ウィレンスキーが「倫理綱領を最も重要視している」と指摘している。この見解が委員会による倫理綱領重視の根拠となっている。

7.3　倫理綱領最重要視の評価

　市川は専門性を，久保は倫理綱領をそれぞれ最重要視している。久保の主張を検討してみよう。ウィレンスキーが「倫理綱領を最も重要視している」という引用に続く久保の説明は「法的規制よりも自主的な倫理綱領の制定の方を，重く見ている」というものである。この説明は，法律の制定よりも倫理綱領の制定を重視していることを示しているだけで，倫理綱領を最重要視していると主張する根拠にはならない[7]。また，倫理綱領は最終段階であり，それ以前の段階を経なければ，倫理綱領の制定へは進めないこと，倫理綱領はそれ以前の段階が前提となっていることから考えても，倫理綱領が最も重要とは考えられない。にもかかわらず，久保は日本の現状では倫理綱領が必要であると主張している。しかし，久保の主張からは，ウィレンスキーが「倫理綱領を最も重要視している」という指摘の根拠を見出すことはできない。専門職形成の順序から見ても，市川の主張の方が説得力がある。

8　最終報告の評価

　最終報告は，「図書館員の倫理綱領」や「図書館の自由に関する宣言」と比べて，引用されたり論じられたりすることが少ない。しかし，当時の専門職をめぐる諸事情と委員会の考え方を明らかにしている点できわめて重要な文書で

ある。そして，この報告は，専門職制度を要求する運動を「図書館員の倫理綱領」の制定に導く上で大きな役割を果している。

　従来，図書館界では，この報告によって図書館員の専門性は明らかにされ，専門職制度を確立するための理論的基盤は確立されたものと理解されてきた。しかし，この章での検討によって，最終報告には次のような限界があることが明らかになった。

- 専門職の要件全体を検討することなく，専門職の要件のうちの一部，資料知識，倫理綱領，職能団体を論じ，教育と資格認定のあり方に言及するにとどまっている。
- 問題提起と最終報告の両方で専門性の要件が挙げられているが，両者は異なるものである。問題提起の専門性の要件は専門職の要件（専門職性）であり，最終報告の専門性の三つの要件は専門職性の一つの専門技術性の内容を規定したものである。
- 専門性の三つの要件は抽象的な内容にとどまっている。その内容には未成熟ないし不十分な事項が含まれている。研究・教育の実体（学問研究，実務，養成教育）は検討しておらず，専門的サービスの必要性の実証的な説明も行なわれていない。長期の専門的教育の必要性についても論じていない。
- 検討過程で，専門職制度（主に資格認定）の検討を専門職委員会に，専門職養成（図書館学教育）の検討を教育部会に委ねており，委員会では十分検討していない。専門職制度に関する重要事項であるグレード制，職務分析等に対する見解に一貫性が見られない。
- 職能団体については，日本図書館協会の限界を指摘しつつ，その指導性に期待しており，一貫性が見られない。真の職能団体形成のための指針は示されず，自主的資格認定は将来の希望にとどまっている。
- 専門職の要件の発展過程，優先順位を正しく理解せず，最後に行なうべき倫理綱領の制定を最優先している。
- 前提条件が存在しないにもかかわらず，倫理綱領が提案された背景として，図書館職員の要求があったこと，現状でも制定可能と思われたことがある。
- 検討過程では，最終報告の基本的な内容に対してきびしい批判が出されて

おり，委員会にも修正ないし改訂の意向があったが，実現されず，結局，そのまま最終報告となった。
・渋谷嘉彦は1978年に最終報告に対して基本的な批判を行なっている（2.2 (1)参照）。委員会には渋谷の見解を取り上げ，批判に答える義務があった。
・検討集会での批判にあったように，最終報告には司書職制度確立のための展望と政策論が欠けていたのである。

おわりに

4年間の検討過程を通じて，委員会は，図書館員の専門性について有効な説明を行なうことができなかった。また，倫理綱領の制定を除いて，司書の質的向上のための実質的な改革を打ち出すこともできなかった。図書館員の専門職制度に関する論議を進めるには，出発点にもどり，専門職の要件を充足する可能性について検討し直すことが必要である。

第3章 「図書館員の倫理綱領」は有効だったか

はじめに

　日本図書館協会は1980年6月4日の総会で「図書館員の倫理綱領」(以下，倫理綱領という)の制定を決議した。これは1970年に設置された同協会図書館員の問題調査研究委員会の10年間にわたる活動の成果である。

　1990年に『図書館雑誌』に掲載された倫理綱領制定10周年を記念した記事で，ある委員は倫理綱領を「すべての図書館員のバイブルとなるべきもの」ときわめて高く評価している [40]。しかし，他方，10年間日本図書館協会がこの倫理綱領の普及に努めてきたにもかかわらず，倫理綱領が「着実に実行されているとは言い難い」状態であり，全国的には，倫理綱領の制定の最終的な目的である司書職制度はまだまだ確立していないという指摘がある [39]。2000年に『図書館雑誌』に掲載された倫理綱領制定20周年を記念した記事では，「館界全体の「綱領」への関心度はきわめて低いといわざるをえない」という指摘があるほか，司書職制度については「臨時・非常勤職員の急増，委託公社派遣職員の導入，司書職の一般職への配転，館長の司書有資格者の低下など，かえって悪い方向に進みつつある」と指摘している [45]。

　倫理綱領に対する高い評価と，それとは対照的な普及と実践の遅れ，関心の低さ，司書職制度の確立の遅れと後退はどういう関係にあるのだろうか。

　これまで，倫理綱領については制定の過程でかなり論じられてきたが，制定後は委員会による解説書が出され [30]，制定時の委員長であった久保輝巳（関東学院大学）が詳しい論文を発表している [37] ほかは，議論は盛んではない。

II 司書の専門性に関する理論

　この章では，倫理綱領と委員会による解説や報告などの関連文献をもとに，この倫理綱領の本質的な特徴と専門職制度の確立に対して持つ意義について考察したい。1では，図書館員の倫理綱領とは何か，2では，倫理綱領の概要，3では，倫理綱領の特徴（基本的な考え方），4では，倫理綱領の問題点，5では，倫理綱領の評価をそれぞれ論じている。なお，倫理綱領制定の背景となった図書館界や社会の動きは除き，倫理綱領の内容と制定過程のみを論ずることにする。また，倫理綱領一般ではなく，図書館員の倫理綱領について検討する。

1　図書館員の倫理綱領とは何か

1.1　倫理綱領の意義

　倫理綱領の意義を明らかにする前提として，まず専門職の要件を明らかにする。この要件は多くの人によって挙げられており，大部分の項目は一致するが，細部は異なる場合がある。ここでは市川昭午（国立教育研究所）の見解を挙げておく。市川は，専門職（プロフェッション）の属性として，1．職務の公共性，2．専門技術性，3．専門的自律性，4．専門職倫理，5．社会的評価の5点を挙げている。属性間の構造については，職務の公共性を前提に，専門技術性を基礎として，専門的自律性が認められ，それと表裏の関係で専門職倫理が要求され，最後に，以上の結果として社会的評価が賦与される，と論じている（第2章7参照）[48]。

　4の専門職倫理については「他人のプライバシーへの関与，職務上の自律性，営業の独占といった諸特権が社会的に是認される反面，職務上の秘密の保持，依頼人に対する感情的中立性，学問と自己研修の精神，非営利的な社会奉仕の精神，同僚との協調といった，前述の諸特権に見合うだけの職業的倫理が要求される」と論じている。この専門職倫理を成文化し，制度化したものが倫理綱領である。一般に，専門職は独自の倫理綱領や共通した規範を持っており，それに従って行動することが求められる。したがって，専門職の要件の一つとして，倫理綱領が挙げられることが多い。市川が紹介しているリーバーマンの専門職の要件には「適用の仕方が具体化されている倫理綱領」が挙げられている [49：164]。

第3章 「図書館員の倫理綱領」は有効だったか

　図書館の専門職員についても，専門職として評価され，一定の権限を与えられる場合は倫理綱領が必要になる。そのため，わが国でも，専門職制度に関する議論の一環として，図書館員の倫理綱領について論議され，日本図書館協会によって1980年に「図書館員の倫理綱領」が制定された。

1.2　英米の図書館員の倫理綱領
　わが国では，英国と米国の図書館員の倫理綱領が知られている。
(1)　イギリス図書館協会「倫理綱領草案」(1980) [34]
　イギリス図書館協会会員を対象とするものである。倫理綱領の制定後に委員会が入手している。全部で10か条である。義務付けられた事項の概要は次のとおりである。
1. 最も基本的な義務は利用者に対する義務である。利用者の利益は他のあらゆる利益に優先する。
2. 国の法律，国際的法律，雇用契約に従う義務を負う。情報・思想の流通を円滑にし，自由・平等に入手し得る権利を推進し，保護する義務を負う。
3. 異民族，異性グループ間の不平等を首唱する資料を故意に助長してはならない。
4. 最善を尽くして，雇用者との契約上の義務を履行しなければならない。
5. 業務上得られた特定利用者に関する情報は当人の許可なしに他の目的に使用してはならない。
6. 学問と技術の最高レベルの能力を維持するよう努力する。
7. 義務の遂行を怠ってはならない。
8. 図書館員全体の地位と評価を損なう態度をとるべきではない。
9. 地位を利用して個人的利益を得てはならない。
10. この倫理綱領はイギリス図書館協会会員を拘束する。

(2)　アメリカ図書館協会「職業倫理に関する声明　1975」[33]
　これは図書館員，すなわち図書館の専門職員を対象とするものである。倫理綱領の検討過程で参考にされたものと思われる。全6か条のきわめて簡単なもので，義務付けられた事項の概要は次のとおりである。

II 司書の専門性に関する理論

1. 図書館憲章の諸原則を維持する。
2. 所属機関の諸方針を知り，忠実に実施する。諸方針のうちの図書館憲章の精神に反するものを変更するよう努力する。
3. 図書館と利用者の間の機密保持の関係を守る。
4. 雇用機関の費用によって個人的な金銭的利益がもたらされる状況を避ける。
5. 部下の任命，昇進等に際して機会均等と公平な能力判定を保証する。
6. 部下の資格・適性の評価に際しては，個人に関する事実を正確・公正に報告する。

この後，改訂版「職業倫理に関する声明　1981」が発表された[36]。これは「はじめに」と「倫理綱領」からなる。「倫理綱領」で義務付けられた事項の概要は次のとおりである。

1. 最高水準の図書館サービスを提供する。
2. 図書館資料に対する干渉者のすべての活動に抵抗する。
3. 利用者が持つプライバシーの権利を守る。
4. 同僚間の関係や個人の行動において守るべき手順と機会均等の原則に従う。
5. 行動や主張において，個人としての考え方・態度と勤務先又は図書館団体のそれとを区別する。
6. 利用者，同僚，雇用機関の費用によって個人的又は金銭的利益がもたらされる状況を避ける。

(3) 英米の比較

石塚栄二（帝塚山大学）は，1992年に，米国の倫理綱領について，専門職としての図書館員が確立され，社会的に承認されていることの反映であると評価し，英国の倫理綱領について，イギリス図書館協会の専門職意識の高さと同協会が有資格者のみによる組織であることによって裏付けられていると指摘している。さらに，英米の倫理綱領を比較し，英国の方が倫理綱領としての性格が強いと指摘している［43：161-162］。

2 「図書館員の倫理綱領」の概要

2.1 倫理綱領の概要
(1) 構　成

　わが国の倫理綱領は下記の前文と本文12か条から成り，それぞれ主文と副文から成る。ここでは主文のみを示す。委員会は12か条を次の五つのグループに分類している［31］。グループの見出しを角括弧内に示す。

　　この倫理綱領は，「図書館の自由に関する宣言」によって示された図書館の社会的責任を自覚し，自らの職責を遂行していくための図書館員としての自律的規範である。

［図書館員の基本的態度］
第1　図書館員は社会の期待と利用者の要求を基本的なよりどころとして職務を遂行する。
［個人の倫理規定］
第2　図書館員は利用者を差別しない。
第3　図書館員は利用者の秘密を漏らさない。
第4　図書館員は図書館の自由を守り，資料の収集，保存および提供につとめる。
第5　図書館員は常に資料を知ることにつとめる。
第6　図書館員は個人的，集団的に，不断の研修につとめる。
［組織体の一員として］
第7　図書館員は，自館の運営方針や奉仕計画の策定に積極的に参画する。
第8　図書館員は，相互の協力を密にして，集団としての専門的能力の向上につとめる。
第9　図書館員は，図書館奉仕のため適正な労働条件の確保につとめる。
［図書館間の協力］
第10　図書館員は図書館間の理解と協力につとめる。

[文化創造への寄与]
第11　図書館員は住民や他団体とも協力して，社会の文化環境の醸成につとめる。
第12　図書館員は，読者の立場に立って出版文化の発展に寄与するようつとめる。

(2) 特　徴

委員会の解説［31：11-17］をもとに整理すると，倫理綱領の本質的な特徴として，次の7点がある。
① 図書館員の職業上の良心と利用者からの批判に基づく自律的努力に期待する。
② 利用者の図書館員に対する信頼を生むことによって，専門職制度の確立に大きく寄与する。
③ 専門職員だけでなく，図書館で働くすべての職員を対象としている。
④ すべての館種の図書館を対象としている。
⑤ 各条文の内容はわが国の図書館の日常実践から生まれたものである。
⑥ 「図書館の自由に関する宣言」と表裏一体の関係にある。
⑦ 個人の倫理規定から範囲を広げて社会における図書館員の任務に至る。個人から集団へという順序で配列され，集団として職務を遂行することを明らかにしている。

この章では，主に①～④について考察する。

2.2　倫理綱領の制定経過

(1)　初期の論議

1950年代の図書館の自由に関する論議の中で，「K生」（埼玉県立図書館）は，図書館倫理要綱を作り，それによって「図書館の自由」と「図書館の中立性」を守ることを提唱している［1］。伊藤旦正（品川区立図書館）は，米国では図書館の自由を守るために図書館憲章が発表されたことを紹介し，日本でも図書館倫理要綱が必要であると主張している［2］。この2点を「戦後はじめて倫理綱領の必要を正面から提起したもの」［11］ととらえる解釈があるが，これら

は倫理という言葉を用いてはいるが，実際には図書館の自由の宣言を提案したもので，図書館員の倫理綱領の必要性を論じたものではない。

佐々木乾三（京都大学附属図書館）は1958年に，米国の1938年の倫理綱領を紹介し，その際に「これらを参考としてわが国図書館にも適用できる倫理規程が作られる日を期待する」と述べている［3：20］。しかし，これはわが国における倫理綱領制定の具体的な動きには結びつかなかった。

(2) 石塚栄二の提案

倫理綱領制定の原動力と考えられるものは二つある。一つは石塚栄二（大阪市立図書館）の提案である。一つは図書館員の専門性を明らかにするための委員会の作業である。

倫理綱領の必要性を本格的に提案したのは1967年の石塚栄二の文章である［4］。石塚は，日本図書館協会が専門職集団となるための提言を行なっている。専門職（プロフェッション）を，人を対象に社会的責任を果たす高度の知的職業と定義し，図書館員は専門職たり得る可能性があり，専門職を指向する権利があると主張している。そして，専門職集団は，専門職規範（プロフェッショナル・コード）によって専門職の行動を規制することを社会に誓約する必要があること，専門職集団は構成員を規制する自律性を持つ必要があることを指摘している。そして，そのために，日本図書館協会は図書館の専門教育を受けた者を正会員または専門会員として登録し，無資格の会員や団体（施設）会員と区別することによって専門職集団となることを提言している。そのために，日本図書館協会の組織の改革に関する7項目を提案し，その3で専門職規範の成文化と運用，会員の統制のための委員会を設けることを提言している。

石塚は，1970年の図書館員の倫理を論じた文章で倫理規定についてくわしく論じている［6］。図書館員が専門職の要件を満たしているかどうかを検討し，図書館員が専門職を指向する権利があることを主張し，専門職となるためには倫理規定（プロフェッショナル・コード）を持たなければならないこと，それを支える同業団体（専門職集団）の存在が不可欠であることを指摘している。そして，倫理規定に盛り込むべき事項10項目をあげ，これに構成員は同業団体の統制に従わなければならないことを付け加えている。倫理綱領の例として弁護士法，自主的倫理規定の例として教師の倫理綱領（日本教職員組合），新聞倫理

II 司書の専門性に関する理論

綱領(日本新聞協会),日本新聞協会の編集権声明の3点をあげている。

最初の文章は委員会設置の約2年前のものである。2番目の文章は委員会の2番目の記事「図書館員の専門性とは何か－いまこそ協会の出番」と同じ1970年5月である。この2点は倫理綱領の制定に大きな影響を与えている[17]。

(3) 制定の経過

委員会の「綱領制定までの歩み」[32]をもとに制定の経過を明らかにする。倫理綱領の検討は,1970年の委員会の設置後,委員会活動として進められた。1981年の解説の出版に至る委員会活動の経過は次のとおりで,便宜的に四つの時期に分けてある。委員会は随時『図書館雑誌』で検討結果を報告しており,下記の記事はすべて同誌に掲載されている。図書館の自由に関する調査委員会の設置以後,途中までは「図書館の自由に関する宣言」の改訂作業と同時進行で進められたが,宣言の方が先に進行したため,途中からは宣言の改訂を待って倫理綱領制定の作業が進められた[24]。

① 委員会の設置から倫理綱領制定の提案まで

1970年1月 日本図書館協会の常置委員会として図書館員の問題調査研究委員会が設置された。

1970年4月 「図書館員の専門性とは?」[5]

1970年5月 「図書館員の専門性とは何か―いまこそ協会の出番」[7]

1970年11月 「図書館員の専門性とは何か―委員会の中間報告」[8]

1971年11月 「図書館員の専門性とは何か その現実と課題―社会教育法改正に関連して―続・委員会の中間報告」[9]

1972年11月 「図書館員の専門性とは何か―委員会の中間報告・Ⅲ」[10]

② 倫理綱領案の提示から作成の付託まで

1973年2月 「倫理綱領の具体化のために」[11]

1973年6月 「「倫理綱領の具体化のために」(本誌2月号)を読んで」[12]

1974年3月 「図書館員の専門性とは何か(最終報告)」[18](以下,最終報告という)

1974年11月 日本図書館協会の全国図書館大会で,倫理綱領の制定を日本図書館協会に申し入れる決議が採択された。

③ 第1次案から第3次案まで

1975年11月	倫理綱領小委員会を設置した。
1976年11月	「図書館員の倫理綱領（案）」（第1次案）［20］
1977年7月	「図書館員の倫理綱領（案）」（第2次案）［21］
1978年10月	「倫理綱領案について」［22］，「図書館員の倫理綱領（案）（第3次案）」［23］

④ 第4次案から解説の出版まで

1979年10月	「図書館員の倫理綱領（第4次案）」［25］
1980年3月	評議員会で，「図書館員の倫理綱領（第4次案修正案）」を審議し修正した［26］。
1980年5月	「図書館員の倫理綱領（案）」（最終案）［27］
1980年6月	日本図書館協会総会で「図書館員の倫理綱領（案）」（最終案）を採択し［28］，この結果，「図書館員の倫理綱領」が制定された。
1980年8月	「図書館員の倫理綱領」成文［29］
1981年10月	『「図書館員の倫理綱領」解説』が日本図書館協会から出版された［30］。

(4) 検討の経過

1970年4月の「図書館員の専門性とは？」では，図書館員に要請されているのは職業人としての倫理と奉仕の精神であり，「その根底は自治組織としての職能団体である日本図書館協会の倫理綱領でなければならない」と述べている。

1970年5月の「図書館員の専門性とは何か―いまこそ協会の出番」は「2. 専門性の基本的要件」として6点を挙げている。その中に次の2点がある。

5. 固有の倫理原則をもち，奉仕の精神で行なわれ，これに対して高い社会的評価と待遇が与えられる。
6. 免許・養成などについての自主的規制能力（権）をもち，倫理綱領を実施する総合的な自治組織としての職能団体を形成していること。

1970年11月の「図書館員の専門性とは何か―委員会の中間報告」は「Ⅰ．図書館員の専門性をなぜ中心テーマとしてとりあげるのか―1. 図書館員の専門性とその吟味」で，最初の報告の6項目を4項目に分類し直している。

「Ⅲ．どのような図書館員であればよいか」では「利用者の要求に答え得る

ような図書館員の要件」として3点を挙げ，「3．職務上の自律性と倫理を持つこと」で，倫理綱領とそれを支える職能集団の必要性を指摘している。

「Ⅳ．組織—日本図書館協会の役割」では，日本図書館協会を有資格者だけの専門家集団にすることは不可能・時期尚早と判断し，現在の日本図書館協会で可能なこととして，図書館員の意識高揚のための倫理綱領の作成を提案し，会員の広い討議を呼びかけている。これは委員会として初めての倫理綱領制定の提言であるが，真の職能団体形成のための提案は見られない。

1971年11月の「図書館員の専門性とは何か　その現実と課題」では，「Ⅱ．図書館員の専門性とは何か」で「3．倫理綱領をもつこと」を挙げ，倫理綱領の必要性を論じ，その制定を日本図書館協会の急務と主張している。「資料と解説」として「図書館の自由に関する宣言」，石塚栄二の「プロフェッショナル・コードにもりこまれるべき事項」と米国図書館協会の「図書館員倫理コード」を収録している。

1972年11月の「図書館員の専門性とは何か—委員会の中間報告・Ⅲ」では，「専門性の要件」から倫理綱領は姿を消している。その代わりに，委員会は，1973年2月に「倫理綱領の具体化のために」を発表し，その中で「考え方」と「倫理綱領の骨子案」（合計14項目）を示している。倫理綱領は「専門職をめざすために必要な」ものとされている。これは，当時の委員会の目標であった「図書館員の専門性とは何か（最終報告）」が発表される13か月前のことである。委員会は早い時期から倫理綱領の制定をめざしていたのである。

1973年6月の「「倫理綱領の具体化のために」（本誌2月号）を読んで」では，室伏武（亜細亜大学），宮崎俊作（国立市教育委員会），男沢淳（名古屋大学附属図書館），石塚栄二が委員会の提案に対する意見を述べている。このうち室伏と石塚が専門職集団の確立が伴わない点を批判している。これらの意見に関しては，その後誌上では議論が行なわれていない。

1974年3月「図書館員の専門性とは何か（最終報告）」が発表され，「Ⅴ．倫理綱領」で，倫理綱領の意義，必要性，要件（職能団体による指導力と規制力），批判的な意見（専門職集団の確立が前提である）を明らかにした上で，倫理綱領の制定を主張し，倫理綱領の趣旨を示し，10か条からなる原案を提案した。倫理綱領は「専門職が確立してからではなく，それをめざすためにこそ必要なも

のである」と述べている。「Ⅵ．日本図書館協会と専門職集団」では，日本図書館協会の当面の課題3点のうちの一つとして倫理綱領の作成をあげているが，専門性の解明や真の専門職集団形成のための提案は見られない。

1974年11月の日本図書館協会の全国図書館大会で，倫理綱領の制定を日本図書館協会に申し入れる決議が採択された。理事会でこの件が承認され，制定作業を協会の事業としてすすめることになり，案の作成が委員会に付託された。

この後，1976年11月に第1次案が作成されて改訂を重ね，1979年10月に「図書館員の倫理綱領（第4次案）」が発表された。1980年3月の評議員会で「図書館員の倫理綱領（第4次案修正案）」を審議し修正し，1980年5月発表の「図書館員の倫理綱領（案）」（最終案）を1980年6月の日本図書館協会総会で満場一致で採択した。この結果，「図書館員の倫理綱領」が制定された。

2.3 倫理綱領の評価
(1) 論議の経過

委員会は1981年に竹内悊（図書館情報大学），久保輝巳（関東学院大学），田中隆子（国立国会図書館），後藤暢（国立国会図書館）の4委員による「綱領の解説」（以下，解説という）[31]を『「図書館員の倫理綱領」解説』に発表している。久保は1982年に「公共図書館司書の職業倫理」という論文を発表し，その「5 「図書館員の倫理綱領」―成立経過と問題点」で倫理綱領の意義と問題点を成立過程と現行綱領の二つの面に分けて論じている[37]。竹内は1983年に倫理綱領の必要性，位置付け，特徴，意義，疑問について述べている[38]。

1990年の『図書館雑誌』「図書館員の倫理綱領」10周年特集で，久保は倫理綱領の実践が不十分な現状とその原因を論じ[39]，委員の江崎邦彦（豊中市立図書館）は委員会設置の歴史的経過と委員会の現在の任務と課題を論じ[40]，竹村心（京都大学教育学部附属図書室）も国立大学図書館の課題として倫理綱領の学習と実践を挙げ[41]，田中隆子は委員会の初期の活動と参考になった医師と病院の倫理について論じている[42]。1992年に石塚栄二は，倫理綱領の意義，英米とわが国の倫理綱領の特徴と問題点を論じている[43]。

2000年の『図書館雑誌』「図書館員の倫理綱領」制定20周年特集で，久保は，倫理綱領に対する図書館界の関心の低さ，職員事情の悪化，多様な身分と資格

からなる職員集団の共通の目標としての倫理綱領の可能性を指摘している[45]。後藤暢（専修大学）は，倫理綱領の意義を再確認し，現時点での意義を述べている[46]。山田邦夫（国立国会図書館）は，倫理綱領における図書館の自由の位置付けへの疑問，資料提供の制限の観点の欠落，すべての職員を対象としたことの矛盾などの問題点と今後の課題を指摘している[47]。

(2) 評価の内容

① 倫理綱領の意義

1980年代には，解説は「図書館に働くすべての職員が「共通の自律規範」を持ったという積極的な意味」を評価し[31：48]，久保も同様に「司書資格の有無にかかわらず，また館種をこえて，すべての図書館に働くすべての職員が，共通の自律規範を持った」と評価している[37：36]。竹内は，図書館員としての自分とその立場を考えるときの手がかりであり，よりどころであると述べている[38：52]。

1990年代には，江崎は倫理綱領はすべての図書館員のバイブルであり，1990年代の課題はその実践であると述べ，石塚も「英米の倫理規程に学び，しかも図書館員の専門職業としての確立が不十分な状況をふまえたものであり，現状に即したコードである」と評価している[43：162-163]。

2000年には，後藤が1980年代以後の本格的な行政改革の時代を生き抜くためには倫理綱領が必要であったと述べている[46]。このような主張は従来見られなかったものである。

② 問題点

1980～1990年代には，竹内[38：47-48]，久保[37：31-37]，石塚[43：163-164]が問題点を指摘している。これは大きく分けて次の3点に集約できる。問題点を要約し，指摘した著者名を附記する。

・倫理綱領はなければ困るが，あれば無視されるものであり，単なる作文に終り，現場で生かされない可能性が高い（竹内）。これは，専門職集団がある場合でも倫理綱領の規制力に疑問があることを示していると思われる。
・すべての館種の図書館のすべての職員を対象としているため，司書を対象とする項目とその他の職員を対象とする項目が混在している（久保，石塚）。前者の項目は司書以外の職員には実践困難である。そのため，倫理綱領全

体があいまいなものになってしまった（久保）。この2種類の規定を分離すべきである（石塚）。
- 公立図書館以外の館種の図書館には，専門職員の制度が事実上存在しないにもかかわらず，すべての館種の図書館の職員を対象としている（石塚）。
- 根底に最高のサービスを提供するという専門職の社会的責任があることを明確にすべきである（石塚）。

倫理綱領の各条文の内容についてはほとんど批判は見られない。問題は，その目的，対象，規制力といった実際の役割と機能にある。これらの点については意見が分かれており，現在の倫理綱領に対する明確な批判がある。

倫理綱領への関心や倫理綱領の実行は十分ではない。久保は，1990年には，倫理綱領が「着実に実行されているとは言い難い」状態にあると述べ［39］，2000年には，「館界全体の「綱領」への関心度はきわめて低いといわざるをえない」と述べている［45］。また，これまで現実の問題に倫理綱領を適用した事例の報告は見られない。少なくとも，図書館現場で倫理綱領が積極的に活用されているとはいえないことは明らかである。

3 「図書館員の倫理綱領」の特徴

3.1 倫理綱領の目的

(1) 自律のための精神的よりどころ

倫理綱領制定の目的は，委員会による4点の報告「図書館員の専門性とは？」［5］，「図書館員の専門性とは何か　その現実と課題」［9］，「倫理綱領具体化のために」［11］，「図書館員の専門性とは何か（最終報告）」［18］で述べられている。整理すると次の7項目になる。出典を文献番号で示す。

① 図書館員が専門職として自主的に自らを律するための理念と基準［9, 11］，職務遂行のためのよりどころ［18］。
- 内容は図書館員の社会的役割［11］，国民の要求にこたえる社会的責任・義務［9］と職業人としての倫理と奉仕の精神［5］である。

② 図書館員の意識高揚の役割［9］。

③ 図書館員の専門性を日常業務の中で生かして行くための裏打ち［18］。

II 司書の専門性に関する理論

倫理綱領は真の専門性の上に成立するものである［11］。
④ 図書館員の専門性の発展を阻害する内外の要因を改善するための武器として役立つもの［11］。専門性が侵害される時，これと立ちむかう武器となるもの［18］。
⑤ 専門職集団が確立したからではなく，専門職集団をめざすために必要なもの［18］。
⑥ 多くの心ある日本図書館協会会員が倫理綱領の必要性を十分感じていること［11］。
⑦ 倫理綱領は，図書館員の意思さえあれば，自らの手で作れること［11］。
・委員側に「倫理綱領は行政当局とのかけひきもいらず，図書館員がその気にさえなれば自らの手で作れるものだ」（中島春之）［11］という意見がある。

⑥と⑦は制定の条件または背景であり，純粋な目的は①〜⑤である。これは，自らを律する⇒意識を高揚する⇒専門性を生かす・守る⇒専門職をめざす，という構造になっている。

久保はこの論理について次のように論じている［37：25-26］。司書職制度は専門職制度として社会的に認知されておらず，日本図書館協会も真の専門職集団としての性格を備えていない。この2点は短時日のうちに達成されるとは考えにくい。この2点の達成を待っていたのでは，わが国の図書館員は日常業務の精神的よりどころとなる倫理的指標を将来にわたって持つことができない。どうしても，現時点でこそ司書職制度や専門職集団を「めざすために」倫理綱領が必要である。

(2) 専門職制度形成の手段

委員会の①〜⑤の論理は，途中から，倫理綱領の内容を社会に誓約することによって専門職制度を形成しようとする考え方に発展する。この考え方は1979年10月の4次案で前文の副文第3項に初めて現われたものである。原文をもとに個条書きに整理してみる。

・この綱領はわれわれの図書館員としての自覚の上に成立する。
・これを公表することにより，われわれの共通の目的と努力，職業集団としての判断と行動を社会に誓約することになる。

・その結果，われわれは図書館に期待する人々と社会全体からの厳しい批判に自らをさらすことになる。
・この批判の下での努力こそが図書館員という職業集団に対する信頼を生む。
・図書館員の専門性は，この信頼によって利用者に支えられ，司書職制度という形で確認され，充実されねばならない。

解説では次のように説明されている［31：12］。

・倫理綱領は，図書館員のあり方について，到達目標を国民に約束した。これは目標に向かって努力するという約束である。
・この努力を続けることで，利用者，ついで，国民の中に図書館員の仕事に対する共感と理解，図書館員集団への信頼が生まれる。
・我々の努力によって，図書館員としての内容を充実し，芽生えた共感と理解にこたえると共に信頼を築き上げなければならない。
・この信頼こそが図書館員の仕事を専門職とみとめる客観的条件を生む。
・倫理綱領は，図書館員に対する信頼を生むという方向を歩むことによって，将来，図書館員を専門職と認める制度の確立に大きく寄与するものである。

3.2　倫理綱領の対象

(1)　図書館員の範囲

① すべての図書館員への拡張

委員会は，当初，専門職員のみを主な対象者と考えていた。第3次案までは，前文の副文第2項で「これはまず司書の倫理綱領である」が，図書館で働く「すべての職員にとっても無縁なものではありえない」と説明していた。第4次案でも，前文の副文第4項で「図書館や同種の施設に働くすべての人びと（中略）によって共有されることを期待している」としつつも，司書・司書補の責任を強調していた。しかし，第4次案修正案では「すべての図書館員が」「職種及び司書資格の有無にかかわらず」［37：27］という表現になり，司書とその他の職員の区別を意識的に避けるようになった。

さらに，1980年3月13日の日本図書館協会評議員会における第4次修正案の審議の際に，森崎震二（国立国会図書館）から「「図書館員」という言葉はなじみがない。「司書」に置換えられるのでこまる。「図書館に働く職員」あるいは

「図書館職員」がよいと思う」という意見が出されたため［26：227］，委員会は前文の副文第1項に「この綱領でいう図書館員とは，図書館に働くすべての職員のことである」という文言を付け加えることによって対処した。解説では，「地位・職種・資格の有無・正職員と臨時或いはアルバイトなどの区別なく，全部のひとのもの」［31：13］として，この点をさらに明確にしている。したがって，現行の倫理綱領の図書館員には，図書館法で規定された司書の資格を持ち専門的業務に従事している司書と，その他の職員の両者が含まれている。解説では，この点を「外国のこの種の綱領に例を見ない大きな特色といっていいだろう」と評価している［31：48］。

久保は考え方が変わった理由として次の2点をあげている［37：28］。第一に，一つの職場集団として社会的機能を果たさねばならない図書館に，司書とその他の職員というある種の階層制を持ち込むことは全職員の力量の結集を阻害する恐れがあり望ましくない。第二に，全職員に占める司書有資格者の比率が5割に満たず，日本図書館協会自体真の専門職集団とはいえない現状では，司書のみを主な対象者とする倫理綱領には理事会，総会等で支持を得にくい。

② 職員集団による区別

それでも，委員会は司書とそれ以外の職員を区別しようと努力している。解説では，各条項に全職員が守るべき規範と司書業務に携わる職員のみの責務が混在していると説明している［31：48］。久保は，1982年には「12ヵ条のうちの何ヵ条かは，司書以外の職員にその実践を求めることは最初から無理がある」と指摘し，第4〜第7の4か条は司書のみを対象とした条文であると説明している［37：32］。1990年には，委託・非常勤・臨時職員を含むすべての職員に倫理綱領の規定を等しく強いるのは無理なことを指摘し，館長と司書業務に従事する職員が司書で，すべての職員が正規職員であるとき，倫理綱領の精神が生かされるだろうと述べている［39］。

③ 司書のための倫理綱領

解説では，「当委員会の考え方が実現されていった場合，（中略）専門職としての司書のみに要請される自律的規範としての倫理綱領が，別に作られることもありうる」だろう，そして，その時点では，「綱領の全協会員に及ぶ拘束力は，当然相当強固なものになっていくだろうし，協会の役割にもちがった側面

が加えられていくだろう」と説明している［31：48］。

久保は，現綱領には制定当初から既にいくつかの矛盾点があり，将来専門職制度が社会的に認知され行政的にも確立され，日本図書館協会の性格や内実も変革された時期には必ず抜本的な改訂があり得ること，その際には倫理綱領は司書を対象とした規定と全職員を対象とした規定に区分されることは必至であること，司書を対象とした規定は相当強力な拘束力を持つものになるのは当然であることを委員会よりも強く主張している［37：36］。

(2) 図書館の範囲

委員会は，最終報告では「公共性，公開性のある図書館」［18：110］を対象に考えていた。後に「原則はあくまでも公共性，公開性をもつ図書館が中心であるが，その他の図書館も付随的には含まれる」［37：30］という考え方に変わり，第4次案の前文の副文第4項では「図書館や同種の施設」という表現になり，現行倫理綱領では「館種...にかかわらず」とさらに明確に修正された。

久保は，委員会の最初の考え方の理由として，利用対象を厳しく制限している企業体付属の図書館や研究所図書室等では，「図書館員は利用者を差別しない」という項目の実践は無理であると指摘し，考え方が変わった理由として次の2点をあげている［37：29-30］。

・初期の案では，「専門図書館一般を最初から排除しようとしている印象は拭い難く，これでは館界全体の合意を得られにくい」という意見があった。
・「館種をこえてすべての図書館に働く図書館員のためのもの，ということを表現上明らかにしないことには，日図協の役員会，総会を通すことは無理ではないか，という考えが徐々に定着しはじめた」

(3) 倫理綱領の対象

倫理綱領の対象は，職員，図書館の両方でその範囲が拡張され，最終的に前文副文の「館種，（中略）職種及び司書資格の有無にかかわらず」（第4項），「図書館に働くすべての職員」（第1項）となった。ただし，久保は，根本的な考え方には変わりがなく，この綱領の積極的な担い手の中心は公共図書館の司書資格を持つ専門職員であると述べている［37：30-31］。

3.3　倫理綱領の規制力

現行倫理綱領は日本図書館協会会員に対しても図書館職員に対しても全く規制力がない。解説では、図書館員が「自ら規定し、自らそれに従うものであって、従い得なかったとしても罰則はない」と述べている [31：16]。倫理綱領の副文の末尾で「日本図書館協会は、わが国の図書館の現状にかんがみこの倫理綱領を作成し、提唱する。本協会はこの綱領の維持発展につとめると共に、この綱領と相いれない事態に対しては、その改善に向って不断に努力する」と書かれているだけである。ただし、これは規制を行なう必要がないということではない。この点を補うため、社会の期待と批判によって専門職制度を形成するという考え方を取り入れている。また、将来は司書のための倫理綱領が制定され、規制力が強化される可能性があると考えている。

3.4　倫理綱領と専門職団体

(1)　日本図書館協会への遠慮

この倫理綱領には規制力が全くないだけでなく、逆に、委員会は制定過程で日本図書館協会の役員会に遠慮して倫理綱領の内容を修正している。久保は、公立図書館の司書を主な対象とする倫理綱領では、日本図書館協会の役員会、総会等での理解が得にくいため、対象をすべての館種の図書館のすべての職員に拡張したことを明らかにしている（3.2(2)参照）。純粋の専門職集団でない日本図書館協会の役員会の理解を得るために倫理綱領の内容が修正されたのである。

(2)　日本図書館協会への参加

本文第8条の副文では「図書館員は（中略）地域及び全国規模の図書館団体に結集して図書館に働くすべての職員の協力のもとに、それぞれの専門的知識と経験を総合する必要がある」と述べているが、団体の具体的な名称は挙げていない。これは最終案で取り入れられたものである。

4 「図書館員の倫理綱領」の問題点

4.1 倫理規定と任務規定

(1) 倫理規定と任務規定の混在

　米英の倫理綱領では，一般に，利用者に対する差別の禁止，利用者のプライバシーの保護，最高レベルのサービスの提供の義務などに関する規定が大部分を占めている（1.2参照）。本書では，こうしたその職業の基本的職務を実行する際に守るべき倫理的立場を定めた規定を倫理規定と呼ぶことにする。これらは図書館のさまざまな職務に「どのような姿勢で取り組むか」に関する規定である。これらの規定は「図書館の自由に関する宣言」の規定に対応するものが多い。英米の倫理綱領の内容は大部分が倫理規定である。

　これに対し，わが国の倫理綱領は条文数が多く，英米のように倫理規定に限定されていない。倫理綱領の規定のうち，「図書館員は利用者を差別しない」などの倫理規定は第1～第3，第4の前半までである。第4の後半以後第12までの規定は，「図書館間の理解と協力」「文化環境の醸成」など，図書館員の任務に関する規定であり，その多くは専門的な職務内容とそのための学習内容の規定である。本書では，この種の規定を任務規定と呼ぶことにする。これらは「何をするべきか」に関する規定である。これらは「図書館の自由に関する宣言」の規定ではなく，公立図書館の場合，図書館法第3条や「公立図書館の任務と目標」の規定に対応するものといえる。この点で，この倫理綱領の内容は英米の図書館員の倫理綱領よりも範囲が広くなっている。

　倫理規定の内容は一般的な倫理が基礎となっているため，実行しているかどうかは別として，通常，誰でも認識しているものである。しかし，任務規定に当たる職務・学習内容を理解するには，図書館の機能や職務に関する学習が必要である。この点で倫理規定と任務規定は全く性格が異なっている。

(2) 任務規定導入の理由

　倫理綱領に任務規定が盛り込まれたのはなぜだろうか。その理由の一つとして，他にそれを示す文書がなかったことが考えられる。倫理綱領の検討・制定当時，わが国では図書館員の職務・学習内容の規定というものはまだ存在

していなかった。これらがサービスと教育の基準として示されていれば、倫理綱領はそれを実施する際の心構えを規定すれば足りる。当時は、図書館員の教育が十分でなく、専門的職務も十分行なわれておらず、適切な文書も存在しなかったため、専門性を実感できず、抽象的ではあっても、専門的職務内容に関する規定を必要としたのではないだろうか。

(3) 倫理規定と任務規定の評価

① 倫理規定の評価

わが国の倫理規定を英米の倫理綱領と比較すると、利用者の利益の最優先、法・雇用契約に従う義務、雇用者との契約上の義務の履行、学問と技術の最高レベルの能力の維持の努力、義務の怠慢の禁止（英国）、所属機関の諸方針の忠実な実施（米国，1975）、最高レベルのサービスの提供の義務（米国，1981）といった、図書館員側の義務に関する規定が見られないか、あるいは弱い表現になっている。わが国の倫理綱領では、第1で「図書館員は、社会の期待と利用者の要求を基本的なよりどころとして職務を遂行する」とあるのみである。これは、わが国の倫理綱領がすべての図書館職員のための倫理綱領であること、図書館に対する社会の理解が十分でないことなど社会事情の相違があるためと思われる。しかし、地方公務員法第30条の「職務の遂行に当つては、全力を挙げてこれに専念しなければならない」という規定と比べても、図書館職員側に甘く、義務や責任が不明確なものとなっている。

② 任務規定の評価

職務・学習内容にはさまざまなレベルがあり、どの程度行なうかが問題である。たとえば、第5の「図書館員はつねに資料を知ることにつとめる」の規定に関しては「何をどの程度努力するのか」が問題になる。解説のように「図書館員のあり方について、その到達目標を国民に約束した」[31：12]というには具体的な指標が必要である。どの程度努力すべきかを示さなければ、個人の主観に解消され、本人が努力していると思えば、努力していることになってしまう。倫理綱領は本来抽象的なものであるから、その前提としてサービスと学習（教育）に関する具体的な基準が必要である。

4.2 倫理綱領と専門職制度の形成

(1) 倫理綱領と専門性

倫理綱領は，図書館員の専門性はすでに解明されているという前提のもとで作られている。最終報告では「専門性の内容が明らかにされても，その担い手である個人の自律性，すなわち自主的に自らを律する基準が確立されなければ画竜点睛を欠くであろう」と述べている。倫理綱領の前文の副文第3項では「図書館員の専門性は，この信頼によってまず利用者に支えられ，さらに司書職制度という形で確認され，充実されねばならない」となっている。このように，倫理綱領の前提として，専門性が確立されていなければならない。しかし，委員会は，最終報告では，専門性の実質や業務内容は問い直されつつあることを指摘しており[18：108,109]，その後も専門性の解明には取り組んでいない。

図書館員の専門性を確立するには，図書館がどのようなサービスを行なうのかを示したサービス基準，図書館員がどのような専門的職務を行なうのかを示した職務区分表[1]，そのために養成機関がどのような教育を行なうのかを示した教育基準の3点が必要である。これらがない場合は，図書館員に精神的よりどころがあったとしても，専門職集団や専門職制度が形成できるかどうかは疑問である。むしろ，専門性を確立するために必要なサービス基準，職務区分表，教育基準があれば，それが精神的よりどころになるはずである。

公立図書館の場合，現在では，サービスの基準としては日本図書館協会図書館政策特別委員会「公立図書館の任務と目標」(1987)，生涯学習審議会社会教育分科審議会施設部会図書館専門委員会「公立図書館の設置及び運営に関する基準」(1992) がある。教育の基準としては大学基準協会「図書館・情報学教育に関する基準およびその実施方法」(1982) があるほか，図書館情報学専攻の増加，研究文献の増加があり，実質的に充実しつつある。職務区分表も，1980年代以後，取り組みが始まりつつある[2]。

(2) 専門職制度形成の手段

委員会は倫理綱領の制定を通じた専門職制度の形成を構想している (3.1(3) 参照)。しかし，これに対しては次のような疑問が生ずる。

・図書館職員が倫理綱領の重要性をどの程度認識しているかは明らかではな

い。倫理綱領が日本図書館協会の役員会や総会で決議されても，それが会員に十分理解されているとは限らない。日本図書館協会は個々の個人会員，施設会員に倫理綱領に対する支持を確認していない。
・社会に対して倫理綱領の内容を誓約することは困難である。第一に，社会に誓約するには社会に周知しなければならない。利用者に公表する手段は図書館での掲示程度であり，図書館を利用しない人々には周知する手段がない。第二に，倫理綱領には具体性がないため，具体的な努力の内容について誓約することはできない。第三に，日本図書館協会には規制力がないため，図書館職員に具体的な課題の実行を強制することはできない。
・社会が図書館職員に対して，図書館側が期待するような期待と批判を持つかどうかは明らかではない。仮に利用者が倫理綱領を知っていたとしても，内容が抽象的であるため，どの程度期待してよいかはわからない。利用者は自分の期待にもとづいて図書館職員を批判するが，期待は，実際に受けたり見聞したりしたサービスから形成されることが多い。
・社会が図書館職員を批判した場合，図書館職員の評価が下がってしまうため，社会は批判に消極的にならざるを得ない。社会が批判しない場合，図書館職員が期待されている努力を行なうかどうかは明らかではない。社会の批判以外に倫理綱領に関して図書館職員に努力を強制する手段は存在しない。

このように，この考え方には疑問が多い。市民には倫理綱領があることを知っている人は少ないため，どんな専門職であれ，倫理綱領によって信頼されることは考えられない。市民は，自分にはできない専門的なサービスを専門職から受けることによって専門職を評価する。専門職は専門的サービスによって信頼される。したがって，利用者に対して図書館がどういうサービスを提供するかが問題である。誤解のないように述べておくが，利用者の信頼を得ようとすることが誤りなのではなく，専門的サービスが不十分なまま倫理綱領によって信頼を得ようとすることが誤りなのである。

図書館員の精神的よりどころの考え方が専門職制度形成の手段の考え方に変わったのは第4次案である。これは根本原則の変更である。委員会は『図書館雑誌』誌上で会員に考え方の変更を示し，討論を行なうべきであった。

(3) 社会に対する約束

利用者に約束するのであれば，まずリクエスト，読書案内，レファレンスなどの専門的サービスの実施を約束すべきである。これには，図書館サービスの基準が必要であり，これらの実施を保障するには教育の基準が必要である。

市民に対する誓約の考え方はどこから生じてきたのだろうか。石塚栄二は3点の文献で市民に対する誓約を主張しており [4, 6, 17]，これが影響を与えたことが考えられる。しかし，石塚は市民に対する誓約は専門職集団による規制を前提としなければならないと主張している。専門職集団による規制なしに市民に対する誓約を主張するのは誤りである（「誓約」については4.4参照）。

前文の副文第3項は，第3次案では「倫理綱領が，個々の図書館員によって日常業務のなかで自覚的に守られるためには，（中略）専門職団体によって支えられなければならない。本協会が名実ともに専門職団体に成長するためには，（中略）個々の図書館員に対しては，その社会的責任の自覚と意識昂揚のための倫理の要請もまた不可欠である」となっていた。専門職集団の役割や図書館員の責任を明確に位置づけており，こちらの方が優れている。

4.3 倫理綱領の対象

(1) 図書館員の範囲

① すべての図書館員への拡張

この倫理綱領では，専門職員以外の職員，無資格の事務職員やアルバイトにも倫理綱領を守ることを求めている。これらの人々にこうした規定を守るための努力を求めることは正しいし，図書館はそのために研修を実施すべきである。倫理綱領は，本来，ある一定の業務を専門職が独占しているために必要となるのであるが，わが国の公立図書館では専門職員と非専門職員が混在して一緒に同じ仕事をしている場合があるため，倫理綱領をすべての職員の努力目標にする必要が生ずる。

このことの意味は倫理規定と任務規定では異なっている。倫理規定は倫理的な姿勢と態度の問題であるから，この場合は全員が理解することができ，全員が実行する必要がある [37: 32]。もし，専門職員だけが倫理綱領をかかげれば，同じ仕事をしながら，専門職員が倫理を独占することになり，他の人々は

Ⅱ　司書の専門性に関する理論

非倫理的な人間になってしまう。同じように仕事をしている以上，利用者のためには全職員の倫理綱領でなければならない。

　他方，任務規定の十分な理解と実行には図書館情報学の学習が必要である。したがって，専門職員以外の職員も対象とする倫理綱領に職務・学習内容を含めると，学習しなければ得られない専門的知識や技術が，誰でも本来持っているはずの倫理感と同一視されてしまう。その結果，専門的知識や技術の向上のための努力の必要性が不明確になり，だれでも図書館の仕事ができるような印象を与える恐れがある。逆に，倫理綱領の意図するように任務規定を無資格の人々に守ってもらおうとすれば，実現できるのはこれらの人々に守れる範囲，あるいは努力できる範囲にとどまってしまう。また，無資格者にも努力を要請するという考え方は，無資格者にとっては重荷である。

　このように，倫理綱領には図書館職員のための規定と専門職員のための規定が混在している。久保は職務・学習内容の規定を司書に該当する規定と該当しない規定とに分けているが，これは上記の点を是正するためであろう。しかし，委員会は個々の条文は区別していないし，第4〜第7を他の条文と明確に区別できるかどうかは疑問である。

② 拡張の結果

　倫理綱領がすべての図書館職員を対象とするものとなった結果，条文上では専門職員の役割と任務は不明確になった。この点で，この倫理綱領は他の専門職集団の倫理綱領と異なっている。久保も，結果として倫理綱領全体を「曖昧なものにしてしまった」と指摘している［37：31］。竹内悊は，すべての職員を対象とすることに対し「図書館員の専門職化を阻む」という批判があり得ることを紹介し，すべての職員を対象とすることは職員一人一人を大切にすることであり，それが利用者を大切にすることにつながると述べている［38：51］。しかし，それはすべての図書館職員に同じ倫理綱領の実行を求める理由にはならない。竹内は，批判には答えずに別の観点の論理を対置しているのである。

　これらのことから，解説が評価している「図書館に働くすべての職員が「共通の自律規範」を持ったという積極的な意味」にはマイナス面があることがわかる（2.3(2)②参照）。

③ 変更の経過

制定経過を振り返ると，決定的な変更は第4次案修正案である。この修正は文案の修正ではなく，根本原則の修正である。委員会は，『図書館雑誌』誌上で考え方の変更を示し，十分討論を行なうべきであった。解決策としては，石塚が指摘する，両者を分離し，それぞれの位置付けを明確にすること，すなわち，2種類の倫理規定を作ることを検討すべきであった。

④ すべての職員の共通の目標

久保は，2000年に，「専任，非常勤・臨時等身分の差異，司書資格の有無など」「複雑な構成要素をもつ集団が一つになって機能していくためには，何か共通の目標をもつ必要がある」と述べ，倫理綱領を共通の目標として活用すべきだと述べている。後藤もほぼ同様の提案をしている。他方，久保は，1990年に，館長と司書的職務に従事する職員が司書で，すべての職員が正規職員であるとき，倫理綱領の精神がすべての図書館で生かされるだろうと述べている。久保がすべての職員に倫理綱領の実践を求めることは無理があると認めているように，さまざまな立場の職員に同じ倫理綱領の実行を求めることは困難である。また，すべての職員を正規職員とすることも困難であり，合理的ではない。どちらにしても，久保の主張には無理がある。

久保と後藤は組織の目標と職員集団の目標を混同している。全職員の共通目標は組織の目標でなければならない。多様な職員集団に共通する目標は，図書館のサービス目標であり，サービス基準である。個々の職員集団が組織の中で果たすべき目標は異なる。個々の職員集団は，組織の中でそれぞれ別の目標を持っているのである。

⑤ 司書のための倫理綱領

倫理綱領の制定以後20年が経過したが，かつて委員会と久保が将来の課題として構想した専門職のための倫理綱領を制定しようとする動きは見られない。これは，専門職のための倫理綱領と図書館職員のための倫理綱領の分離が必要であることが理解されないからである。

(2) 図書館の範囲

委員会が，倫理綱領の適用範囲から専門図書館を排除しようとしたのは，「図書館の自由に関する宣言」を重視しているためである。専門図書館や企業体の図書館の図書館員には，資料の公開性の点で「図書館の自由に関する宣

言」が該当しない場合があるという考え方である。これは、専門図書館や企業体の図書館における利用や公開の制限を図書館の自由に反するものととらえるべきかどうかという問題とかかわってくる。この問題は一律に論ずることはできない。ここでは、図書館の自由に関する調査研究委員会が、専門図書館においても「図書館の自由に関する宣言」の原則を遵守すべきであると主張していることから[3]、専門図書館の職員も倫理綱領の原則を遵守すべきであるとしておく。したがって、専門図書館の職員も対象として差し支えないであろう。これは、図書館員の範囲を拡張したことと比べると影響は小さい。

4.4 倫理綱領の規制力

(1) 専門職集団の必要性

久保は、1990年の倫理綱領制定10周年に際して、「具体的に把握することはできないが、概観したところ、どうも着実に実行されているとは言い難い」「図書館現場の職員や業務内容に接する限りでは、「綱領」の実行はまだまだ不十分といわねばならない」と述べている。これは一般的な印象のようであるが、このような印象を受けるにはそれなりの理由がある。倫理綱領の影響力の低さの一つの要因は規制手段がないことにある。

室伏武は、1973年に、倫理綱領は司書の職業的行動の基準を示すものであり、制定の前提条件は日本図書館協会が自主的な統制力を持つ集団となることであること、司書の行動は日本図書館協会によって統制され、違反者は協会から除名されなければならないことを指摘し、次のように警告している [14]。

> 倫理綱領は会員の一人一人がこうした倫理的行動を自覚することがないならば（中略）全く無意味であって、綱領として真の意味と効力を持つことはできない。理念だけを先行させ、実態が伴わなければ、ただ形式を整えることに終る。

石塚栄二は倫理規定の必要性を主張してきたが、石塚の倫理規定は、市民の批判に応じて構成員を統制する力をもった専門職集団の成立を前提としている [17]。1967年には、専門職集団は「構成員を選択し、規制する自律性をもつ」

必要があること，1970年には，同業団体（専門職集団）の構成員は同業団体の統制に従わなければならないことを指摘している。1992年には，倫理規定は，組織参加者（専門職）の行動を拘束するものであると述べている。

(2) 「自律」と「誓約」

倫理綱領には，これは「図書館員としての自律的規範」であり，「社会に誓約する」ものであると書かれてある。このような文言から，この倫理綱領によって専門職の要件の一つである「専門的自律性」が満たされたかのような印象を受ける。これは言葉の上では似ているが，似て非なるものである。第一に，「自律」とは「自分で自分の行為を規制すること」[4]であり，「規制」とは「規則に従って物事を定め制限すること」[5]である。石塚のいう「自律」とは専門職集団が構成員を規制するという意味での「自律」であり，規制する者が存在する。この倫理綱領では，個人が自分で自分を律するのであるから，「自律」の意味が異なる。第二に，「誓約」とは「誓って約束すること，また，その約束」[6]であり，「誓う」とは「神仏や他人・自分自身などに対して，ある事を必ず守ると固く約束する」[7]ことである。この場合は，個々の図書館職員が「必ず守る」ことを約束しているわけではないから，「誓約」は不適切である。

石塚は，1973年に，今日の姿を予想したかのように，次のような警告を発している［17］。

> 倫理綱領を作ることはたやすいが，それを維持していくことは作るよりももっと大きな努力と意志の結集が必要だということになる。（中略）倫理綱領が，それをささえる背景や基盤を失ってひとり歩きをしないよう注意を促しておくことが必要ではないか。

4.5 倫理綱領と専門職集団

(1) 二つの立場

倫理綱領の制定の順序には二つの考え方がある。一つは，石塚や室伏のように，倫理綱領の前提として，専門職に対する規制力を持つ専門職集団が必要であることを主張する立場である。久保は，これを，倫理綱領の制定よりも，真の専門職集団の結成（ないしは日本図書館協会の強化）が先決であるという立場

と位置付けている。つまり，専門職集団の確立を優先する立場である。他の一つは，専門職集団の確立をめざす過程で倫理綱領を制定し，これを契機に専門職化を推進しようという立場である。久保は前者を時期尚早論と呼び，時期尚早論者は前者を取り，委員会は後者を取ったと指摘している［37：22-25］。

① 専門職集団優先論

石塚は，日本図書館協会を専門職集団とするために，具体的な改革案を提起している。その第一は，図書館員として専門教育を受けた者を日本図書館協会の正会員または専門職会員として登録し，これを協会の中心とし，無資格の会員や団体（施設）会員とは区別することであった。第二が倫理規定（プロフェッショナルコード）の成文化と維持であった。倫理規定を制定する場合，その前提として「市民の批判に応じて構成員を統制してゆく力をもった職能団体が成立していること」が不可欠であった［4］。

② 委員会の考え方

委員会は，専門職集団優先論の意見の多くを全く当然と考えていることを明らかにしている。久保は，ウィレンスキーも，倫理綱領の制定は専門職化過程の最終段階であり，新たに登場した専門職などのまだ確立されていない専門職ほど初期の段階で倫理綱領の制定を実施することがある，と指摘していることを挙げて，専門職集団優先論の見解に十分な根拠があることを認めている［37：25］。確かに，専門職の要件のうち倫理綱領を最も重視する久保の考え方はウィレンスキーの専門職の形成過程，市川昭午の専門職の属性の構造の考え方に反している（第2章7参照）。

最終報告は，倫理綱領の制定を進める理由として，多くの心ある日本図書館協会会員がその必要性を十分感じていること，この倫理綱領は専門職集団・制度をめざすためにこそ必要であることの2点を挙げている。このうち理論的な理由は後者である。このように，委員会は，専門職集団の確立を優先する主張を否定できないまま，専門職制度をめざすために倫理綱領が必要だという理由で倫理綱領の制定を進めてきたのである。

問題は，倫理綱領の制定によって専門職をめざすことができるかどうかである。委員会は，最初は倫理綱領を図書館員の精神的よりどころとしてとらえていた。確かに精神的よりどころの確立はそれなりに有意義である。しかし，次

の段階では，倫理綱領は社会に対する誓約の手段となった。委員会は，専門職集団優先論と社会への誓約による専門職制度形成論を比較検討しておらず，後者のプロセスが成立するかどうかを検証していない。このプロセスが成立するとは考えられないことは既に明らかにしたとおりである。委員会は室伏や石塚の批判に答えていないのである。

(2) 日本図書館協会とのかかわり

① 日本図書館協会の改革

委員会は最終報告で，倫理綱領は「所属する職能団体によって確立され，会員個々に対して指導力と規制力をもつようなものでなければならないであろう」「しかしこの団体であるべき当協会が，現状ではなおこうした専門職集団といえる域に至っていない」と指摘し，「協会は真の専門集団をめざして，図書館員の専門性を発展させる為の努力と援助を惜しんではならない」「協会は（中略）館界への指導性を確立すべきである」と述べている。本来は，専門職集団の規制力が必要であること，日本図書館協会は真の専門職集団ではないため規制力がないことを認めている。しかし，最終報告では，日本図書館協会が専門職集団といい難い理由，専門職集団となるために取るべき方向，指導性発揮のための条件のどれについても明らかにしていない（第2章6.2参照）。これでは問題提起にならないのである。

② 日本図書館協会への加盟

日本図書館協会が制定した倫理綱領が有効性を発揮するには，多くの図書館職員が協会に加盟することが必要である。1973年の「倫理綱領の骨子案」には，(4)②で「図書館員は，進んで日本図書館協会に参加し，その強化のために努力すべきである」という項目があり，最終報告の「倫理綱領（案）」には「8. 図書館員は日本図書館協会に進んで加盟し，協会の発展につとめる」という項目があった。現行の倫理綱領が図書館団体への結集を呼びかけるにとどまり，日本図書館協会への入会を呼びかけていない点は理解し難い。

③ 日本図書館協会への遠慮

委員会は，倫理綱領の制定前には，倫理綱領は「行政当局とのかけ引きもいらず，図書館員がその気にさえなれば自らの手で作れるものだ」という考え方を持っていた（3.1(1)参照）。しかし，制定過程では，日本図書館協会の役員会

の承認を得るために妥協を重ね，対象となる職員の範囲を拡張してきた。その結果，倫理綱領は最初の意図とは異なるものとなった。日本図書館協会が真の専門職集団ではないからこそ，専門職をめざすために倫理綱領が必要だったのではないだろうか。このような妥協は倫理綱領制定の目的を否定するものである。日本図書館協会においては，専門職員のみを対象とする倫理綱領を制定することはできなかったのである。

久保は，この原因として，日本図書館協会の会員には施設会員と団体会員があり，「個人会員を主体とする純粋な意味での専門的な職業集団とはいい難い」点をあげている［37：24］。この点は事実であるが，唯一の原因ではない。問題はむしろ個人会員内部にある。それは，個人会員選出の評議員である森崎震二が倫理綱領の対象の拡張を主張したことに表れている。

このように，倫理綱領の対象が変化したことは，専門職員のための倫理綱領を制定する基盤や環境が未成立であったこと，制定の順序に関する論議の際の時期尚早論が正しかったことを示すものであり，専門職集団の形成なしに真の倫理綱領はできないことを示しているのである。

4.6 委員会の問題点

これまで述べてきた問題点の背景には，委員会の考え方がある。委員会の考え方や行動には次のような問題がある。

(1) 専門職性の解明，専門職集団の確立という本質的な課題を取り上げず，倫理綱領の制定のみに取り組んだため，専門職制度確立のための体系的政策と長期展望を打ち出すことができなかった。

(2) 最終報告の発表前から倫理綱領の制定に取り組んでいる点は疑問である。最終報告を発表し，会員の声を聞き，最終報告を修正して，委員会の任務が明確になってから，次の課題に取り組むべきであった。

(3) 室伏，石塚等による，倫理綱領の前提として専門職集団の確立が必要であるというきびしい批判があったにもかかわらず，また，委員会はその批判を認めていたにもかかわらず，十分な議論を行なっていない。

(4) 外部の批判に対してほとんど回答せず，指摘された問題点に対する対策を講じることもなく，別の観点の論理を提起しているため，実質的な討

論が行なわれていない。
(5) 倫理綱領の根本原則を『図書館雑誌』誌上での討議なしに修正している。修正の理由を委員長が個人的に報告しているが，誌上で会員による討論を行なうべきであった。
(6) 倫理綱領を生かすには日本図書館協会のあり方が非常に重要であるが，抽象的な提案のみで，日本図書館協会の現状の分析と改革のための具体的な提言は見られない。
(7) 事前にわが国における倫理綱領の可能性を十分検討することなく，制定過程でも問題点への対応方法を十分検討しなかったため，倫理綱領は対象が不明確で実効性の低いものとなってしまった。

5 「図書館員の倫理綱領」の評価

5.1 倫理綱領の意義

この倫理綱領は，すべての図書館のすべての職員が守るべき倫理規定と，努力目標である任務規定（職務・学習内容）を簡潔に整理したものである。その意味ではきわめてよくできている。内容には不十分な点はあるものの，誤りはない。

久保，竹内，後藤，江崎など倫理綱領を評価する人は少なくない。これらの人々は，図書館員すなわち司書のための倫理綱領として評価していると思われる。その他，倫理綱領を評価する人々の多くも司書の倫理綱領として評価していると思われる[8]。問題はこの倫理綱領は司書のための倫理綱領ではないことである。

5.2 倫理綱領の問題点

これまでの検討から倫理綱領の制定過程には次の問題点があることが明らかになった。
・本来は，専門職集団・制度が確立されてから，倫理綱領を制定すべきであるが，委員会は専門職集団・制度をめざすための倫理綱領の制定を選んだ。
・倫理規定は，図書館職員に甘く，図書館職員の義務や責任が不明確である。

II 司書の専門性に関する理論

- 任務規定は具体的な指標が欠けているため，具体的な目標にはならない。
- 任務規定の理解と実行には学習が必要であるが，倫理綱領がすべての職員を対象とし，倫理規定を含むため，学習の努力の必要性は不明確である。
- 倫理綱領の前提として，専門性の確立が必要であるが，わが国ではまだ図書館員の専門性が確立されていない。専門性を確立するには，サービス基準，職務区分表，教育（学習）基準が必要である。
- 日本図書館協会の役員会で承認を得るために，すべての職員を対象とすることにした結果，司書の役割と責任が不明確になっている。
- 日本図書館協会には，会員及び図書館職員に対する規制力がないため，会員及び図書館職員の自主的な実行を期待するにとどまる。
- 倫理綱領は，最初は図書館員の精神的よりどころを意図していたが，途中から，社会に対する誓約によって専門職制度の確立をめざす手段に変わった。
- 倫理綱領は，日本図書館協会会員に十分理解されているかどうかは明らかでなく，社会にＰＲする手段も限られている。条文の内容は具体性を欠き，日本図書館協会には規制力がない。したがって，社会に誓約することは困難で，社会の批判は期待できない。以上の点から，倫理綱領が専門職制度形成の手段となるとは考えられない。
- 将来は司書のための倫理綱領の作成が考えられていたが，忘れられている。司書の倫理綱領と図書館職員の倫理綱領の分離を検討すべきであった。
- 倫理綱領の制定を優先する意見と専門職集団の確立を優先する意見の二つの意見があった。委員会は倫理綱領を優先したが，制定過程で専門職集団の確立なしに司書のための倫理綱領はできないことが明らかになった。
- 倫理綱領の検討過程で，専門職集団のあり方と日本図書館協会の現状に対してかなりの批判が示された。委員会は，それを認めつつも，事実上無視し，制定の過程にほとんど反映させず，改革の提言も行わなかった。
- 委員会は，倫理綱領制定の可能性を十分検討することなく，図書館職員から要望があり，取り組みやすいため，その制定に取り組んだ。その結果，身近な課題への対応を優先し，図書館界の現状を踏まえた長期的な展望と体系的な政策を打ち出すことができなかった。

以上から，制定過程について次のような結論を導くことができる。
- わが国の倫理綱領は，専門職集団・制度が確立されていない中で，専門職集団・制度を形成するために制定された。これは専門職の形成過程の理論とは異なる考え方で，客観性に欠ける。
- 倫理綱領の規定の抽象性，図書館員の専門性の未確立，日本図書館協会役員会への遠慮，日本図書館協会の規制力の欠如などのため，社会に対する誓約は行えず，倫理綱領は図書館職員の理念的な目標にとどまった。
- 委員会の検討経過には合理的な思考と判断が不足しており，司書職制度確立のための展望と政策を打ち出すことができなかった。

最後に，倫理綱領制定20周年に際して，20年間の評価を示しておきたい。

倫理綱領への関心，倫理綱領の適用の状況から見て，倫理綱領は司書職制度の確立に寄与したとは考えられない。倫理綱領の制定の最終目的は司書職制度の実現にある。司書職制度の実現について，久保は「臨時・非常勤職員の急増，委託公社派遣職員の導入，司書職の一般行政職への配転，館長の司書有資格者の低下など，かえって悪い方向に進みつつある」と述べている [45]。このような現実を招いた原因はどこにあるのだろうか。筆者は，原因の一つは，日本図書館協会と委員会が，倫理綱領のような抽象的な規定と社会に対する誓約という観念的な方法によって司書職制度の確立を導こうとしたことにあると考える。

5.3 今後の課題

今後の課題として次の3点をあげておきたい。
- 現行の倫理綱領はすべての図書館職員の努力目標としてはすぐれている。名称は「図書館職員の任務と目標」の方が適切である。内容はすべての図書館職員が実行できるものに限定すべきである。
- 「図書館職員の任務と目標」と司書のための倫理綱領の分離を検討すべきである。倫理綱領を生かすには，図書館員の専門性（専門的職務と専門的知識）を明確化し，サービス基準，職務区分表，教育（学習）基準を整備して，その実行に努めるべきである。それらによって倫理綱領の意義も高まるであろう。

II　司書の専門性に関する理論

・司書職制度の確立を追求するには，長期的展望と体系的政策が必要である。そのためには，これまでの検討方法を再検討する必要がある。

おわりに

最後に，念のために述べておくが，筆者は倫理綱領を否定しているわけではない。日本の図書館界にはその前提条件が欠けていることを指摘しているのである。

石塚栄二は，1973年に，次のように警告していた［17］。

> 理想を画くことはたやすいが，守りえないような空手形を振りだして，社会の信頼を失うことのないよう，地に足をつけて現実的・具体的な検討を積重ねられることを期待する。

委員会は，当時，この言葉に耳を傾けるべきであった。

第4章 司書に必要な基礎的能力とは何か

はじめに

　公立図書館に関する文献の多くは，公立図書館に専門的職員が必要であることを主張している。しかし，すぐれた専門的職員になるには，司書の資格や図書館情報学の専門的知識を持つだけでは十分ではない。その前提として，図書館業務に適した資質を持つことが必要である。例えば，本を扱うのであるから，広く本を読むこと，サービス業であることから，利用者に対して思いやりを持てることが考えられる。

　このため，これまで何度か司書に必要な資質が論じられてきた。1960年代には『中小都市における公共図書館の運営』，1970年代には清水正三，前川恒雄，1980年代には前川恒雄，『図書館用語辞典』，中川徳子，久保輝巳，前川恒雄，『公立図書館の任務と目標　解説』，1990年代には森智彦が，それぞれ司書の資質に関する見解を発表してきた。しかし，10点の見解が発表されているにもかかわらず，この問題に関する議論の整理は行なわれず，司書に必要な資質は定式化されてこなかった。

　上記の文献では，資質およびそれに類するものを表わす用語として，資質，知識技能，心がまえ，図書館職員像，精神・態度，資質・能力，適性などさまざまな用語が用いられているが，資質が最もよく用いられている。

　資質は学術的な用語ではなく，「生まれつきの性質や才能」[1]を意味する言葉である。図書館界では，常に生まれつきの性質や才能という意味で用いられてきたわけではない。しかし，全体として，司書に必要な性質が生来のものであるという印象を与えてきた。筆者は，図書館業務に必要な性質は，基本的には，

生まれつきのものではなく，学習によって獲得し得るものと考えている。

これと類似の用語に適性がある。教育心理学の用語で，「特定の課題や作業（仕事），活動を効果的に遂行するのに必要な，潜在的，顕在的な能力や特性」をいうが，一般的には「適当な訓練により，そうした能力，特性をもち得る可能性をさす」[2]ことが多い。図書館界ではあまり用いられないが，生来の性質や能力を示すものではないため，資質よりも適切である。しかし，一般には，能力そのものよりも能力を身につける可能性を意味する場合が多いため，資質に似たニュアンスを感じる場合がある。

そこで，本書では，適性の定義の「必要な潜在的，顕在的な能力」の「能力」という用語を参考にして，学習によって獲得し得る職務上必要な能力を示す用語として「能力」を用いることにする。ただし，能力には図書館情報学の専門的な知識や技術などの能力も含まれるため，通常，資質や適性と呼ばれる日常的な関心，理解，態度，行動を基礎的能力と呼んで区別する。

1では，公立図書館の司書の資質に関するわが国の見解10点の概要を紹介し，2では，その内容を紹介して考察する。3では，資質として挙げられた項目を比較検討して分析する。4では，それらの項目の特徴と問題点を示す。5では，すぐれた司書になるために必要な根本的な理念と基礎的能力を明らかにする。

公立図書館は現在大きく変化しつつあり，求められる基礎的能力も変わりつつあるが，本書では，まずこれまでの議論を整理したい。

1　司書の資質論の概要

これまでの司書の資質に関する見解の概要を発表年代順に紹介する。1960年代に1点，1970年代に2点，1980年代に6点，1990年代に1点で，1980年代に多いことがわかる。

1.1　1960年代の資質論

(1)　『中小レポート』の2項目（1963）[1]

1963年に，日本図書館協会中小公共図書館運営基準委員会（清水正三委員長）の報告『中小都市における公共図書館の運営』（以下，『中小レポート』という）

が刊行された。これは，低迷する公立図書館の現状を打破するために，日本図書館協会が初めて中小都市の市立図書館の運営の考え方と具体的な指針を示したものである。中小都市の市立図書館に必要な職員の本質的な資質として2項目をあげ，くわしく説明している。

1.2 1970年代の資質論

(1) 清水正三の3項目（1971）［2］

1971年に，日本図書館協会から『シリーズ・図書館の仕事』の一巻として清水正三（中央区立京橋図書館長）の編集による『公共図書館の管理』が出版された。これは当時の中小公立図書館の実践をもとに，中小公立図書館の管理業務の考え方と指針を示したものである。本文は清水と前川恒雄（日野市立図書館長）が討議を行なった上で分担執筆している。分担は明らかにされていないため，清水の著作として扱う。清水は図書館専門職員が持つべき知識技能として3項目をあげている。説明はない。

(2) 前川恒雄の3項目（1973）［3］

1973年に，日本放送出版協会から，前川恒雄と石井敦（神奈川県立川崎図書館）による『図書館の発見』が出版された。これは1960年代後半～1970年代初めの公立図書館の発展を踏まえて，公立図書館の役割とサービス，わが国の公立図書館の歴史を紹介したものである。前川は，図書館の専門職員にふさわしい人の資質として3項目をあげ，若干の説明を行なっている。

1.3 1980年代の資質論

(1) 前川恒雄の6項目（1981）［4］

1981年に，図書館問題研究会大阪支部から前川恒雄（滋賀県立図書館長）の連続講演会の記録『図書館で何をすべきか』が刊行された。前川は，この中で図書館の専門職員の心がまえとして6項目を挙げて説明を加えている。

(2) 『図書館用語辞典』の8項目（1982）［5］

1982年に，図書館問題研究会編集の『図書館用語辞典』（以下，『辞典』という）が出版された。これに「図書館員の資質」の項目があり，図書館員の資質として8項目を挙げている。執筆者名は示されていない。説明はない。

Ⅱ 司書の専門性に関する理論

(3) 中川徳子の4項目 (1984) [6]

1984年の全国図書館大会第9分科会「図書館員とその形成―いま図書館員に求められるものは」は、行政改革や財政難が喧伝されるなかで「一人ひとりの職員とその集団としての力量が問われる時代」[3]であるという認識のもとで行なわれた。中川徳子（大阪府・雨の日文庫）は、利用者の立場から、司書採用が行なわれず、司書講習への派遣が一般化したある自治体の現状を批判して、住民の期待する図書館職員像として4項目を挙げて説明している。

(4) 久保輝巳の6項目 (1986) [7]

1986年に、久保輝巳（関東学院大学）の司書に関する入門書『図書館司書という仕事』が出版された。これは久保の主に1970年代から1980年代初めにかけての図書館職員に関する論文を集めた『公共図書館職員論』(1983)[4]に続くものである。久保は司書の専門性を支える生来の資質として6項目を挙げて説明している。

(5) 前川恒雄の9項目 (1987) [8]

1987年に、前川恒雄の公立図書館に関する入門書『われらの図書館』が出版された。これは『図書館で何をすべきか』を発展させたものといえる。前川は司書に必要な資質として4項目を挙げ、さらに司書の仕事に必要な精神や態度として5項目を挙げて説明している。合わせて、司書に必要な資質と能力は9項目になる。

(6) 『任務と目標』の4項目 (1989) [9]

1987年に、町村立図書館から都道府県立図書館までのすべての公立図書館のめざすべき任務と目標を示した指針「公立図書館の任務と目標（最終報告）」[5]が日本図書館協会図書館政策特別委員会から発表された。1989年にその解説である『公立図書館の任務と目標　解説』（以下、『任務と目標』という）が出版された。同委員会は、この中で図書館専門職員に必要な資質・能力として4項目を挙げているが、説明はない。1995年に増補版が出版されたが、該当部分は同文である[6]。

1.4 1990年代の資質論

(1) 森智彦の紹介した10項目（1993）[10]

1993年に，森智彦（東横学園女子短期大学）等による司書等の就職ガイドブック『司書・学芸員になるには』が出版された。森は英国の図書館員の職業案内書 *Library Work* [7] に示されている図書館員の適性10項目を紹介している。説明はない。

1.5 その他

ほかにも2点あるが[8)9)]，内容は他の文献とほぼ同様であるため省略する。

2 司書の資質論の内容

これまでの司書の資質に関する見解の内容を発表年代順に紹介し考察する。ここでは，項目の中に図書館情報学の専門的知識や仕事の技術[10]が含まれている場合は除き，基礎的能力を示す項目のみを取り上げる。前川の見解は，1987年の見解の後でまとめを行なう。

2.1 1960年代の資質論

(1) 『中小レポート』の2項目（1963）

項目と説明の要点は次のとおりである。

1. 本が好きなこと＝資料に精通することができる。
   - 本が好きであれば，命令や指図によらなくても多方面の資料に接し，その内容に興味と理解をもち得る。
   - 読書をすることによって，自ずと開いた世界観，人生観の持ち主となり，狭い自己から開放されて，他を理解する洞察力と，物事を客観的に理解する判断力を持つことができる。
   - 図書館の職員が資料についての知識を持たないことは致命的である。いかに分類の規程に精通し，目録規則を暗記していようと，また，司会がうまく，庶務規則にくわしくても，資料についての知識がなければ図書館員として失格である。

- 奉仕にせよ，整理にせよ，資料についての知識が土台になってこそ技術が生きるのである。
- 図書館員の教育，研修にあたって資料の取扱いよりも資料そのものの分野を深める必要がある。

2. 他人との応対をいとわない＝利用者の要求を把握する。
- 体を張って利用者に働きかけねばならない。
- 進んで人と接し，語り合い，集会の一員となるような態度と生活が必要である。

1の見出しは「本が好きなこと」であるが，それは前提条件であり，重要なのは，その結果として，多様な資料に接し，その内容に対する興味と理解を持ち，資料に精通することであることがわかる。また，1の説明では，資料に関する知識が重要であることを強調するだけでなく，読書が洞察力と判断力の基礎であること，資料に関する知識が技術的な知識の前提条件であること，資料に関する教育の充実が必要であることを指摘しているが，これらは重要な指摘である。2では，人と接し，語り合うという具体的な行動を挙げている点が興味深い。このほか，1，2の両方で好ましくない資質についても説明している。ただし，この報告書では上記の2点を資質と呼んでおり，生来のものとしてとらえる傾向が見られる。

2.2　1970年代の資質論

(1)　清水正三の3項目（1971）

項目は次のとおりである。説明はない。

1. 本好きで，図書についての広い知識をもっている。
2. 学問研究の意義と歓びと方法を知っている，また芸術の美しさを知っている。
3. 住民に奉仕するため，人々とすすんで接し，語りあえる。

1と3は『中小レポート』と共通している。2は新しい項目である。1では，本が好きであるだけでなく，図書についての広い知識を持つことを挙げている。2では，1の本が好きであることだけでなく，本の内容である学問研究と芸術に関する理解を挙げている。これは非常に重要な指摘である。3では，住民へ

の奉仕だけでなく，人々と進んで接し，語りあえるという具体的な行動を挙げている。

(2) 前川恒雄の3項目（1973）

項目と説明の要点は次のとおりである。3項目のうち，1は「市民に資料を提供することの意義を知っていて，その責任感を持っている」であるが，前半の資料提供の意義は図書館情報学の専門的知識の基本なので除外すると，1は「資料提供の仕事に責任感を持っている」になる。

1. 資料提供の仕事に責任感を持っている。
   ・利用者の要求に応えようとする方向で考える。
2. 本好きである。
   ・資料の価値がわかり，資料に対し謙虚である。
3. 親切である。
   ・本を求める人々に対して謙虚に何とか役に立ちたいという態度である。教えてやろうという態度とは逆のサービスする姿勢である。

2と3はこれまでの項目と共通している。2の説明では，資料の価値がわかることを挙げている。それには資料に関するより深い知識が必要である。3では，親切であること，人の役に立ちたいという態度，サービスする姿勢を挙げている。

2.3　1980年代の資質論

(1) 前川恒雄の3項目（1981）

項目と説明の要点はほぼ次のように整理できる。6項目のうち，4．常に仕事のあり方を疑う，5．専門職としての能力を身につける場所は現場（自分の図書館）であることを自覚する，6．図書館には司書が必要であることを主張する，は仕事の技術と考えられるため除外すると，3項目になる。4～6はこの文献以後は取り上げられていない。

1. 多くの本を読み，新しい知識を得る歓びにひたる。
   ・本を読んで，知らないことを知る，全く気づかなかった事実や考え方を教えられる，今まで当り前だと思っていたことをひっくり返される，こういう歓びにひたることが，司書として第一にしなければならないこと

II 司書の専門性に関する理論

である。
2. 人にサービスをする役割を自覚する
　・ものを教えたり、ものを書いたり、ものを造ったりするのではなく、そうする人達にサービスすることが図書館員の仕事である。
3. ものごとを持続させていく忍耐力を持つ
　・図書館の仕事は長い視野で考えなければならない。しっかりしたゆるがない考えをもって忍耐づよく持続する必要がある。

　いずれも妥当な内容である。1と2はこれまでの項目と共通している。1は本が持つ力を知ることと解釈できる。3は図書館の仕事の特徴を適確にとらえている。

(2) 『辞典』の8項目（1982）

　図書館員の資質の前提として、一般社会人としての優れた資質、誠実・明朗・健康などを挙げている。次に、図書館員に特有の資質として次の8項目を挙げている。

1. 図書館の業務が好きであること。
2. 図書館学の知識を求め、自主的に研究する態度を持っていること。
3. 自らの個性を図書館業務に生かすべく努力する姿勢があること。
4. 奉仕精神に富み、利用者およびその環境を十分に理解すること。
5. 読書が好きで、知的好奇心に富み、広範な主題に興味が持てること。
6. 芸術のすばらしさに感動でき、学問研究の意義・方法を理解していること。
7. 常に図書館業務全体を見渡して仕事に当たるような広い視野が持てること。
8. ことば・文字に対して鋭い感覚と豊かな知識を持つこと。

　1，2は独自のものである。3は仕事の技術であるため除く。4の前半はこれまでの項目と同じである。5の前半はこれまでの「本が好き」に似ているが、「読書が好き」である点が異なる。4，5の後半は独自のものである。6は清水の2と同じである。7も独自のものである。8は図書館情報学の専門的知識として位置付けるべきである。資質を「特性として要求される性格」と定義しており、生来のものととらえる傾向が強い。

第4章　司書に必要な基礎的能力とは何か

どの程度知られていたかは不明であるが，かなり幅広いすぐれた内容である。

(3) 中川徳子の4項目（1984）

項目は次のとおりである。もとは疑問形であったため，他の提案と同じ形に直した。中川はそれぞれの項目に沿った形では説明していないため，図書館大会での発表から関連する部分を紹介する。

1. 人間が好きである
   ・明るく親切で，気軽に声をかけてくれる人，かけやすい人である。
2. 本が好きである
   ・自分の時間を使ってでも資料を知る努力をする。
3. 図書館の仕事が好きである
   ・一つ一つ自分で考え，作り出していく創造的なやりがいのある仕事であることを理解する。
4. 一生図書館の仕事を続ける気がある
   ・自分で資格を取り，本当に専門家として，この仕事に情熱を持ってやって行く姿勢がある。

そして，これに否と答える人は図書館員に向いていないのではないか，と指摘した。図書館大会では大きな反響があったといわれている[11]。

1，2は『中小レポート』や清水，前川の項目と共通している。3の見出しは『辞典』の1と同じである。3の説明と4は独自のものである。1～4のいずれも見出しと説明がやや異なっている。説明から生来の資質としてはとらえていないことがわかる。他の見解と異なる特徴が2点ある。第一に，人間に関する項目が最初に置かれている点である。利用者にとっては「人間が好きである」ことが大前提であることがわかる。第二に，個人として仕事に積極的に取り組む姿勢を重視していることである。

(4) 久保輝巳の6項目（1986）

項目と説明の要点は次のとおりである。

1. 本が好きで，常に本に対する興味を抱いている。
   ・本の専門家でなければならない
2. 人に対する関心と愛情をもっている。
   ・常に相手の気持になってサービスのできる人

115

Ⅱ　司書の専門性に関する理論

- ・こちらから心安く声をかけて利用者の要求を引き出し，潜在要求をも察知できる人
3. 図書館の仕事を愛し，新しい仕事に対する創造性と実行力をもっている。
    - ・自分の仕事を愛し，仕事に誇りをもっている人
    - ・常に独自の発想と，斬新な創意で新しい仕事を開拓し，勇気をもってそれを実行していく人
4. 物事に対する探求心と持続性をもっている。
    - ・文献探索等からわかるように，途中でたやすく諦めたり，投げ出したりしない人
    - ・目的に向かって執拗に食い下がっていく人，障害を乗り越えるために新しい視点からの取り組みを次々に展開できる人
5. 自由な心と，寛容性，適応性をもっている。
    - ・利用者の「ずいぶん身勝手と思われるような要求」に適切に対応するには，「いちおうそれを受け入れる寛容さ」や「伸びやかな自由な心」が必要である。
6. 判断能力にすぐれ，不断にこれを錬磨する意欲をもっている。
    - ・司書の仕事には即座の判断が求められることがしばしばある。すぐれた判断力は司書にとって基本的な資質の一つであるが，さらに，それが日常不断の努力によって常に磨き上げられていなければならない。

1～3には中川の1～3の影響がうかがえる。3の前半は『辞典』の1と同じである。1，2は『中小レポート』以来の項目と共通している。この6項目は生来の資質として位置づけられている。

(5)　前川恒雄の8項目（1987）とまとめ

①　前川恒雄の8項目（1987）

項目と説明の要点はほぼ次のとおりである。最初の2点は英国のウイドネス市立図書館ブライアント館長の意見を紹介したものである。その次が前川の意見で「本と人が好きなこと」であるが，便宜的に3，4の2項目に分け，合わせて一連番号で表す。

1. 知的好奇心がある
    - ・図書館に入ってくる本を見て「これも読みたい，あれも読みたいと思う

気持ちである。よく分からないことにぶつかって，何だろう，なぜだろうと思い，耳をそばだて目をこらし，読んだり調べたりしたくなること」である。
2. センス・オブ・オーダーがある
   ・ものごとを秩序づける力，きちんと整っているのが好きな几帳面さである。
   ・資料を整理し順序立てること，長期的な方針に基づいて着実に進めること，小さなこともおろそかにしない心である。
3. 本が好きである
   ・本を読むことが好きである。
4. 人が好きである
   ・人づきあいが好きである。

次に，このような資質を持っている場合の司書の仕事に必要な精神や態度として5点を挙げている。最初の4項目に続けて一連番号で示す。7番目の「カウンターに立つ」は仕事の技術であるため除く。他の4項目は能力としてとらえることができるため，合わせて8項目になる。
5. 奉仕の精神を自覚している
   ・司書の仕事は，自分で何かを作ったり，人に教えたりすることではなく，学ぶ人の手助けをすることであることを自覚している。
6. 本を知る
   ・本や著者についての知識を持つだけでなく，本を読むことによって，本の持つ力を知り，本に対して畏敬の念を持っている。自分が本を読んでいないと，本を読む人の気持がわからない。
8. 粘り強さがある
   ・図書館の仕事は後々まで受け継がれ，利用者も利用し続けるため，長い尺度で考えて，後々まで生きる仕事に粘り強く取り組まなければならない。図書館の仕事は区切りなく続き，終わることがない。目立たない，忍耐のいる仕事である。
9. 勇気がある
   ・次のような問題が起きるため，図書館職員には勇気が必要である。

Ⅱ　司書の専門性に関する理論

　　・図書館には古い考え方，官僚主義的な考え方が残っていて，仕事の邪魔をする。
　　・図書館長が住民の要求を聞き，誠実に実行しようとすると，市役所で抵抗に会う。
　　・日本の社会では，読書などの文化的活動を役に立たないものだと批判する意識が強い。
　　・日本の社会では，自立した個性的な人間を嫌う風潮があり，それを育てる図書館も受け入れられにくい。
　　・収集の自由，提供の自由，プライバシーの保護を守るには勇気がいる。

　説明はいずれも妥当な内容である。3，4，5，6はこれまでの項目と共通している。1は『辞典』の5と同じである。8，9についても図書館固有の問題が説明されている。2の「センス・オブ・オーダー」は司書に必要な能力であるが，図書館情報学の原理と共通する部分があり，その部分は図書館情報学の学習によって学ぶことができる。また，6の「本を知る」の説明では個人の努力を重視しており，生来のものとは考えていないことがわかる。

　②　まとめ

　3点の文献に示された3種類の項目を筆者の責任で次の9項目に整理した。各項目の後の丸がっこ内に出典の発表年と項目番号を付記した。

　1．人が好きである（87-4）
　2．奉仕の精神を自覚している（73-3，81-2，87-5）
　3．本が好きである（73-2，87-3）
　4．本を知る（87-6）
　5．本の持つ力を知る（81-1，87-6）
　6．知的好奇心がある（87-1）
　7．センス・オブ・オーダーがある（87-2）
　8．忍耐力・粘り強さがある（81-3，87-8）
　9．責任感・勇気がある（73-1，87-9）

　前川は，1987年の1～4を除いて，資質という言葉を用いていないし，資質として論じたものも生来のものとは考えていない。

(6)　『任務と目標』の3項目（1989）

項目は次のとおりである。4項目のうちの「4. 図書館運営の技術について一定水準以上の知識をもっている」は図書館情報学の専門的知識であるため除外すると，3項目になる。説明はない。
1．図書館がなにをすべきかについて，信念をもっている。
2．本が好きで，本を知っている。
3．本を読む人の心がわかり，本を読む人をふやし，本を読む人を助ける仕事に情熱をもっている。

2はこれまでの項目と共通する。3の後半の「本を読む人をふやし本を読む人を助ける仕事に情熱をもっている」は図書館の仕事に情熱を持っていることと理解できる。1の「信念」，3の「情熱」から本人の気持の持ち方を重視していることがわかる。

2.4　1990年代の資質論

(1)　森智彦の紹介した10項目（1993）

項目は次のとおりである。もとは疑問形であったため，他の提案と同じ形に直した。説明はない。
1．不規則な勤務時間でも働ける。
2．毎日の決まりきった仕事に耐えられる。
3．人びとと会話をし，ものごとを説明するのが好きである。
4．本に興味がある。
5．利用者がいらいらしたり，利用者にうんざりさせられても冷静でいられる。
6．組織的な行動ができる。
7．一人だけで働ける。
8．事務的な仕事もできる。
9．責任感がある。
10．重たい本を扱える。

3．人々との会話とものごとの説明，4．本への興味，はこれまでの項目と共通している。森の10項目は，外部からはわかりにくい図書館の仕事の難しさの理解に重点を置いている。1．不規則な勤務時間，2．毎日の決まり切った仕事，

5. 利用者とのトラブル，7. 職員一人だけの職場，8. 事務的な仕事，10. 重い本の取り扱い，の6項目はいずれも図書館の仕事の楽ではない面を明らかにしている。これらは一括して忍耐心の有無としてまとめることができる。図書館に就職した後で実際に直面する困難を取り上げている点で非常に実践的である。

それ以外の「6. 組織的な行動ができる」はきわめて重要な項目であるが，わが国でほとんど論じられていない。「9. 責任感がある」はわが国でも指摘されている。日本の資質論と比べて，仕事の具体的な実践の観点から論じている点に特徴がある。

3 司書の資質論の分析

司書の資質として挙げられた項目にはかなりの共通性があり，先人の意見を参考にしたものが多いことがわかる。挙げられた項目を整理し，6項目に分類して分析する（3.2〜3.7）。

3.1 基本的な項目

第2章で挙げられた項目を整理すると，次の20項目になる。これは，図書館業務に必要な能力12項目とすべての職業人に必要な能力8項目に分けることができる。

(1) 図書館業務に必要な能力
・人間が好きである
・学問研究の意義・歓び・方法と芸術の美しさを知っている
・本の持つ力を知る
・本を読む人の心がわかる
・人々に進んで接し，語り合う
・サービスの精神を自覚している
・本が好きである
・本に関する知識がある
・利用者とその環境を理解する

・知的好奇心がある
・忍耐力と粘り強さがある
・物事に対する探求心がある
(2) すべての職業人に必要な能力
・仕事に関する知識を求め，自主的に研究する
・仕事全体を見渡す広い視野がある
・仕事への愛情と誇りがある
・新しい仕事への創造性と実行力がある
・自由な心と寛容性，適応性がある
・判断能力とこれを練磨する意欲がある
・センス・オブ・オーダーがある
・責任感，勇気，信念，情熱がある

(1)の12項目を6項目に分類し（3.2～3.7），(2)とともに，その内容を分析する。必要な項目はくり返し取り上げる。

3.2 人間とその知的活動に対する理解・愛情・信頼

(1) 人間が好きである

「人間が好き」に類する項目が多い。中川が「人間が好き」，久保が「人に対する関心と愛情をもっている」，前川が「人が好きである」を挙げている。しかし，説明はそれぞれ「明るく親切で，気軽に声をかけてくれる人」「相手の気持になってサービスのできる」「人づきあいが好き」など具体的な行動に関するものが多い。「人間が好き」という命題そのものの内容は明らかにされていない。

「人間が好き」という抽象的な表現が用いられるには，それなりの理由があると思われる。「人間が好き」という命題にはもっと深い意味を求めるべきである。これは，実際の人間に対する態度にとどまらず，図書館の仕事やサービスを行なう前提となる人間一般に対する態度や見方を示すものと考えるべきではないだろうか。これまでの論者は，この命題を挙げつつも，その本当の意味を明らかにしていない。

「人間性に対する理解・愛情・信頼がある」とまとめる。

(2) 学問研究の意義・歓び・方法と芸術の美しさを知っている

清水と『辞典』が項目に挙げている。これは(1)の「人間性に対する理解・愛情・信頼」の基礎の上に成り立つものであり，これが基礎となって新しい知識や芸術に触れる喜びが生じ，(3)の「本の持つ力を知る」ことになる。

「学問研究の意義・歓び・方法と芸術の美しさを知っている」とまとめる。

(3) 本の持つ力を知る

項目としては挙げられていないが，前川は，他の項目の説明で「本の持つ力を知り，本に対して畏敬の念を持つ」(87-6)，「資料に対し謙虚である」(73-2) を挙げている。このほか，項目の一部で「新しい知識を得る歓びにひたる」(81-1) を挙げ，「知らないことを知る，全く気づかなかった事実や考え方を教えられる，今まで当り前だと思っていたことをひっくり返される」と説明している。これも本の持つ力を知ることと解釈できる。本の持つ力とは，本がもたらす知識や芸術の持つ力である。

「本の持つ力を知り，本に対して畏敬の念を持ち，謙虚である」とまとめる。

(4) 本を読む人の心がわかる

『任務と目標』が3の一部に挙げているが，前川も「本を知る」(87-6) の説明で触れている。重要な指摘であるが，具体的な説明はない。筆者は，本を読む人の心は，第一に，他人の生き方を参考に自分の生き方を考えること，第二に，自分の知識では解決できない課題を，知識を得ることによって解決することにあると考える[12]。

「人生観や問題解決のための知識を求めて本を読む人の心が理解できる」とまとめる。

(1)は，教育・文化・医療・福祉等を始めとする多くの分野の仕事の最も基本的な理念であり，司書には特に重要な理念である。(2)〜(4)は，教育，学術，文化などの分野の職業人に必要な能力であるが，司書には特に必要な能力である。

3.3 人に対する応対とサービス

(1) 人々に進んで接し，語り合う

『中小レポート』は「他人との応対をいとわない」，清水は「人々とすすんで接し，語りあえる」，森は「人びとと会話をし，ものごとを説明するのが好き

である」を挙げている。このような具体的な行動が重要である。このほか，中川，久保が「人間が好きである」という趣旨の見出しを挙げているが，説明は「明るく親切で，気軽に声をかけてくれる人，かけやすい人」「こちらから気安く声をかけ」る，である。このほか，『中小レポート』は，利用者に働きかけること，「利用者の要求を把握する」ことを挙げている。

「人と進んで接し，話し合い，説明し，要求をとらえる」とまとめる。

(2) サービスの精神を自覚している

『辞典』は「奉仕精神に富み」を挙げ，前川は3点の文献でそれぞれ，親切である，人にサービスをする役割を自覚する，奉仕の精神を自覚している，という項目を挙げている。久保も説明で「常に相手の気持になってサービスのできるような人」を挙げている。これはきわめて重要な要件である。相手の気持になるには，『任務と目標』にあるように「本を読む人の心がわかる」ことが必要である。

「サービスの精神を自覚し，相手の気持になって親切にサービスができる」とまとめる。

(1)(2)はサービス業従事者に必要な能力であるが，司書には特に必要な能力である。

3.4 広範囲の読書と資料に関する知識

(1) 本が好きである

『中小レポート』，清水，前川，中川，久保，『任務と目標』が挙げている。しかし，「本が好き」とは具体的にどのようなことを指すのかは示されていない。『辞典』は「読書が好き」，前川は説明で「本を読むことが好き」(87-3)を挙げている。『中小レポート』，清水，『任務と目標』は，それぞれ，「本が好き」と「資料に精通する」「図書についての広い知識」「本を知っている」を一つの項目に結びつけている。前川 (73-2)，中川，久保は，見出しは「本が好き」であるが，説明は本に関する知識を持つことである。『中小レポート』では，本が好き⇒資料に接する⇒資料に興味と理解を持つという関係が見られる。したがって，「本が好き」は本に関する知識の前提条件として必要なのである。これらを考慮すると，ここでいう「本が好き」とは，おそらく，本を読むこと

が好きで、広い範囲の読書を行なっていることを指すと考えられる。
「本を読むことが好きで、広い範囲の読書を行なっている」とまとめる。

(2) 本に関する知識がある

前川は、項目として「本を知る」(87-6) を挙げて、「本や著者についての知識を持つ」と説明している。項目の一部として、『中小レポート』では「資料に精通する」、清水は「図書についての広い知識をもっている」、『任務と目標』は「本を知っている」を挙げている。ほかに、久保が「本の専門家でなければならない」、中川が「資料を知る努力をする」と説明している。要は本とその著者等に関する知識を持つことであるが、具体的な内容は明らかではない。前川の説明には「資料の価値」がわかる (73-2) もあり、単なる知識ではなく、図書の評価ができるような知識が必要とされている。しかし、これも具体的な内容は明らかではない。

「主要な著者、著作、出版社とそれらの概要に関する知識を持つ」とまとめる。

(1)(2)は教育、学術、文化などの分野の職業人に必要な能力であるが、司書には特に必要な能力である。

3.5 社会に対する関心と知識

(1) 利用者とその環境を理解する

『辞典』の4の後半である。これは非常に重要な項目である。利用者を理解するだけでなく、その環境である社会を理解しなければならない。

「利用者とその環境である社会に対する関心と知識を持つ」とまとめる。

(1)は、サービス業従事者に必要な能力であるが、司書には特に必要な能力である。

3.6 学問と芸術に対する関心と知識

(1) 知的好奇心がある

『辞典』と前川が挙げているが、非常に重要な項目である。『辞典』は「広範な主題に興味が持てる」を挙げている。前川の説明も具体的でわかりやすい。

(2) 学問研究の意義・歓び・方法と芸術の美しさを知っている

清水と『辞典』が挙げているが，非常に重要な項目である。特に芸術が含まれている点が重要である。

「本を読むことが好きである」の根底には(1)と(2)の二つの能力が必要である。筆者は，次の2項目に分けてまとめる。

「学問の方法と体系を理解し，広範な主題に関心を持つ」

「学問研究の意義・歓びと芸術の美しさを知っている」（3.2(2)参照）

(1)(2)は，教育，学術，文化，芸術などの分野の職業人に必要な能力であるが，司書にも必要な能力である。

3.7 粘り強さと探求心

(1) 忍耐力と粘り強さがある

前川の「忍耐力と粘り強さ」は，中川の「一生図書館の仕事を続ける気がある」，久保の項目の一部である持続性に似ており，また，森の「毎日の決まりきった仕事」などの6項目に対応するものである。これは歴史的な積み重ねを必要とする[13]図書館業務では必要な能力である。

(2) 物事に対する探求心がある

久保は「探求心と持続性」を挙げているが，探求心にはもともと持続性が含まれるため，探求心とかかわりのない持続性は(1)の忍耐力と粘り強さに含めるべきである。文献探索だけでなく，前川の忍耐力（81-3）と粘り強さ（87-8）の説明のように図書館業務全般の観点から説明する方が説得力がある。

(1)と(2)はすべての職業人に必要な能力であるが，資料や情報を収集・探索・提供する司書には特に必要な能力である。

3.8 司書に必要な基礎的能力

整理・分析した結果，基礎的能力として次の12項目を挙げることができる。

・人間性に対する理解・愛情・信頼がある
・学問研究の意義・歓び・方法と芸術の美しさを知っている
・本の持つ力を知り，本に対して畏敬の念を持ち，謙虚である
・人生観や問題解決のための知識を求めて本を読む人の心が理解できる
・人と進んで接し，話し合い，説明し，要求をとらえる

II　司書の専門性に関する理論

- サービスの精神を自覚し，相手の気持になって親切にサービスができる
- 本を読むことが好きで，広い範囲の読書を行なっている
- 主要な著者，著作，出版社とそれらの概要に関する知識を持つ
- 利用者とその環境である社会に対する関心と知識を持つ
- 学問の方法と体系を理解し，広範な主題に関心を持つ
- 忍耐力と粘り強さがある
- 物事に対する探求心がある

3.9　職業人に必要な能力

このほか，『辞典』，久保，前川はそれぞれ上記の項目に含まれない能力をいくつか挙げている。これらをまとめると，次の8項目になる。『辞典』は2項目（下記の(1)(2)），久保は4項目（下記の(3)～(6)），前川は2項目（下記の(7)(8)）を挙げている。『辞典』の項目は図書館学と図書館業務に関するものであるが，すべての職業人に必要な能力であるため，図書館という用語を除いた形で示す。

(1) 仕事に関する知識を求め，自主的に研究する

(2) 仕事全体を見渡す広い視野がある

(3) 仕事への愛情と誇りがある
- 項目ならびに説明の一部である。出発点は『辞典』の「図書館業務が好き」と中川の「図書館の仕事が好き」であろう。

(4) 新しい仕事への創造性と実行力がある
- 項目の一部である。図書館業務には外国に先例があり，創造性よりも基本に忠実であることが必要である。実行力の基本的な内容として，積極的な態度，周囲の人々と話し合い説得する能力，周囲の人々と協調して仕事をする能力が考えられる。

(5) 自由な心と寛容性，適応性がある
- 説明の内容はサービス業従事者に必要な能力である。サービスの提供範囲が限定されない[14]という図書館サービスの特性に応える面がある。

(6) 判断能力とこれを練磨する意欲がある
- 判断に時間の余裕がない点を指摘した点はすぐれている。元の項目には「不断にこれを練磨する意欲」が付け加えられている。

(7) センス・オブ・オーダーがある
  ・ものごとを整理する能力で，図書館情報学の原理と共通する部分を除いた部分である。
(8) 責任感，勇気，信念，情熱がある
  ・前川は，項目として，「責任感を持っている」(73-1)，「勇気がある」(87-9) を挙げている。ほかに『任務と目標』は「信念をもっている」「仕事に情熱をもっている」を挙げている。これらはすべての職業人，特に公共性のある職業に必要な能力である。ただし，責任感，勇気，信念，情熱は正しい知識と理論の裏付けが必要である。正しい知識なしには，かえって危険な場合がある。また，責任感，勇気，信念，情熱があるか否かはそれが試される環境に置かれない限りわからないものである。

　上記の8項目はすべての職業人に必要な能力である。久保も，これらの項目の多くが「あらゆる分野の職業人に要請される資質」[7：91]であることを認めている。これらは，司書にとって特に必要な能力と区別し，司書から見た意義を説明する必要がある。

4　司書の資質論の特徴と問題点

　司書の資質として挙げられた項目について，全体の特徴，方法の問題点，不足している観点を明らかにする。

4.1　全体の特徴

(1) 共通する項目

　3では，司書に必要な能力を八つの大項目に分けて説明したが，このうち「人に対する応対とサービス」(3.3)，「広範囲の読書と資料に関する知識」(3.4) の2項目に関連する項目は10点の見解すべてが挙げている。資質論の提案者にとっては，この二つの大項目が司書に必要な能力の中の基本的な能力といえる。

(2) 人間と資料の優先順位

　図書館職員の側の見解では「広範囲の読書と資料に関する知識」に属する項

目を最初に挙げ，利用者である中川は「人に対する応対とサービス」に属する項目を最初に挙げている。図書館職員の側は，人に対するサービスは当然で，資料に関する知識の充実を課題と考えており，利用者の側は，サービスは利用者への応対から始まるため，応対を重視していると思われる。

(3) 望ましくない資質

必要な能力とは逆の望ましくない資質が指摘されており，それによって必要な資質が明らかになる。『中小レポート』は次の2点を挙げている。

- 本の好きなあまり，自分一個の趣味的，好事的な読書家に陥ってはならない。
- 生来の「人間嫌い」や，図書館を逃避の場と考えるような職員は不適切である。

久保も次のように指摘している。

- 自分に閉じこもりがちな性格や，人との接触が嫌いな性格の者は，不向きというほかはない。

これは，図書館職員に不向きな性格を指摘している点ですぐれた指摘であり，現在でも強調しなければならない点である。

他方，人づきあいが好きで，利用者との人間的ふれあいは得意だが，図書館の資料に関するきめ細かい仕事が不得手な人も図書館職員志望者の中に見られる。このような人は，そのままでは図書館職員には向かない。前川が指摘するように，人との応対，本への関心の二つの能力を持つ人が図書館職員に向くのである。図書館職員は人に資料や情報をサービスする仕事であることを忘れてはならない。

4.2 方法の問題点

(1) 抽象的な命題

これまでの「人が好き」「本が好き」などの命題は抽象的で十分な説明がなく，説明があってもきわめて簡単なものである。そのため，具体的にはどのような意味なのかが明らかでないものが多い。例えば，「本に関する知識」の内容は「興味や理解」（『中小レポート』1）や「広い知識」（清水の1）などの簡単な説明にとどまっている。どのような本についてどのような知識を持つべきか

は明らかにされていない。また,「本を読む人の心がわかる」(『任務と目標』の3)とは具体的にどういうことなのかも示されていない。また,命題と説明の内容は一致していない場合もある。そのため,これらの命題はさまざまな解釈ができる。中川の4項目も説明なしには誤解される恐れがある。

　誤解を避けるためには具体的な説明が必要である。中川が示している「明るく親切で,気軽に声をかけてくれる人,かけやすい人」「自分の時間を使ってでも,資料を知る努力をする」,仕事を「自分で考え,作り出していく」,「自分で資格を取り」「専門家として」取り組むなどのわかりやすい説明が必要である。むしろ,これらの内容を命題に表すことが望ましい。

(2) 司書に必要な能力と職業人に必要な能力

　これまでは,司書にとって特に必要な能力とすべての職業人に必要な能力が区別なしに論じられてきた。少なくとも,①司書にとって特に必要な能力,②サービス業従事者に必要な能力,③すべての職業人に必要な能力,の3種類の能力がある。①を②③と一緒にすると,司書にとって特に必要な能力が不明確になるため,区別するべきである。

(3) 資質に関する評価

　これまでは,司書の資質が論じられても,それが現実の司書とどういう関係にあるのか,現実の司書がその能力を備えているかどうかはほとんど論じられてこなかった。しばしば,司書を志望するものはこれらの能力をあらかじめ備えているかのように受け止める傾向すらあった。司書に対しては,このような能力を身につけているかどうかの評価が必要であり,司書を志すのであれば,必要な能力を身につけるよう努力するべきである。

(4) 資質と能力

　司書に必要なこれらの能力を久保は生来の資質としてとらえており,『中小レポート』にも同様の傾向がある。これらの能力が生来の資質であるかどうかは疑問である。久保の考え方では,すぐれた司書になれるかどうかは,かなりの程度まで生まれつきの素質で決まることになる。しかし,人の態度や行動は努力すれば変えられるものである。

　前川は,1987年に「本と人が好きなこと」を挙げ,「両立するのがむつかしい資質である。本好きな人はえてして人づきあいが苦手で,人づきあいの好き

な人は本を読みたがらないことが多い。司書には本好きな人が多いので，意識して人と交わり，特に仕事の中で人との関係を作ってゆくよう心がけるべきだろう」[8：151]と述べている。これはきわめて重要な指摘であり，複数の必要な能力を兼ね備えることはそれほど容易ではないこと，生まれながらに必要な能力を持っている人は少ないことを示している。司書に必要な能力は，資質ではなく能力としてとらえるべきである。

(5) 能力の獲得方法

これらの能力を身につけるための具体的な方法は明らかにされていない。例えば，「本を読む人の心がわかる」「資料の価値がわかる」「知的好奇心を持つ」にはどのような学習が必要なのかが示されていない。この点を明らかにする必要がある。

4.3 不足している観点

(1) 調査研究の観点

さまざまな図書館資料の代表として本が取り上げられ，「本が好きである」「本に関する知識がある」などが論じられている。この場合の本は抽象的な意味で用いられているが，本から最初に連想するのは読書であり，本一般では，図書館の設置目的や職員の仕事の範囲を包括することは難しいと思われる。

図書館法第2条の規定では，図書館の主な目的は教養，調査研究，レクリエーションに役立つことで，調査研究が含まれており，調査研究に役立つサービスとしてレファレンスサービスがある。この点を正しくとらえる必要がある。例えば，レファレンス担当者の学習内容の一つとして，ある図書館員は「日本十進分類表100区分の総記の参考図書すべてと1000区分の主題参考図書の20％以上について内容や構成，特徴を充分知って使いこなすことができる」[15]ことを挙げている。

このようなレファレンスツールの知識はもはや「本が好き」ではとらえ切れない。また，このようなレファレンスツールに対して，「本が好き」と同様の関心を持つことはあまり考えられない。レファレンスツールに関心があるとすれば，その目的である調査研究活動に対する関心があるはずである。したがって，レファレンスサービスに積極的に取り組む基礎として調査研究に関する関

心や能力が必要である。

(2) 管理業務の観点

　これまでの資質論には，抽象的な態度や理解など人間の内面に関するものが多く，実際の仕事に関しては，取り組みの態度や利用者への働きかけに関するものしかなかった。それ以外の他者との関係や具体的な行動に関するものはほとんど見られなかった。特に管理業務の能力が含まれていない。

　『中小レポート』では，これまで，職人タイプの司書は養成されても，将来館長となる図書館員は養成されなかったきらいがあり，それは管理業務を専門的職務として重視してこなかったためであると指摘している。管理業務においては，図書館の管理者が自治体の議員や委員，行政部局担当者，職員に接して，図書館の立場や要求を提示し，説明し，納得を得ることが必要であること[1：149]，予算要求に際しては，議員や行政担当者に対して図書館に関する正しい理解を深めてもらうようにPRに努めねばならないこと[1：165]を指摘している。『市民の図書館』では，奉仕計画について全職員が徹底的に討議すること[16]，予算要求に際して，市民の要求の盛り上がりを促進し，予算要求資料を整え，マスコミに報道を求め，これらの波が高まった時に，予算の大幅増額を要求すること[17]を挙げている。

　これらの管理業務には，①同僚や利用者以外のさまざまな人々に接し，説明し，討議し，説得する能力，②経営，管理，法規，行財政のほか，政治・経済・社会に関する幅広い知識，③資料作成のための調査研究・発表能力が必要である。これは主に館長の能力として論じられているが，一般の職員にも必要な能力である。これは組織（職場）と社会の分野の能力である。具体的には，組織の中で仕事をし，組織を動かす能力，社会の動きをとらえ，それと図書館を結びつける能力である。これまでこの分野のための適性や資質についてはほとんど論じられていない。

　これに関連する資質としては，『辞典』の「利用者とその環境を理解する」，森の「ものごとを説明するのが好きである」「組織的な行動ができる」，久保の「新しい仕事に対する創造性と実行力をもっている」，前川の「責任感・勇気がある」（まとめ）があるが，十分ではなく，後の2点はいずれも個人の観点で論じられている点に限界がある。

Ⅱ 司書の専門性に関する理論

(3) 組織の運営と社会に対する認識の能力

調査研究と管理業務の観点，そしてさまざまな図書館における運営の事例[18]の検討から，組織と社会の分野で必要な能力として次の6項目が考えられる。

① 発展途上にあるわが国の図書館を発展させるために積極的に取り組む姿勢と態度
② 図書館職員や自治体関係者と話し合い，説明し，会議で発言する能力
③ 図書館や自治体という組織の中で周囲の人々と協力して仕事をする能力
④ 長期的な展望のもとに着実に仕事を進める能力
⑤ 図書館利用者や資料の基盤や背景である社会，地域・自治体，市民生活を理解する能力
⑥ 調査研究の経験，その必要性と効果の理解

これらは誰でも持っている能力のように見えるが，実際にはこれらの能力を正しく発揮することは容易ではない。これまでの司書に関する論議にはこのような観点が欠けていたのである。これらの能力を含めることによって司書に必要な能力が明らかになるであろう。

5 司書に必要な基礎的能力

これまでの検討をもとに，司書に必要な基礎的能力に関する筆者の考え方を明らかにしたい。これらの項目を選んだ理由とこれまでの検討結果との関係を説明する。併せて，図書館業務の根本理念についても明らかにする。

5.1 図書館業務の根本理念の理解

図書館業務の根本理念は「人間とその知的活動に対する理解，愛情，信頼」である。これは図書館の仕事を支える最も根本的な理念といえるが，図書館の仕事だけに必要なものではなく，教育・文化・学術に関係する職業の理念である。これは3.2で論じた次の4項目の内容を統合したものといえる。

・「人間性に対する理解・愛情・信頼がある」［(1)］
・「学問研究の意義・歓び・方法と芸術の美しさを知っている」［(2)］
・「本の持つ力を知り，本に対して畏敬の念を持ち，謙虚である」［(3)］

・「人生観や問題解決のための知識を求めて本を読む人の心が理解できる」
〔(4)〕

　ここには，生活を営み社会を形成する人間，人間の知的活動である学問や芸術の成果としての本，人間がそれを読み学習し享受する行為としての読書の三つの要素があり，それぞれの間に相互関係があり，そこに多様な人間性が現れてくる。図書館の仕事を行なうにはこの三つの要素とそこに現れる人間性に対する理解，愛情，信頼が必要である。これを要約すると「人間とその知的活動が生み出した成果を人間が享受することに対する理解，愛情，信頼」となり，さらに要約すると，「人間とその知的活動に対する理解，愛情，信頼」となるだろう。

　この根底にあるのは(1)で，それは一定の人間観に基づいている。これは，人間は多くの欠点，弱点を持ち，多くの誤りを犯すが，基本的には善良な存在であり，その人生はかけがえのない価値のあるものであるという考え方であろう。これは長年にわたる幅広い教育や学習によって得られるものであろう。他の3項目はこの人間観に基づいている。

5.2　特に司書に必要な基礎的能力

　先にすべての職業人に必要な能力8項目（3.9）を明らかにしたが，これらは，当然，司書にも必要な項目である。ここでは，それ以外に，先に示した司書に必要な基礎的能力（3.8）と不足している観点（4.3）をもとに，特に司書に必要な基礎的能力として，下記の10項目を提案したい。

① 利用者への思いやりと親切な態度
・「人生観や問題解決のための知識を求めて本を読む人の心が理解できる」（3.2(4)）「サービスの精神を自覚し，相手の気持ちになって親切にサービスができる」（3.3(2)）が該当する。まず相手への思いやりが必要であり，次に単なる自覚や理解ではなく，具体的な態度に表せることが必要である。

② 仕事に対する積極的な姿勢と態度
・これまでほとんど論議されていない課題である。わが国の図書館は発展途上にあるため，図書館を発展させるには積極的に取り組む姿勢と態度が必要である。しばしば聞かれる「図書館の雰囲気が好き」という声のように，

図書館で働くこと自体に満足してしまってはならない。

③　利用者や職員・自治体関係者との会話・説明，会議での意見の発表

・「人と進んで接し，話し合い，説明し，要求をとらえる」(3.3(1))が該当するが，その対象は利用者が中心である。利用者だけでなく，職員や自治体関係者との話し合いが重要であり，サービスの場だけでなく，図書館や自治体という組織の会議の場で発言する能力が必要である。

④　周囲の人々との理解と協力による組織の運営

・これまでほとんど論議されていない課題である。周囲の人々と理解し合い，協力して仕事をする能力である。リーダーシップと協調性をバランスよく兼ね備えていなければならない。その前提として，周囲の人々の意見を十分聞き，話し合うことが必要である。

⑤　長期的な展望のもとで着実に仕事を進める粘り強さ

・「忍耐力と粘り強さがある」(3.7(1))が該当するが，単なる態度の問題ではなく，その基礎として「長期的な展望」を持つ能力が必要である。計画を作成しそれをもとに仕事を進める能力である。

⑥　利用者と資料の基盤である社会，地域・自治体，市民生活の理解

・これまであまり論議されていない課題である。「利用者とその環境である社会に対する関心と知識を持つ」(3.5(1))が近い。読書や資料利用は利用者の持つ課題を解決するために行なわれるが，利用者の課題は社会がもたらすものである。それだけではない。出版物の内容は利用者の持つ課題に応えるものであるから，社会を反映する。したがって，社会に対する理解と関心が必要である。社会は地域・自治体，日常生活を含むものである。したがって，利用者の関心と資料の内容は社会，地域・自治体，市民生活を反映する。利用者の行動様式や図書館に対する要求も同様である。図書館と社会を結び付けるには，社会，地域・自治体，市民生活を理解することが必要である。

・これは「広範な主題に関心を持つ」(3.6)の基礎である。すぐれた地方公務員になるために必要な能力でもある。

⑦　一つの学問の体系・方法論の理解

・「学問の方法と体系を理解し，広範な主題に関心を持つ」(3.6)が該当す

るが，その基本は一つの学問の体系・方法論の理解にあると思われる。
- これは図書館の意義を理解する基礎として，図書館資料の内容を理解する手がかりとして，「知的好奇心」のもう一つの基礎として重要である。
- 図書館情報学の専門的知識を学習する過程で，一つの学問の体系・方法を理解できるように配慮する必要がある。これは，図書館情報学について必要であるが，図書館情報学の基礎を構成する学問や資料内容を構成する学問についても必要である。実際には，複数の学問の体系・方法論を理解することが必要である。

⑧ 読書と資料の重要性の理解，広範囲な読書と資料に関する知識
- 「本を読むことが好きで，広い範囲の読書を行なっている」(3.4(1))「主要な著者，著作，出版社とそれらの概要に関する知識を持つ」(3.4(2))「本の持つ力を知り，本に対して畏敬の念を持ち，謙虚である」(3.2(3))が該当する。「本を読む」ことによって本に関する「知識」が身につき「本の持つ力」が理解できる。ただし，これらの項目はいずれも抽象的で，具体的な内容を明確にする必要がある。

⑨ 調査研究の経験，その必要性と効果の理解
- 図書館法第2条が規定しているように，図書館の役割の一つは調査研究であり，司書はそれを援助する能力が必要である。また，司書には，専門的職員として仕事上の調査研究を行なう能力が必要である。このような点から，調査研究への関心，調査研究の経験，必要性と効果の理解が必要である。このため，情報活用能力が必要になる。
- 「物事に対する探求心がある」(3.7(2))が関連するが，態度や姿勢ではなく，具体的な行動の経験とそれに伴う認識があることが必要である。「調べもの」が好きであることが必要である。

⑩ 実際の図書館の理解，改善案や将来構想の作成
- これまでまったく論議されていない課題である。これは，本で読んだ知識や理論だけでなく，現実の図書館を見学したり，資料を集めたり，その改善について考えたりする実践的な姿勢や態度である。これは図書館情報学の専門的知識には含まれない。誤ったイメージや主観的なイメージをもとに職業選択をしないために，また，実践的な仕事をするために必要な事項

である。

①は，サービス業従事者に必要な能力，②〜⑤は職業人に必要な能力で，実行力を構成する能力である。⑥は自治体職員に必要な能力，⑦〜⑩は特に司書に必要な能力である。

5.3 基礎的能力の一覧

これまでの分析から，下記のような，図書館業務の根本理念1項目，特に司書に必要な基礎的能力10項目，すべての職業人に必要な能力8項目が明らかになった。

(1) 図書館業務の根本理念
 ・人間とその知的活動に対する理解，愛情，信頼
(2) 特に司書に必要な基礎的能力
 ① 利用者への思いやりと親切な態度
 ② 仕事に対する積極的な姿勢と態度
 ③ 利用者や職員・自治体関係者との会話・説明，会議での意見の発表
 ④ 周囲の人々との理解と協力による組織の運営
 ⑤ 長期的な展望のもとで着実に仕事を進める粘り強さ
 ⑥ 利用者と資料の基盤である社会，地域・自治体，市民生活の理解
 ⑦ 一つの学問の体系・方法論の理解
 ⑧ 読書と資料の重要性の理解，広範囲な読書と資料に関する知識
 ⑨ 調査研究の経験，その必要性と効果の理解
 ⑩ 実際の図書館の理解，改善案や将来構想の作成
(3) すべての職業人に必要な能力
 ① 仕事に関する知識を求め，自主的に研究する
 ② 仕事全体を見渡す広い視野がある
 ③ 仕事への愛情と誇りがある
 ④ 新しい仕事への創造性と実行力がある
 ⑤ 自由な心と寛容性，適応性がある
 ⑥ 判断能力とこれを練磨する意欲がある
 ⑦ センス・オブ・オーダーがある

⑧　責任感，勇気，信念，情熱がある

5.4　基礎的能力の説明と活用

以上，基礎的能力について論じてきたが，基礎的能力に関する説明は次のようなものであるべきである。
- 司書には図書館情報学の知識と基礎的能力の二つが必要であることを明らかにしていること。
- 基礎的能力のレベルを区別し，司書に特に必要な能力，サービス業従事者に必要な能力，職業人に必要な能力を区別していること。
- 抽象的な命題にとどまらず，具体的な行動とそれが必要な理由を説明していること。具体的な行動の説明がなければ，実行できない。命題は説明の内容を端的に示すものであるべきである。
- 基礎的能力を生来の素質として規定していないこと。人間は努力すれば変わり得るものであり，その可能性を断つような主張は誤りである。
- 必要な基礎的能力を身につけるための方法とそれに必要な努力の内容を具体的に明らかにしていること。必要な基礎的能力を備えるには養成機関と職場と本人の努力が必要である。
- 好ましくない資質を明らかにしていること。

これらの基礎的能力が明らかになれば，司書の資格を持つだけでは司書に必要な能力があるとはいえないことがわかる。他方，司書の資格は持たないが司書に必要な基礎的能力を持つ人がいることも明らかである。事務職の中から図書館職員を採用，配置する場合はこのような能力を考慮すべきである。

おわりに

この章では，司書が持つべき基礎的能力を明らかにするために過去の論議を整理した。これによって過去の論議の不十分な点を明らかにすることができた。

司書に必要な資質については，これまでさまざまな形で論じられてきているという印象を受けていたが，実際には，論じられたことが少なく，先人の意見

II 司書の専門性に関する理論

を整理することもなく，各論者が自分の意見を述べるにとどまっていた。その内容も抽象的で具体性のないものであった。さらに，組織と社会の分野の能力はほとんど無視されていた。

　大学では，司書の養成に際して，図書館情報学の専門的知識だけでなく，基礎的能力を育成するように努める必要がある。基礎的能力がなければ，専門的知識や司書資格も役に立たない。司書をめざす人々はこうした基礎的能力を身につけるように努力すべきである。また，図書館に事務職員や事務系管理職を配置する場合は，これらの基礎的能力を持つ人々を配置することが望ましい。それには，司書が持つべき基礎的能力の具体的な内容とそれを身につける方法が示されなければならない[19]。

Ⅲ　司書職制度要求運動の現実

「Ⅲ　司書職制度要求運動の現実」では，司書職制度要求運動の一つの例として，1967年の東京都公立図書館長協議会による要請書の問題を取り上げ，その経過と評価を明らかにし，図書館問題研究会東京支部の会員による反対運動が妥当な運動であったかどうかを検証する。

第5章では要請書とそれに対する回答の経過，第6章では反対運動の主張や背景，第7章では反対運動の評価を論ずる。

なお，本文中では，団体名について下記の略称を用いた。

　　公立図書館長の組織
　　　　全公図　　全国公立図書館長協議会
　　　　東公図　　東京都公立図書館長協議会
　　労働組合の組織
　　　　都職労　　東京都職員労働組合
　　　　特区協　　東京都職員労働組合特別区協議会
　　図書館職員の組織
　　　　図問研　　図書館問題研究会
　　　　東図懇　　東京都公立図書館職員懇話会
　　　　連絡会　　東京都公立図書館職員連絡会

第5章　司書職制度の要請書をめぐって
—— 東京都公立図書館長協議会の要請書（1967）——

はじめに

　東京都特別区には1999年4月1日現在で206館[1]の区立図書館がありながら、司書職制度がない。このことは図書館界でしばしば問題になり、そのつど、特別区の人事行政が批判されてきた。大阪府、愛知県、神奈川県、埼玉県など大都市圏では県立図書館と県庁所在地の市立図書館にともに司書職制度があるのが普通であるが、東京都では都立図書館に司書職制度があるのみである。特別区は23区に分かれていて、中には人口数万人の区もあるが、人口30万人を越える区が12区、50万人を越える区が7区あり、大規模な地方公共団体が多い。なぜ特別区に司書職制度がないのだろうか。この問題には長い歴史と複雑な背景がある。その中で最も大きな転機となり、その後の司書職制度確立の決定的な障害となったのは1970年代の荒川区立図書館職員の不当配転提訴である。この提訴を契機に、区立図書館の館長達は司書職制度に否定的な態度を取るようになったからである[2]。

　しかし、この問題に先立って区立図書館への司書職制度導入のつまずきの出発点となったできごとがある。それは、1967年から1968年にかけて行なわれた東京都公立図書館長協議会（略称：東公図）による「都区立図書館の司書職制度確立に関する要望」と題する要請書の提出とそれに対する反対運動である。これがことの始まりであり、その後の取り組みにさまざまな影を投げかけてきたのである。

　このできごとは1967〜1968年に起きたが、あまり知られていない。当時も区立図書館と都立図書館の職員以外の発言はほとんど見られなかった。しかし、

III 司書職制度要求運動の現実

翌1969年から図書館問題研究会(略称:図問研)東京支部の会員がさまざまな契機から当時の事情を語り始めた。他方,1990年代に入り,これとは異なる立場から,1994年に朝倉雅彦(元都立図書館),1996年に宍戸寛(都立図書館)がこのできごとの重大性を指摘し,1996年には佐藤政孝(1967年当時東京都教育庁)がこの問題の経過を紹介し評価を示した。しかし,これらの文献は読者が少ないため,ほとんど知られていない。この結果,1970年代以後に図書館に採用された図書館職員にはこのできごとそのものがほとんど知られていないし,知られている場合も図問研東京支部の関係者の見解が知られているにすぎない。他方,特別区の人事行政の関係者によれば,このできごとは現在も特別区の人事行政担当者に引き継がれているそうである。

筆者は,1972年度から1978年度まで都立図書館に勤務したが,その際,職場の先輩からこのできごとについて聞く機会があった。また,1980年代中頃からさまざまな形で特別区の図書館にかかわることになり,区立図書館の職員事情を知るようになった。筆者にとって,この問題はきわめて重要な問題であり,広く明らかにしなければならない問題である。

この章では,1967年の東公図による要請書「都区立図書館の司書職制度確立に関する要望」の提出とそれに対する区立図書館職員の反対運動の経過を取り上げる。この問題は,1970年以後の区立図書館の司書職制度要求運動にさまざまな影響を与えているが,その点については別の機会に検討することとする。

過去の事実を明らかにするために,『とうきょうのとしょかん』(東京都公立図書館長協議会),『連絡会ニュース』(東京都公立図書館職員連絡会),『東京支部ニュース』(図書館問題研究会東京支部)などの関係文献を探索し,多数の関係者[3]にインタビューを行なった。ただし,東京都公立図書館職員連絡会の中心メンバーの活動については当時発行の資料を用いた。なお,都政全般に関する資料ではこの問題は全く取り上げられていないため[4],用いていない。

1では,要請書に至る経過,2では,要請書の概要と提出,3では,要請書に対する回答とそれをめぐる論議,4では,その後の論議,5では,要請書と回答の評価を論ずる。

1　要請書に至る経過

1.1　都・区立図書館の職員事情

1946年の新憲法の発布から1960年代中頃までの区立図書館の職員事情はおおむね次のとおりである［4，28，45，47，53，57］。

終戦時には，現在の区部にある図書館はすべて都立図書館であった。1947年に地方自治法が制定され，特別区の自治権拡充のために，まず，都立日比谷図書館を除く区部にある都立図書館の管理権が区長に委任された。また，一部の区が独自に区立図書館を開設したため，都立図書館と区立図書館が並立するようになった。

1950年には図書館法が制定されたが，この年，地方自治法に基づく特別区の自治権拡充措置の一環として，区部にある都立図書館は，日比谷図書館を除いて各区に移管された。ただし，人事権は依然として都にあり，区で働く職員はすべて都の職員であった。当時，区に働く職員は都によって一括採用され，区に配属されていた。

1950年に情報交換と交流を目的に東公図（東京都公立図書館長協議会）が結成された［57：189］[5)]。東公図の会員は都立図書館，区立図書館の館長である。区立図書館は，区に複数館がある場合もそれぞれ独立している館が多かったため，図書館の格や規模にかかわりなく，すべての図書館長が会員であった（1999年度からは中心館の館長のみとなる）。東公図は，1955年頃に多摩地区にある都立図書館と市立図書館が加わり，東京都全体の組織になった。

1953年までは，各区は都の配属職員の中から司書有資格者を選考し，各区の区立図書館に配属することができたが，その後は欠員ができても，都から配属されなくなった。1955年頃から，各区は業務量の増加をカバーするために，臨時職員の独自採用を開始し，これに司書有資格者が多数含まれていた。大田区では，1956年に最初の区立図書館を設置するに当たり，館長と職員に正規職員の有資格者を特別選考で採用した。

1957年に都立日比谷図書館は新築完成とともに司書・司書補の職を設置した。1950年に結成された東公図は，図書館に司書有資格者が少なく正常な運営が望

めないため，1959年2月に，「都区立図書館の格付および司書職制度の確立に関する要望書」を都人事委員会と各区長に提出し，その実現を強く要請した。東公図は区立図書館における司書職制度確立の要請書を4回提出しているが[6]，これが1回目である。

都人事委員会の見解は，①特別区の職員は都の知事部局に所属しているため，都教育委員会で司書職制度を採用しても，そのまま区立図書館に適用できない，②区立図書館は特別区の固有業務であるから，その経営は区固有職員を充てるのが妥当であり，司書職制度の採用は区長会が認めれば可能である，というものであった。

この間臨時職員の正職員化が進められ，1960年までに全員の身分の切り替えが行なわれて，区固有職員として採用された。臨時職員の司書有資格者も区固有職員となった。ただし，身分は主事補であった。この結果，同じ職場に都の配属職員と区の固有職員が一緒に勤務することになった。これは1975年の特別区への人事権の移管まで続いた。

1959年6月，都内の公立図書館職員の相互の交流と研究・研修，図書館員としての身分の確立を目的として，区立図書館職員と都立図書館職員からなる東京都公立図書館員懇話会（略称：東図懇）が発足した。東図懇では司書職制度について話し合い，東京都職員労働組合（略称：都職労）本部の支援のもとに各特別区に司書採用を働きかけた。

1959年10月，特別区人事事務組合は，区長会の承認を受け，区固有職員の吏員昇任試験[7]の特別選考職種として司書を加えた。これによって，吏員昇任試験に一般事務以外の道が開かれ，江東区と江戸川区で司書職種の合格者が3名出た。合格者の職名は司書である[8]。他の職員は一般事務の試験を受け，職名は主事であった。大田区では，1960年に区独自で一般公募の司書採用試験を行なった。

しかし，各区とも，区固有職員の昇進の時期を迎えて，人事管理に悩み，1963年に単純労務職員以外は区固有職員の採用を廃止し，大田区による司書の採用も打ち切られた。この際，区固有職員も都配属職員に準じて管理職試験を受けられるようになった。この当時，台東区，墨田区，江東区，品川区，大田区，江戸川区の図書館に区固有職員の司書有資格者59名（1966年9月調べ）が

在職していた。この間，都職員である司書有資格者の大部分は他の職場に異動してしまった。この結果，区固有職員の司書有資格者にとって次のような事態が生じた［4：23］。

・固有職員の司書有資格者の後続が断ち切られたため，孤立した形になった。
・図書館長（課長職）[9]になるには，一般行政職の管理職試験を受けなければならない。
・図書館長になっても，部下には司書が一人もいない事態が予想される。

また，区立図書館を志望する学生は一般事務職試験を受験しなければならなくなり，合格しても，図書館に配置される保障はなくなった。

1.2 東京都の図書館政策の確立

1960年頃には，都立日比谷図書館の利用者から入館者が多すぎることに対して不満が高まり，また，徐々に整備が進んだ区市立図書館から利用者へのサービスに対する協力・援助が求められるようになった[10]。このため，都立日比谷図書館協議会は，1962年に「東京都の公共図書館総合計画　1962」［1］という提言を発表した。これは，1．都内公立図書館の中心としての都立日比谷図書館の整備，2．近世資料図書館の設置，3．保存図書館の設置，4．青少年図書館の設置，5．多数の区立図書館の整備，6．各種図書館との連携，について具体的に提言している。

この提言を受けて，東公図は1963年に「東京都公共図書館の現状と問題点1963」［2］という報告を発表した。これは，東京都の公立図書館の問題点として，相互協力の弱さ，都立図書館と区市町村立図書館の任務の未分化を挙げ，区市町村立図書館，都立図書館，相互協力それぞれの現状と問題点を示し，その整備充実とサービス改善の基本的な考え方を示している。区立図書館の職員の項では，次の点が指摘されている。

・図書館職員はサービスの成否の鍵を握るもので，その中核は専門的職員である司書及び司書補であるが，わが国では専門的職員の養成が立ち遅れている。
・区立図書館職員には司書有資格者は少数で，大部分は一般事務職員である。そのため，一般事務部局との交流が無条件で行なわれており，図書館サー

ビス進展の重大な障害となっている。図書館職員は必要な資質，教養，技術の所有者でなければならず，その交流は「図書館から図書館へ」行なわれるべきである。
・図書館の専門的業務と非専門的業務を区別すべきである。
・館長は司書有資格者であるべきである。
・職員数の不足が目立っている。

このように，司書有資格者の確保の必要性が明確に論じられており，これが東公図の基本方針となったのである。

1.3　要請書作成の経過 [12, 24]

(1)　東公図の取り組み

この報告書の考察にもとづき，東公図は具体的な検討を開始した。資料[11)12)13)]と朝倉のインタビューによれば，東公図の組織と活動の状況は下記のとおりであった。

会長は都立日比谷図書館長が務める慣例である。事務局は都立日比谷図書館に置かれ，事務局長は同館庶務課長が務めた。担当は庶務課企画係で，企画係長のもとで企画係の司書1名が実務を担当していた。1964～1968年度の庶務課長と企画係長の氏名は下記のとおりである。

	庶務課長	企画係長
1964年度	前田　原	佐藤政孝
1965年度	秋山　久	長谷川和孝
1966年度	秋山　久	朝倉雅彦
1967年度	河内彦善	朝倉雅彦
1968年度	河内彦善	朝倉雅彦

東公図は，検討のための機関として，1964年度に行政制度，協力組織，統計調査に関する3部門の小委員会を設置した。各委員会は，都内を六つに分けた6地区からの図書館長1名ずつ，都立日比谷図書館の課長1名の計7名の委員で構成された。委員会では，委員の中から委員長を選出し，委員長の指導により委員会を運営する。行政小委員会（以下，小委員会という）の委員長の氏名と所属は下記のとおりである。

1964年度　小林桃一（板橋区立図書館長）

1965年度　南　一男（大田区立池上図書館長）

1966年度　乾　　勝（目黒区立守屋図書館長）

1967年度　衣川正義（杉並区立杉並図書館長）

1968年度　石田道夫（目黒区立守屋図書館長）

　小委員会は，1964年度は積極的な検討は行なわなかったようである。小林委員長は，7月の第3回委員会で，今後の任務がはっきりした感じを受けたと述べつつも，1年間の報告を「専問［門］職の問題について，どの様な方向付に持ち出すか悩みつつ委員の召集もせず現在に至っている」［3］と結んでいる。

　1965年度は，5回にわたって委員会を開いて検討を行なった結果，最も重要で困難な司書職制度の問題に取り組むことになった。それを東公図幹事会に諮り，1966年3月の幹事会で，区立図書館の司書職制度に関する研究討議を小委員会に依頼することが決定された。この段階で実質的な検討がかなり行なわれたものと思われる。

　宮崎俊作（江東区立図書館）の報告によれば，既に1965年に宮崎の周辺で議論が行なわれており，具体的な案が出されていた。それは，東京都人事委員会による司書職の採用制度の考え方であり，それに対して，区立図書館職員から，①都立図書館職員からの一方的な人事異動になり，区立図書館の発展は望めない，②この政策の立案主体は東公図が適当であるが，区立図書館の館長は司書職に対して冷淡である，という反対意見があった［4：23］。

　1966年度は，小委員会は乾委員長のもとで数次にわたる研究協議を実施した。特に，都内図書館の職員の採用・任用状況，図書館組織について実態調査を行ない，問題点を明らかにした。乾氏は，当時30代半ばで，管理職としての最初の職場が目黒区立守屋図書館であり（第6章3.1(8)参照），意欲的に取り組んでいた。さらに，幹事会でも5回にわたって検討を行ない，例会でも3回取り上げている。東公図全体で司書職制度に取り組んでいたことがわかる。

(2)　東公図によるアンケート調査

　東公図は1966年7月に区立図書館の係長以上と司書及び司書補有資格職員を対象にアンケート調査「司書職制度について」を実施した。調査項目は，①司書職制度の設置，②司書職の採用方法，③現在の司書有資格者の取扱い，④専

門職と管理職との関係，⑤図書館間の人事交流の範囲，⑥司書職への転職希望である［5］。回収率は，図書館長が42人中31人で74％，係長は32人中26人で81％，司書・司書補有資格職員は123人中105人で85％である。複数の選択肢から自分が賛成する選択肢を選択する択一式アンケートであるが，結果は下記のとおりである［6］。ただし，「わからない」「無記入」の欄は記載を省略した。①は回答者に占める比率，②〜⑥は①の「司書職制度の設置」の賛成者に占める比率である。⑥の館長，係長は司書有資格者のみを調査対象としている。回答者は館長6人，係長2人である。

	館長	係長	職員
① 司書職制度の設置			
・設置すべきである	90％	88％	89％
・現状のままでよい	10％	8％	3％
・その他	0％	4％	3％
② 司書職の採用方法			
・都人事委員会で試験採用	96％	87％	83％
・その他	4％	9％	16％
③ 現在の司書有資格者の取扱い			
・専門職に職名変更する，区職員は都職員へ切替る	82％	70％	68％
・その他	18％	17％	22％
④ 専門職と管理監督職との関係			
・司書職でも課長館長になれる体系が望ましい	82％	74％	81％
・専門職として管理職とは別，格付は同等にする	18％	22％	16％
・その他	0％	4％	1％
⑤ 図書館間の交流			
・都区立全般的に行なう	75％	87％	67％
・区立間のみで行なう	18％	13％	28％
・その他	7％	0％	4％
⑥ 司書職への転職希望			
・司書職に転職する	50％	0％	52％
・他の部局へ異動する	0％	0％	2％

・転職しないで永く図書館につとめる　　　　　33%　　50%　　11%
・もっと望ましい制度なら転職する　　　　　　17%　　50%　　19%

②の「その他」のほとんどは特別区人事組合による試験採用である。③の「その他」のほとんどは、職名変更は本人の自由意思による、区の固有職員は都の職員に切り替える必要はないというものである。⑤の「その他」は「区立図書館間のみで行なう」に準じた意見である。⑥の「もっと望ましい制度」は採用制度、格付等がより明確な制度である。

　各項目の最初の選択肢が東公図が検討していた案と考えられる。①では、図書館長、係長、職員のいずれも88%以上の賛成があり、司書職制度の設置に対して広範な賛成がある。②④では、80%以上の賛成がある。③⑤でも3分の2以上の賛成がある。小委員会は「これをもとに職員の意向も専門職制度の確立を望んでいるものと判断」して［37：41］、要望の具体的事項をまとめたのである。

(3)　東公図に対する支援

　8月には東京都教育庁社会教育部社会教育課が主催して、望ましい専門職制度に関する研修を行ない、東公図のアンケート調査の結果を中心に、都立図書館、区市立図書館から現状と問題点の報告を受けて意見交換を行なっている。ここでは、区立図書館に司書の職名を設けて、都人事委員会による採用を行なうことが、多少の疑問は出されたが、確認された［10］。

　9月には、都立日比谷図書館の管理職が東京都の人事担当者を招き、3人の区立図書館長も同席して、区立図書館の司書職制度について協議している。この席では、人事担当者側から、①司書職制度の必要性は十分わかるが、問題も多い。人事管理面についての将来の見通しをたてないと、制度化に関しては即断できない、②一般事務職中の司書有資格者の図書館への重点的配置や司書講習への派遣という補完的方法も考えられる、③スペシャリストを対象とする管理職選考が必要ではないか、という意見が出され、区立図書館長からは、司書職制度の確立なしにはサービスの確保が難しいこと、東公図の行政小委員会では結論が出ているとの発言があった［10］。

　このように、この間、都教育庁社会教育部社会教育課と都立日比谷図書館は、東公図を支援して、区立図書館職員、東京都の人事担当者との調整を図ってい

(4) 要請書の正式決定

小委員会は，幹事会に報告して承認を得た後，1967年1月の例会に報告して，要請書が正式決定された。これが2回目の要請書「都区立図書館の司書職制度確立に関する要望」である。朝倉は，インタビューで，要請書は乾小委員会委員長が執筆したものだと述べている。要請書はアンケートの①②④⑤の結果に対応する内容である。

以上の経過から，1965年度までに実質的な検討が行なわれていたこと，東公図は1965年度に司書職制度への取り組みを決定し，1966年度に検討作業を行ない，要請書を決定したことがわかる。最も重要な活動を行なったのは1966年度であり，乾小委員会委員長，秋山課長の2氏が大きな役割を果たした。また，朝倉は1966～1971年度に企画係長の職にあり，東公図の運営について最もよく知り得る立場にあった人物である。

2　要請書の概要と提出

2.1　要請書の概要

要請書の内容は下記のとおりである。

要　請　書

都区立図書館の司書職制度確立に関する要望

　図書館が住民に対し，その機能を十分に発揮するためには，図書館法に定める司書職員を必要とします。

　しかし，東京都においては，司書職制度が確立されていないため図書館にとって不可欠の要素である司書職員が得られない現状にあります。

　近年，住民の図書館に対する認識が高まり，各区においても図書館を増設する傾向にあります。このことは，まことによろこばしいことでありますが，現在の人事制度では充分な図書館の運営を期待することができません。

したがって，下記事項の実現を図り，早急に司書職制度が確立されるよう，ここに切に要望するものであります。

記

1 各区の職制の中に司書職を設けること。
1 司書職員の採用試験は，一般職員と同様に都の人事委員会において行なうこと。
1 司書職員の都区および区相互間の交流をはかること。
1 司書職員の処遇を考慮されること。
 (1) 館長および専門部門の課長，係長には将来，司書をもってあてること。
 (2) 同時に，専門分野に専念する司書職員については，その処遇格付の昇進の道を確立すること。
1 都の研修機関および教育機関を通じて，司書職員の研修の充実をはかること。　　　　　　　　　　　　　　　　　　　　以上

　　昭和42年　月　日

　　　　　　　　　　　　　　　　　　東京都公立図書館長協議会
　　　　　　　　　　　　　　　　　　　　会長　長谷川　昇

　この要請書は東公図会報『とうきょうのとしょかん』31号（1967年1月31日刊）に掲載された［12］。日付が記入されていないのは，正式に提出する際に日付を記入するためであろう。

　要請書には説明が付されている。それには，東公図は「司書職制度の確立を推進するため，次のような要請を都区の関係部局に対し行うことをきめた」「この要請書は，館長協議会として，特別区教育長協議会，特別区助役会，特別区区長会，東京都人事委員会ならびに東京都総務局人事部等関係部局の順に説明のうえ提出されるが，そのまえに，各館長から所属長の教育長に充分認識されるよう説明することになっている」と述べている。

　さらに，「このような措置をとることになった経緯」が約3ページ半にわ

たって書かれている [12]。これは，行政制度小委員会の取り組みの経過（見出しはない），「調査の結果について」（職員の採用・任用状況，図書館の組織，図書館長の格付），「要請事項について」，「おわりに」からなる。

2.2 「経緯」の説明

「経緯」はおおむね次のような内容である。要請書に関する部分のみを紹介する。
- 行政制度小委員会の取り組みの経過（略）
- 「調査の結果について」
1. 職員の採用・任用状況

    都立図書館では司書職が設置されて司書採用を行なっており，昇進の道もある。区立図書館では司書職がなく，採用を行なっていないため，近年配属される職員は大部分が高校卒の一般事務職員である。これが司書職制度導入の理由である。

2. 図書館の組織について

    ほとんどの特別区の現状は文部省の望ましい基準案を下回っている。

3. 図書館長の格付

    館長中司書資格を持つ人の比率は低い。

- 「要請事項について」
1. 司書職の設置

    区に司書の職がないため，次のような問題が生じている。
    - 大学卒の司書有資格者が得られない。
    - 高校卒の司書補・司書有資格者が多くなる。
    - 司書有資格者が安心して図書館に勤務できないため有能な司書有資格者が他に転出する。
    - 職員に資格を取得させるための経費と時間にむだがある。
    - 身分が一般事務職であるため，経費と時間をかけて資格を取得させても，都合によっては他の部局に転出し，またはさせられる。

    このため，住民の要望を満す図書館サービスが十分にできない状態である。ここに司書職設置の根本的理由がある。

第5章　司書職制度の要請書をめぐって

　　司書職制度に対しては，基本的な考え方には反対はなく，次の三つの問題点がある。
　　① 専門職員として採用しても昇進の道がない。
　・これは都立図書館ではほぼ解決のめどがついている。
　　② 給与体系が明確でない。
　・これは司書のみならず，東京都の専門職員全体の問題点として将来に持ち越されるものである。
　　③ 区固有職員の身分取扱措置が不明である。
　・これは司書職設置の際十分留意しなければならない問題点である。
　　①は解決の方向が示されており，②③は今後の課題である。
2．都人事委員会による司書職員採用試験の実施
　　問題点として次の2点があるが問題はない。
　　① 一般公募しても応募者がいるか。
　・既に都立図書館で相当数の応募がある。
　　② 採用等は各区で行なうべきである。
　・問題点にならない。
3．都立及び区立相互間の司書職員の人事交流
　　都と区の人事交流は「都から区への一方的な人事になるのではないかという心配もあったが慎重な配慮をもって行なうことによって効果をあげること」ができる。
4．司書職員の処遇の考慮
　　館長，専門部門の管理職には司書をあて，専門分野に専念する司書も処遇の道を確保することが必要である。
5．都の研修・教育機関による司書職員の研修の充実
　　任命権者による研修は一度も行なわれていない。都及び教育機関による幅広い研修が必要である。
　　上記の2②は，当時，既に各区単位での職員採用を行なっていなかったためであろう。
・「おわりに」（略）

Ⅲ 司書職制度要求運動の現実

2.3 要請行動とその後

朝倉は，インタビューで，1967年3月までに，乾委員長を始めとする小委員会のメンバーが前段階の折衝を行ない，乾委員長の努力によって都の行政担当者，特に総務局行政部の人事担当者から理解が得られたと述べている（第6章 3.1(8)参照）。5月には，長谷川昇会長（都立日比谷図書館長）と清水正三副会長（中央区立京橋図書館長）が関係方面に要請を行ない［17：1］，特別区教育長協議会，助役会，区長会に要請書を提出した［35］。

衣川正義小委員会委員長（杉並区立杉並図書館長）は「早期実現への第一歩が力強くふみ出された」と述べ，河内彦善東公図事務局長の「関係方面に要請を行なったときの感じでは区立図書館に司書の職をおくことは，都立図書館にすでに司書の職があることからみても，早期実現の可能性が大きい」という観測を紹介している［17：1］。

小委員会は，司書職制度は一度には実現できないため，比較的実現しやすく，司書職制度への第一歩となる手段を実現することが必要であると考えて，そのような手段の検討を1967年度の議題に取り上げることにした。検討の結果，区立図書館の必要人員数を具体的に示すことになり，都の財政調整基準を用いることになった。これに基づいて，10月15日付けで「区立図書館における司書職の設置について」という資料が作成された。その概要は次のとおりである。

1. 司書職の必要性

    図書館には司書が必要であるが，区立図書館には司書職がなく専門職員が確保できないため，司書職の設置が必要であることを説明している。

2. 司書職の定数化

    東京都総務局行政部の図書館職員算出基礎では9種類の業務が挙げられているが，このうち3～6には専門職員を充てることを妥当とし，その理由を挙げている。

3. 実施の具体的方策

    東京都規則等を改正すること，司書・司書補を選考職種とすること，財政調整の職員定数に司書・司書補を設けること，1968年度から実施することを求めている。なお，現在司書の資格を有する主事，主事補等で司書職に転職を希望するものの措置は将来の問題として処理していきたいと述べ

ている。「希望するもの」とあるように，あくまで本人の希望を尊重することが明確であり，その内容は今後の検討に委ねられている。

これは要請書の参考資料に追加されるとともに，後に『とうきょうのとしょかん』35号（1967年12月30日刊）［17］に掲載された。

2.4 要請書の提出

東公図は，1967年10月から12月にかけて，「要請書 都区立図書館の司書職制度に関する要望」を特別区及び東京都の関係機関に説明の上提出した[14]。B4サイズの1枚ものの要請書（月日は空欄）［11］，昭和42年10月15日の発行年月日が印刷された「区立図書館における司書職の設置について」と題する資料［15］，昭和42年11月の発行年月が印刷された要請書の小冊子［16］が残されている（要請書の年月日は空欄）[15]。要請書の小冊子の内容は後に『図書館雑誌』1968年7月号に掲載された［24］。

要請書の小冊子には参考資料Ⅰ，Ⅱが付されている。その内容の項目は次のとおりである［24］。

　　参考資料
　　Ⅰ　区立図書館における司書職の設置について
　　　1　司書職の必要性
　　　2　司書職の定数化
　　　3　実施の具体的方策
　　Ⅱ　要請書作成案までの経緯
　　　［行政制度小委員会の取り組みの経過］
　　　調査の結果について
　　　　1　職員の採用・任用状況
　　　　2　図書館の組織について
　　　　3　図書館長の格付
　　　要請事項について
　　　おわりに

Ⅲ 司書職制度要求運動の現実

項目からわかるように，参考資料Ⅱは1月段階で作成され，要請書に付されていた「経緯」であり，Ⅰの「区立図書館における司書職の設置について」は10月15日付けで作成され，11月発行の要請書に付け加えられたものである。

要請書は，1967年1月末に発表され，東公図会長が関係方面に提出したのは5月であり，参考資料を付け加えて提出したのは10月から12月である。それぞれの間にかなりの期間がある。

2.5 東京都の公立図書館界

この時期には，東京都の公立図書館界ではさまざまな出来事が起きている。

1966年3月に区立図書館の司書職制度の検討が小委員会に委ねられ，1967年1月には東公図の要請書が決定され，10～12月に関係機関に提出された。

1967年1月に都立日比谷図書館は図書館協議会に同館の司書職のあり方について諮問し，図書館協議会は1967年8月に中間答申，1968年2月に最終答申「都立日比谷図書館における司書職のあり方に関する最終答申」を提出した。答申は，第6章「区立図書館の司書職について」で「区立図書館においても先ず司書職を設置されることを強く望みたい」[18：32]と述べている。区立図書館の要請書と比較して，数か月前後遅れている。

1967年5月には全国公立図書館長協議会が発足した。目的は「全国の公立図書館相互の連絡を密にし，図書館の管理運営に関する調査研究を行ない，図書館活動の推進をはかること」（規約第4条）[67]であるが，具体的には行政上の圧力団体を意図したものであった[60]。これまで，公立図書館の組織としては，日本図書館協会公共図書館部会があり，同じ目的のために活動してきたが，独自の組織を結成したものである。これは要請書の提出とほぼ同時に進行している。

この間の都立日比谷図書館長は長谷川昇であった。長谷川は1966年7月都立日比谷図書館長に就任し，1968年7月まで2年間館長を勤めた[16]。この間，東公図の会長を務め[17]，全公図の初代会長に選ばれている[66]。

この間都政には大きな変化が起きる。1967年4月美濃部亮吉知事が誕生し，都政は社会党（現社民党），共産党を与党とする革新都政となった。

第5章　司書職制度の要請書をめぐって

3　要請書に対する回答とその後の論議

3.1　要請書への対応

　特別区助役会幹事長，特別区教育長会幹事長は，10月15日の要請書提出を受けて，それぞれ幹事会に諮り，大筋で要望を認めたうえで，助役会幹事長から都職労特別区協議会（略称：特区協）に要請書の取扱いについて提案した[57：230]。これに対して，図書館職員側の対応はほぼ次のような経過をたどった[20, 22, 25, 30]。

　1968年2月まで，図問研東京支部を含む区立図書館職員は要請書について検討を行なわなかった。図問研東京支部は1968年2月の事務局会議で，この要請書の問題を取り上げる必要があり，労働組合を通じて取り上げるのがよいと判断し，図書館の組合活動家有志に呼びかけて3月5日に会合を開いた。そこで，このような会合を拡大して開くことを決め，特区協にそのための組織的な取り組みを求める連絡を行なうとともに，要望書の内容を各支部と図書館職員に知らせて討議を呼びかけることを決めた。

　特区協は，特別区の図書館職場を対象に，図書館司書専門職制度研究集会を2回召集した。第1回は1968年3月22日で10支部（区職労）の組合員（11支部14名という記録もある）が参加し，第2回は4月11日で14支部（13支部という記録もある）の組合員が参加した。第1回は，特区協には要請書への賛否を問う意向があったが，労働条件，採用，異動等について意見交換を行なうにとどまった。第2回は，参加した14支部の組合員が東公図の要請書に対して反対の意志を示した。この場で，特区協から，緊急を要する問題と各支部から提起された事項以外は組織として取り上げられないことが説明され，専門職制度については今回限りにしてほしいとの意思が表明された。

　特区協のニュース『特別区協』には，第2回の研究会について次のような報告記事が掲載されている[21]。

　　　第2回司書職問題研究会開く
　　　　図書館長はほとんど無資格者

Ⅲ　司書職制度要求運動の現実

　　　　　　　館長協議会の要請は問題にならない！
　（中略）当日参加16支部のうち8支部が職場で討議を行なつて(ママ)きており，他支部についても，図書館の仲間との話し合いの場から多くの意見が出されたが，全体として，一応この公立図書館長会より出された専門職化の要請については反対の意向が確認された。
　このため，特区協としては4月13日常任幹事会を開き各支部に対しこの研究会の意見をつけて下部討議におろす方向である。
　館長協議会要請は問題にならない！
　支部あるいは職場討議の行なわれたところでは特徴的に数点の問題点が出された。
1．館長協議会が専門職化の方向を出した理由が不明確である。
2．採用時点での選考という考え方には問題がのこるし，そのことによる差別待遇が行なわれるおそれがある。
3．専門職化によつて(ママ)人事の交流が行なわれにくくなると同時に，一人の人間の一生を同一職場にしばつて(ママ)しまう点は問題である。
4．日比谷図書館を頂点にして中央集権化が行なわれるという前回での意見が実際にばくろされた形として，館長協議会のメンバーである各区の図書館長はほとんど無資格者で，その上，1年に3分の1は他職場へ転勤している。このようなことから，館長協議会としての専門職化の要請は，この主導権をにぎる日比谷図書館の係長・館長有資格者を区図書館に流入させようとするねらいではないか。
　以上，各職場で問題点が多出されたが，一般的に図書館職場は勤務条件が悪く（日曜開館・夜間開館・48指定職場[18]等々）その改善が先決である。
　また，専門職化をしなくても職場で熱意を持つて(ママ)仕事をすれば問題にならないのではないかという意見も強く出された。
　このような報告及び討議の中で，今回館長協議会で出された専門職化には反対の意向が確認された。

　特区協は，組織としては取り上げないが，下部討議は行なう意向であったようである。参加した図書館職員は世話人による連絡会を作り，特区協に働きか

けることにした。その後，5月16日に話し合いのための会合を開き，反対意見書の作成について討議し，「有志が原案を作成し」，特区協の「幹事会で検討する」ことになった。5月22日に要請書に対する反対意見書を作成し，29日に討議資料として各職場に配布した [30]。この後の経過は明らかではない。

3.2 都職労の回答

1968年5月 [35]，都職労委員長と特区協議長の連名による次のような回答（以下，特区協の回答という）[57：233][19]が特別区助役会幹事長，東京都総務局長，東京都人事委員会委員長に対して提出された。

>回答文「東京都公立図書館長協議会の司書職制度に関する要望書に対する考え方について」
>
>　昭和42年10月15日付をもって，東京都公立図書館長協議会会長から貴職あてに提出された図書館の司書問題に関する要望書の内容について，私達は次のように考えますので組合員の意向を十分尊重して頂きたく要請します。
>　1．公立図書館長協議会の考え方については別紙の理由により反対します。
>　2．公立図書館の運営，司書職の在り方などについては慎重に検討の上組合員の総意を結集した意見を改めて申し述べます。

都立日比谷図書館作成の資料『司書職制度の確立についての説明資料』では「都職労ではその下部機構の連合組織である特別区協議会並びに特別区協の中の図書館職員連絡会の要求により，次の概要の反対意見を述べ，都職労委員長の名をもって，反対を表明した」とされている [37：41-45]。「反対意見の概要」の全文は下記のとおりである。

>① 館長協議会で行ったアンケートによる調査は検討の余裕のない情況のもとで実施した調査で，調査の方法にも問題があったし，結果のまとめにも十分な配慮がなされなかったきらいがある。
>② 館長協議会の案は，区立の図書館に働く職員全体の意向を反映したもの

ではない。
③ 図書館に司書の資格をもった者を配置せよ，という図書館に働く者の要求を，職階制を内容とする司書職設置の要求に切りかえているが，司書，司書補という職階制を設けて，職制を細分化する方向は，任用制度の改善，つまり，通し号俸[20]を主張する労働組合全体の意向にも反するものである。
④ 区立図書館では，有資格者が本人の意に反して，一方的に異動させられている。このことでもわかるとおり，有資格者の必要性を館長が理解しているなら，これらの異動の阻止に努力をしたはずである。図書館についての認識なしに，制度だけつくれば万事うまくゆくという安易な考えのように思える。
⑤ 日比谷図書館には，司書職制度があるが，各区に司書職制度を設置することによって，日比谷での頭打ち人事を各区に及ぼすという懸念がある。
⑥ 都の人事部の定数配当基準では，建物の面積，座席数，蔵書数等により算出を行っている。貸出しをのばしたり，等奉仕の内容を高めようとしても，この基準をたてに人員の要求は認められない。このような根本の問題が解決されない限り，司書職制度を設けても，それは表面的な解決で，真の意味の解決にはならない。また，かえって司書有資格者の多い区では減らされる心配すらある。
⑦ 図書館のいわゆる出納業務等は，業務職（単純業務に相当する職）で良いという考えが一部の理事者の間にはあるくらいで，専門職制度の採用によって，逆に現在より低く格付される懸念がある。（京都の場合，選考職種ということで一般行政職よりも一号低く格付されている。）
⑧ 司書等を選考職種にすることによって，競争試験で採用されている都の一般職員より一般的に見て，業務の性質を低く見られることは明白である。現在の司書養成やその教育内容の実態を見てもわかるとおり，司書資格の水準向上に対する配慮がなくて，制度を先行させることは，格付をかえって低くする原因になるおそれがある。
⑨ 日曜開館，夜間勤務，48時間勤務，人員の不足等，図書館の労働条件は非常に悪い。このような勤労条件を改善することなく，専門職制度を設

けることは，専門職だから悪い条件の変則勤務は，あたりまえだとされる危険性がある。現に，48時間勤務の職場が圧倒的に多いこと，日曜や夜間の開館にも臨時職員によって行なわれているところがあることなどからみても，労働条件の改善と並行して，専門職問題は考えられるべき性質のものである。
⑩ 図書館モンロー主義におちいる危険がある。都区の職制全体と遊離しては，かえって健全な発達を阻害されるおそれがある。
⑪ 図書館の職員は，まず，住民のための図書館をめざして，これを推進するものでなくてはならない。このような観点に立たないで，中味のない制度だけをつくりあげようという態度が館長協議会のこの要請書にはあらわれている。
⑫ 現に行われている司書講習の内容が，司書職制度と無関係でないという点をなおざりにして，考えだけが飛躍している。

(以下では，反対理由Ⅰとして，Ⅰ①のように表す)

3.3 その後の動向

(1) 東京都公立図書館職員連絡会

　第2回の研究会で，特区協から，専門職制度については今回限りにしてほしいとの意思が表明されたため，区立図書館職員の有志は，人事異動，職員定数基準，労働条件等の問題に取り組むために，回答提出後に東京都公立図書館職員連絡会（以下，連絡会という）を結成した。発起人は大澤正雄（練馬区役所），小野格士（大田区立図書館），野瀬里久子（品川区立図書館）等6名であった。会合の参加者は，第1回（6月25日）は13館23名，第2回（9月17日）は10名であった［30, 36］。

(2) 東京都の人事担当関係課に対する説明会

　特区協の回答が出されてから約1か月後の7月4日，都立日比谷図書館は，東京都の人事担当関係課に対して，「都立日比谷図書館における司書職のあり方に関する最終答申」（都立日比谷図書館協議会，2月提出）の説明会を実施した。答申は都立日比谷図書館の専門職制度が中心であるが，区立図書館の司書職制度にも触れている。都立日比谷図書館庶務課長から概略を説明し，区の実

III 司書職制度要求運動の現実

情について中野区立図書館長から補足した。東京都総務局行政部区政課は，区立図書館の司書職設置は「区長会が納得すれば直ぐにでもできる。ただ図書館の規模内容がもっと充実しなければ無理と思う。又現状では職員を2～3年で変えた方が上手くいくと言っているところもある」，人事委員会任用部企画課は「学習室化している図書館に専門職をおく必要があるだろうか」と述べている。都立日比谷図書館側は「区立図書館の活動が活発にならないのは司書職がないからとも言える」，特区協の反対意見については「職員との対話を活発にし，じっくりと趣旨の徹底をはかっていくことになっている」等の事情説明を行ない，今後の側面的援助を依頼した [23]。

(3) 『図書館雑誌』特集記事（1968年7，8月号）

要請書が特区協内で論議を巻き起こしていることが明らかになったため，『図書館雑誌』1968年7月号は「公立図書館の司書職制度」と題して，要請書，参考資料Ⅰ，Ⅱを掲載し [24]，8月号は「特集・公立図書館の司書職制度」を組み，推進側の朝倉雅彦（都立日比谷図書館）[27]，連絡会の一員ではあるが，中間的な立場の宮崎俊作（江東区立図書館）[28]，連絡会側の伊藤峻（大田区立図書館）[29] の意見を掲載している。

朝倉は，わが国の今後の公立図書館活動の推進主体としての司書職の重要性，わが国の司書職制度の歴史，都区立図書館の職員事情（要請書提出の背景），区立図書館における司書職制度の必要性，要請書に対する批判への反論を論じている。反論では次の点を論じている。

・館長が司書有資格者であるべきだというのであれば，司書職制度を早く確立することが必要である。

・行政職館長は，行政経験が豊富であり，図書館職員のあり方について理解している。現在の図書館は行政知識を必要としている。

・司書職制度の設置は時期尚早であると言われる事情があるからこそ，司書職を設置すべきである。

・要請書は都立日比谷図書館の人事対策のためではないが，相互協力の見地から行なわれる人事交流は望ましいことである。

宮崎俊作は，都区立図書館の職員事情の歴史，反対論の内容，職員の反応を具体的に紹介している。そして，個人的な感想と当面の対応策（異動における

本人の意思の尊重，図書館間の異動）を述べ，司書職制度の設置には労働条件，仕事の裏付け，専門家の層の厚さが必要であり，現在は時期尚早であると論じている。この特徴は「このたびの司書職制度の要求が，一般に理解されなかったということは意外でした」と述べて，自分を連絡会から区別していることである。事実を客観的に述べており，反対運動に不利な事実も率直に書いているが，個人的な感想の部分では反対運動を擁護している。宮崎は，インタビューでは，自分は当時この提案には反対ではなかったと述べている。

伊藤峻は，図書館業務の内容，図書館業務の組織的側面の重要性，日本の司書職制度の現状，プロフェッショナルの条件，司書職制度実現の方法，図書館職員間の相互関係について述べている。4ページを費やしているが，内容は一般論で，東公図の要請書と反対運動には全く触れていない。司書職制度の設置にはサービスの改善が必要で，設置の過程は民主的に進めるべきであると論じているのみである。

(4) 懇談会

東公図は，労働組合の反対意見の背景には，館長と職員の間の対話の不足や，都立日比谷図書館の頭打ち人事の打開の対策ではないかという疑心暗鬼があると考えた。東公図は，こうした誤解や相互不信を取り除くために，1968年9月12日に連絡会との間に懇談会を開いた。行政制度小委員会代表と連絡会代表（千葉治，宮崎俊作，小野格士，伊藤峻，野瀬里久子，俵元昭等11名）等が出席した［37：46-47］。連絡会側では，小野格士が4項目の意見を述べ，行政委員会側では要請書の趣旨について説明したが［35］，相互の主張は平行線のままに終わった［57：234］。連絡会の4項目は，後に野瀬が『図書館雑誌』に「私たちの基本的見解」として発表したものと同じものである（(5)参照）。

懇談会後，都立日比谷図書館が作成した報告は当日表明された反対理由として次の14項目を挙げている［37：48-56］。小委員会はこのうち約半数に対して反論を示している。以下に概要を紹介する。

① アンケートは内容が不十分であり，有資格職員だけに配られたもので，制度確立の根拠にするような調査ではなかった。頻繁に変わる経験の乏しい館長が安易に結論を出したものである。

② 48時間勤務，日曜・夜間勤務などの労働条件の改善こそが緊急の課題で

Ⅲ 司書職制度要求運動の現実

ある。
③ 区立図書館に有資格者が来たがらないのは労働条件が悪いからである。
④ 本人の意に反する人事異動こそ解決すべきである。異動の原則の取り決めがあっても，事情によって考慮はされるはずである。
⑤ 現在でも何とか配属職員から有資格者を確保できている。運用面で配慮すれば支障はない。
⑥ 特別区の自治権拡充が叫ばれているとき，都人事委員会での一括採用には疑問が残る。司書有資格者の区固有職員としての採用が望ましい。
⑦ 都立図書館と区立図書館の役割は異なり，交流の必要性は認めがたい。都立図書館の人事対策であることは否めない。管理職の任用は競争試験で行なうべきである。
⑧ 定数算定基準は実態に即しておらず，その改正こそが緊急の課題である。
⑨ 専門職制度が確立され，選考職種になると，質が低下する。
⑩ 職員には集まりを持つ機会も機関もないため，問題がこじれやすい。
⑪ 館長はじめ職員は少なくとも5年位は異動させないという原則を立てるべきである。
⑫ 都立図書館の司書職制度を検討する段階で区立図書館の意見を聞く機会を持つべきであった。
⑬ 前提となる懸案を解決した上で慎重に検討して実施すべきであり，時期尚早である。
⑭ 都立図書館の司書職制度が先行すると，区立図書館の制度が困難になるため，話し合いは継続すべきである。

（以下では，反対理由Ⅱとして，Ⅱ②のように表す）

(5) 連絡会の見解

『図書館雑誌』10月号は，投書欄の「北から南から」に，連絡会代表の野瀬里久子（品川区立図書館）の投書を掲載している［33］。野瀬の投書は，連絡会の主張で，Ⅰ 経過（特区協の回答）（3.2参照），Ⅱ 館長協議会の要請書に対する反対理由，Ⅲ 私たちの基本的見解からなる。Ⅰ 経過では，司書有資格者の異動について，専門職制度がないためよりも，むしろ各区の理事者の図書館に対する認識不足に起因すると述べている。また，要請書の提出については

次のように述べている。

> 今回の"要請書"は、職員の側には何らの相談、提示もなく多くの図書館員は自分達の問題であるにもかかわらず、内容はおろかそれが公の機関に提出されたことすらも知りませんでした。要請書が特別区の区長会、助役会、教育長会へ出され、助役会から組合の機関である特区協へ提起されてはじめて図書館員がその内容を知ったという次第です。

そして、結論として「司書職制度は望ましいものであるが館長協議会の要請書の内容は多くの問題点があるので賛成できない」と述べている。
Ⅱの反対理由は連絡会の反対理由である。反対理由と基本的見解の全文を紹介する。

　・館長協議会の要請書に対する反対理由
① この案は館長協議会の独断で作成され、現場の図書館職員の意見が全く反映されていない。
② 図書館に働く者の切実な要求である司書を配置せよという問題を職名（職階制）要求に変え、司書、司書補という職階制を新たに設け、職制を細分化する方向は、任用制度の改善、通し号俸制を主張する労働組合全体の利益に反するものである。
③ 採用についても、現在特別区の自治権拡充にとりくんでいる方向に反し、区の自主性を損うような都人事委員会で一括採用することには賛成できない。
④ 都区交流をはかるとあるが、都立図書館と区立図書館の果たすべき機能がそれぞれ異なっているにもかかわらず、それが明確にされていない段階で都区交流を行なうことは、都立図書館から区立図書館への天下り人事が一方的に行なわれる危険があり、人事の中央集権化となるおそれがある。
⑤ 今回の要請書が提出された以降も、図書館勤務の有資格者が本人の意に反して一方的に異動させられているように、各区の館長ならびに理

III　司書職制度要求運動の現実

事者は，図書館の業務の内容，有資格者の必要性など図書館の実態についての認識なしに，ただ制度だけを先につくればよいという考え方があらわれている。

（以下では，反対理由IIIとして，III①のように表す）

・私たちの基本的見解

① 図書館の司書職制度は，司書有資格者以外の人たちをも含め，図書館に働く者全体の立場から検討していく。

② 日曜，夜間勤務，48時間勤務，人員不足など図書館における労働条件は非常に悪くなっている。それを改善することなく，専門職制度を設けることは，悪い条件を専門職だからあたりまえとされる危険性がある。私たちは労働条件の改善と並行して専門職制度を考えて行く。

③ 図書館の定数規準は建物の坪数，座席数，蔵書数など現在の区立図書館の業務の実態からかけ離れた算出規準であり，貸出しを飛躍的にのばすなど，仕事量の増加によって人員を要求しても，この基準によって都から査定され，増員が認められない実状である。司書職制度を考えることと同時に，実際の仕事に即した定数基準に改正することは是非とも必要である。

④ 当面，人事異動の問題について，司書有資格者はもとより，全般的にも図書館の専門性を重視し，本人の意志に反して異動を行なわないよう，強く館長並びに理事者に要望する。

（すべてが反対理由ではないが，以下では，反対理由IVとして，IV①のように表す）

IIIとIVは連絡会の見解を整理したものであろう。連絡会の見解で雑誌に掲載されたのはこれだけである。IIIの③と④は特区協の回答には含まれていない。

(6)　『図書館雑誌』投書（1968年10月号，1969年1月号）

『図書館雑誌』10月号は，投書欄の「北から南から」に，要請書に賛成する石井紀子（都立日比谷図書館）の投書を掲載している［34］。石井の投書は8月号の宮崎の意見に対する疑問であり，おおむね次の点を指摘している。

・宮崎の提案する当面の対応策では司書の確保は不可能であり，司書の確保

は司書職の制度化によってのみ解決できる
- サービスの裏付けや職員の実力を求める議論は卵が先か鶏が先かという論争に等しく，問題をいたずらに拡散させてしまう。
- 固有職員としての採用は現状では困難である。
- 都立図書館が区立図書館をバックアップするには，都立図書館と区立図書館の間の人事交流が必要である。
- 要請書を中央集権反対というイデオロギーで受け止めており，利用者の観点が欠落している。

これらの点を挙げて，宮崎の時期尚早論に疑問を示している。

石井の投書は，東公図の事務局担当者である朝倉の発言を除くと，1968年当時における連絡会に対する唯一の批判である。勇気ある発言であり，連絡会の見解の根本を的確に批判している。

1969年1月号は，石井の投書に対する宮崎の反論［38］を掲載し，図書館界では珍しい論争となっている。宮崎は，司書職制度のモデルとなるべき都立図書館の司書に対する評価が低いことを指摘しているが，石井の批判にはほとんど答えていない。

(7) 都立日比谷図書館作成の資料

資料では，小委員会は，連絡会や行政担当者が持つと思われる疑問など大項目7小項目13について「司書職制度について想定される一般的疑問とこれに対する答え」をまとめている［37：57-64］。

これまで挙げられていない反対理由で関連するものに次の点がある。

2(1) 司書を専門職とするには資格取得が安易すぎるのではないか。

7(1) 現在の区立図書館の規模内容では，司書を置く必要はないのではないか。

（以下では，反対理由Vとして，V2(1)のように表す）

(8) 図書館問題研究会東京支部

この問題について図問研東京支部は明確な見解を示していない。しかし，伊藤峻，大澤正雄，野瀬里久子などが東京支部の積極的なメンバーであったところから，図問研東京支部が提案に反対したと誤解した人々もあったようである。しかし，東京支部として反対の意思を示したわけではない［31］。要請書

Ⅲ 司書職制度要求運動の現実

に賛成する石井紀子も当時は図問研会員であった。八里正，宍戸寛を始めとする都立図書館職員の図問研会員は，司書職制度を推進する立場に立ち，図問研東京支部内で意見が分かれたため，支部としての見解を出すことはできなかったものと思われる。

(9) 要望書の結果

朝倉によれば，労働組合の回答が出された時，行政上の折衝は特別区教育長協議会，特別区助役会，特別区区長会，東京都人事委員会の了承を得て，東京都総務局行政部で折衝の段階にあったといわれている。しかし，都職労の反対によって，この要請書は受け入れられなかった。東京都人事委員会の了承を得ていたのであるから，都職労の反対がなければ，司書職制度が実現した可能性は大きかった。東京都人事委員会の了承を得ていたものが，一部の区立図書館職員の反対によって実現の途を断たれたのである。

4 その後の論議

1960年代末には重要な報告記事がある。1970年代末以後，さまざまな議論が見られるようになった。ここでは議論の要点のみを紹介したい。

4.1 1960年代

1969年6月に，図問研東京支部は『月刊社会教育』に「図書館における不当配転闘争のために」という文章を発表し，その中で東公図の要請書と反対運動の経過について次のように述べている。文責は，森崎震二（国立国会図書館），松岡要（目黒区立図書館）である［39：32-33］。

> これについて，都職労特別区協議会は助役会からの提起により，図書館にいる組合員を三回にわたって召集し研究会をもった。その結果「司書職制度は望ましいものであるが，館長協議会の要請書の内容は多くの問題点があるので賛成できない」とし，さらに，「公立図書館の運営，司書職のあり方等について組合員の総意を結集した意見を改めて述べる」と回答した。

その反対の理由は㈠要請書の案は館長協の独断であり現場の図書館職員の意見が全く反映していない，㈡図書館に働く者の切実な要求である司書を配置せよという問題を職名（職階制）要求に変え職制を細分化する，㈢採用も特別区自治権拡充の方向に反し，区の自主性を損うような都人事委員会で一括採用することは賛成できない，㈣都立・区立各図書館の機能が明確にされていない段階で都区交流を行なうことは都立から区立への天下り人事が一方的に行なわれる危険性があり，人事の中央集権化となるおそれがある，㈤要請書が出された後も司書が本人の意に反して一方的に異動させられているように，各区の館長，理事者は図書館の業務内容，司書有資格者の必要性など図書館の実態について認識なしに，ただ制度だけ先につくればよいという考え方があらわれている，等の諸点にあった。

「司書職制度は望ましいものであるが，……賛成できない」は特区協の回答（3.2参照）ではなく，野瀬の文章である。㈠から㈤までの五つの反対理由は連絡会の反対理由（Ⅲ①～⑤）であり，特区協の回答の反対理由（Ⅰ）ではない。㈢と㈣は特区協の反対理由には含まれていない。森崎と松岡は連絡会の反対理由を特区協の反対理由として挙げている。連絡会については最後に10数行説明している。

4.2　1970年代

1970年代に，森耕一（大阪市立図書館）は図書館学教育に関する文献レビューの中で，この問題を取り上げ，批判的に論じている。森は，区立図書館の一般事務職員の反対意見に対して，「革新を標榜する組織が，現実にはブレーキをかけて現状維持（保守）的にはたらく事象の1例のようにも感ぜられる」と述べ，伊藤峻の「自分の立場だけでこの問題を考えるというようなことがあれば，それは〈司書の専門性〉と矛盾する」という主張に対して，それは「館長がわと体制化した反権力的組織と，そのいずれについてもいえる」ことであると批判している［40］。

1972年11月に東公図は3回目の要請書を提出した。この要請書をめぐって，荒川区職員労働組合執行部と図問研東京支部の間で論争が行なわれた。この論

169

Ⅲ　司書職制度要求運動の現実

争の中で小野格士（大田区立図書館）は1967年の要請書に対する反対運動に触れている。その中で，反対理由及び背景として合わせて次の5点を挙げている［41：84］。

・都立図書館と区立図書館の人事交流には反対である。
・職場の意見が反映されていない。
・本人の希望を無視した人事異動が行なわれている。
・旧態依然な図書館運営が行なわれている。
・さまざまな課題の中から人事問題のみを取り上げたことに疑問がある。

1973年6月に荒川区立図書館職員が国民年金課への人事異動について東京都人事委員会に不服申し立てを行なった。図問研はこれを支援する運動を行なったが，その中で千葉治（墨田区立図書館）は1967年の要請書に対する反対運動に触れ，反対理由として次の2点を挙げている［42：24］。

・従来の図書館運営の考え方から脱しておらず，図書館発展の展望が弱い。
・職員の意思が反映されていない。

中多泰子（都立図書館）は，1978年に，1970年の東京都の図書館政策の成立経過に関する記事の中で，要請書の趣旨と連絡会の声明及び反対理由4項目（Ⅲ①～④）の要旨を紹介している［43］。

図問研東京支部は，1979年に特別区に司書職制度の設置を求める運動に取り組んだ。東京支部総会の分散会で1967年の要請書について議論があり，「都立図書館では係長クラスなどに「あのときつくっておけば」という声が」あるが，そのときの行き違いを正すことが必要だという発言があった[21]。小野格士はこの分科会で発言し，発言内容を中心とする報告が『東京支部ニュース』の支部総会報告特集号に掲載された。小野は，要請書の問題点として次の3点を挙げている。1. 区立図書館職員は要請書の提出について知らされていなかった，2. 要請書は現職者の身分保障・経過措置に触れていない，3. 都立図書館職員が一方的に区立図書館長に異動することになる。まとめとして次の3点を挙げている。1. 背景として，全公図の結成等に対して都立図書館に対する不信と反発があった，2. どんな図書館を作るべきかが自覚的な人々の間でやっと明確になった時期であった，3. 住民の関心の高まりと図書館側の主体的条件は当時とは比べ物にならない［44］。

4.3　1980年代

　図問研東京支部司書部会は，1980年に，特別区における司書職制度要求運動の歴史を1950年から1979年まで4期に分けてまとめている［45］。第2期（1964～1969年）では，要請書の提出経過と特区協の反対理由の要約を示している。反対理由は次の3点である。
　①　現場の職員の意見が表明されていない。
　②　都立図書館から区立図書館への天下り人事の可能性がある。
　③　職階制を細分化する方向へのすりかえである。
　これは森崎・松岡の文責による記事の反対理由の㈠㈣㈡である。②は特区協の反対理由ではない。
　さらに，反対意見の経過を紹介し，提案に対する批判として次の2点を挙げている（以下では，反対理由Ⅵとして，Ⅵ①と表す）。
・当時「官僚路線がかなり前面に出た」こと（①のようにする）
・図書館に働きつづけたい人が配転させられる事態，現に働いている人の身分保障・経過措置についてふれられていない「案」だった」こと（②とする）

　そして，「都に準じた制度をつくればよいという発想が現場の職員から受け入れられなかったといえます」と述べているが，これは経過説明にすぎず，批判になっていない。連絡会については最後に2行説明しているだけである。
　1985年に，後藤暢（国立国会図書館，日本図書館協会図書館員の問題調査研究委員会委員長，現専修大学）は，戦後40年間の司書職制度要求運動の歩みを総括した文章で，この問題に言及して，次のように述べている［46：456］。

> 東京都職員労働組合特別区協議会は，「司書職制度は望ましいものであるが，館長協議会の要請書の内容は多くの問題点があるので賛成できない」旨を助役会へ回答した。反対理由は，1．現場の図書館職員の意見が反映されていない，2．職階制強化，3．区の自主性を損う，4．都立・区立図書館の機能がそれぞれ明確にされない段階で都区人事交流を行うのは，天下り人事の可能性がある，等であった。

Ⅲ 司書職制度要求運動の現実

　これは森崎・松岡文責の記事とほぼ同内容であるが，連絡会については全く触れていない。

　3と4は特区協の反対理由ではない。後藤は「当時，組合が，司書職制度化に反対したように伝えられたのが誤りであることは，この主張から明らかであろう」と述べている。そして，「同じく司書職制度をめざしながら，東公図と組合が一致できなかった」原因の一つが「都立日比谷図書館における司書職のあり方に関する最終答申」にあったのではないかと述べ，答申について次の3点を指摘している。

① 司書職を5段階のグレードに分け，館長から司書補に至る9種類の職務名を設けている。これは，司書の管理職登用が課題であった当時の同館の状況を反映している。
② 制度の前提となる図書館業務の評価でも，旧来の整理技術偏重の色彩が濃厚であった。
③ 東公図の要請を「充分」考慮したと述べ，他方東公図の要請書には「都区立図書館の……」と冠して，両者の密接な関係を強調している。

　後藤の指摘の趣旨は必ずしも明確ではないが，この3点が区立図書館職員の反発を招いたことを指摘していると思われる。

　後藤は，1970年代には司書の配置を求める住民の請願や司書有資格者の不当配転に対する公平審査があったことを指摘し，1978年に東公図が「図書館職員と住民の支持のもとに」再び要望書を提出したことを挙げ，「司書職制度作りのためには，一見回り道であっ［て］も，住民の支持と，図書館職員集団の民主的討議とが不可欠であることを示している」と述べている。

4.4　1990年代

　千葉治（墨田区立図書館）は，1992年に，1960年代の区立図書館における司書有資格者の配転問題に関連して，東公図の要請書に対する反対運動の経過の一部を紹介している［47］。

　朝倉雅彦（1967年当時都立図書館）は，1994年3月に，『とりつたま』掲載の記事でこの要望書に触れ，この時，司書職制度が実現していたら，他の地域への波及効果はどうだったろうか，と述べている［48：6］。

松岡要（目黒区立図書館）は，1994年6月の図問研東京支部主催の東京23区の図書館に司書職制度をつくる運動のためのシンポジウムで，東公図の要請書にもかかわらず，なぜ司書職制度ができなかったのか，という迫田けい子（都立図書館）の質問に答えて「1967年の時は組合が反対したということで明確です」と述べ，責任を労働組合に帰している［49：28］。図問研東京支部は，1994年10月に，このシンポジウムの記録『東京23区に司書職制度を』を刊行し，資料として，1980年の「区立図書館における司書職制度づくり運動の経過」を収録している［50］。

宍戸寛（都立図書館）は，1996年5月に，日本図書館協会の評議員会の席上で，要請書と反対運動に言及し，「今思えば残念なことであった」と述べている［52：616］。

佐藤政孝（1967年当時東京都教育庁）は，1996年6月出版の著書で，この問題について論じている［51］。この問題の経過を紹介し，強い反対が起きた原因として次の3点を挙げている。

① 都立図書館職員の天下り人事への誤解
② 区立図書館職員への説明の欠如
③ 都区財政調整制度の職員配当基準に関する検討の欠如

佐藤によれば，これは佐藤が連絡会のメンバーの話を参考に自分の立場からまとめたものである。続けて，特区協の回答の反対理由を次のように要約している。

・区立図書館に働く者全体の意向が反映されたものではない。
・区立図書館長の中にはこの問題の本質を理解していない人が多い。
・要望の趣旨，内容があいまいである。

これは特区協の反対理由（I）がもとになっていると思われる。佐藤は，東公図の取り組みの問題点を指摘するとともに，特区協の回答を，「この労働組合による反対の意思表明は，その後に区立図書館職員の参加と合意による司書職制度確立への要請書の提出にさいしても，特別区側の理解は全く得られず，ぬぐい去ることのできない重大な禍根を残したままとなっている」と評価している。

山家篤夫（都立図書館）は，1996年に，特別区の司書職の職名廃止問題に関

Ⅲ 司書職制度要求運動の現実

連して，特別区の司書職制度要求運動の歴史をまとめている［53］。1967年の要請書に関して，1980年に図問研東京支部司書部会がまとめた特区協の反対理由3点（4.3参照），司書部会の反対理由2点（Ⅵ①②）のほか，宮崎が紹介した反対論の内容，佐藤による東公図の問題点の指摘（職員配当基準の検討の欠如）を紹介している。特区協の反対理由として挙げているのは次の3点である。

① 職員の意見の反映の欠如
② 都立図書館からの天下り人事の危険性
③ 細分化した職階制

このうち②は特区協の反対理由ではない。回答に対する佐藤の批判には触れていない。連絡会については全く触れていない。

連絡会の一員であった大澤正雄（1967年当時練馬区立図書館）は，1997年に公立図書館におけるグレード制を論じた文章を『図書館界』に発表し［55］，司書職制度を論じた文章を『図書館研究三多摩』（三多摩図書館研究所）に発表している［56］。大澤は，この二つの文章で，それぞれ東公図の提案の概要と特区協の反対理由を紹介し，特区協の反対理由として次の3項目を挙げている。

① 都立図書館職員の天下り人事
② 区立図書館職員への説明の欠如
③ 都区財政調整制度の職員配当基準に関する検討の欠如

この3項目は佐藤が反対の原因として挙げている3点とほぼ同内容である。

『図書館研究三多摩』では，このほかに特区協の回答の反対理由の要約を示しているが，佐藤の要約と同文である。このように佐藤の著書を引用していることが明らかであるが，回答に対する佐藤の批判には触れていない。連絡会には全く触れていない。反対運動の内実について簡単に述べているが，一部の事実に誤りが見られる[22]。

朝倉の1994年の主張は，1998年に『とりつたま』に再び掲載された［58：18］。

佐藤政孝は，1998年に1996年出版の著書を改訂した『東京の近代図書館史』を出版した。この問題に関する記述はほぼ同様である［57］。

4.5 2000年代

鬼倉正敏（日野市立図書館）は，2000年に公立図書館の職務分析，職務区分表に関する文章の中で，1967年の要請書を取り上げている。都職労委員長名で反対声明が出されたことを挙げ，反対理由として，都立日比谷図書館作成の資料から反対意見の概要12項目を引用しているが，説明はない。反対運動の背景として，佐藤政孝の説明から3点（①全公図の発足をめぐる対立，②都立図書館職員の天下り人事の誤解，③職員配当基準の検討の欠如）を挙げ，佐藤の評価を紹介している [59]。山家や大澤が引用していない佐藤の評価を紹介している点で山家や大澤とは異なっているが，関連資料として山家と大澤の記事のみを挙げている点，連絡会の反対理由のみを一方的に挙げている点で図問研東京支部関係者の見解を踏襲している。『とりつたま』の朝倉の文章には全く触れていない。

5 要請書と回答の評価

ここでは要請書と回答に対する評価を示す。

5.1 要請書の評価

(1) 宮崎俊作の評価

要請書について「通読するかぎりでは，あまり問題点は見当らないようにおもわれます」「一見常識的とみられる」と評価し，「このたびの司書職制度の要求が，一般に理解されなかったということは意外でした」と述べている。最終的には，「司書職制度というものは（中略）労働条件，仕事の裏づけ，専門家の層の厚さ，などの諸条件が関連しあって，実質的にできあがっていくものではないでしょうか。やはり現在はその時期ではないとみるのが正しいようです」[28] と評価している。また，「条件がととのわないうちに制度化を急いだら必ず失敗する」[38] とも述べている。

(2) 都の人事担当関係課の評価

1967年9月の協議（1.3(3)参照）と1968年7月の説明（3.3(2)参照）では，司書職に対する評価に変化が見られる。これは，特区協の回答を契機に，以前か

らあった疑問が浮上してきたと考えるのが妥当である．「学習室化している図書館」「現状では」という表現から，司書職の設置は学習室化した現状の改革への取り組みが前提であることがわかる．

(3) 図問研東京支部の評価

1980年にようやく評価を示し，不当配転，現職者の身分保障と経過措置に触れていない案であると評価している．

(4) 小野格士の評価

1979年に，当時の背景と図書館運動の状況から「運動の過程から見るとこの要請書は一定の問題提起にはなったとしても，図書館全体の一致した前進にとってマイナスになったと考えられます」と評価している．

(5) 後藤暢の評価

1985年の文章で，要請書は管理者の上からの提案であり，住民の支持と図書館職員集団の民主的討議が欠けていたことを示唆している．

(6) 佐藤政孝の評価

1996年に，要請書は「一応妥当な内容であるように見える」［57：231］と評価し，それ自体は基本的に妥当なものと評価している．

5.2 回答の評価

(1) 行政職館長の評価

行政職館長の間に反対運動が引き起こした反響については，宮崎がきわめて率直に述べている［28：311］．

> しかも反対の急先峰には特別区の固有職員がいるということで，この要請書を作成した行政職館長たちは，その非常識さにあきれているということです．この10年間，区立図書館における司書職制度の必要性が叫ばれながら，有資格館長たちは何一つ実行しようとしなかったではないか．それを無資格の館長たちが，極めて短期間に成文化し，関係機関にも働きかけて，ようやく実現のきざしがみえはじめた．その時，足元から反対論が興ったのですから，驚きいきどおるのも無理はありません．これらの人々にとっては，反対論は極めて非常識なものとしてうけとられているようです．

これが当時の行政職館長の反応である。この文章は当時の行政職館長側の反響を如実に物語っていると思われる。

(2) 都の人事担当関係課の評価

特区協の回答については触れていないが，その影響が見られる。「現状では職員を2～3年で変えた方が上手くいくと言っているところもある」という表現は，区立図書館の司書有資格職員の行動に対する痛烈な批判である。

(3) 後藤暢の評価

特区協の回答は司書職制度に反対していないと評価している。

(4) 佐藤政孝の評価

先に示したように，回答がその後の要望書提出に大きな悪影響を及ぼしたと指摘し，「労働組合による反対の意思表明は（中略）ぬぐい去ることのできない重大な禍根を残したままとなっている」と述べている。

「ままとなっている」という表現は，その悪影響が今日も残っていることを示している。佐藤は，その後，都立中央図書館の庶務課長，管理部長を務め，東公図の運営にかかわり，その点を痛感したものと思われる。

おわりに

1965～1967年度の東公図による司書職制度に関する検討と要請書の提出の経過，1968年度の特区協による回答とその後の論議の経過を明らかにした。この経過はこれまで明らかにされてきていない。東公図の取り組みの経過から，当時の都立日比谷図書館の東公図事務局担当者と区立図書館の館長達がいかに熱心に司書職制度を追求してきたかが明らかになった。数次の回答を時系列的に整理し，その後の論議の内容を整理することによって，これまで明らかにされてこなかった事実が浮かび上がってきた。反対理由について，長年にわたって誤りが流布され，今日も流布されているのは一体なぜなのだろうか。

第6章　なぜ要請書に反対したのか

はじめに

　この章では，東公図の要請書に対する反対運動について詳細に検討する。これによって，この運動の主張が合理的なものであったかどうかを検証する。また，この運動の方法についても検討する。この運動で見られた反対理由や運動の方法は図書館運動でしばしば見られるものである。この運動は少数の人々による運動ではあったが，図書館運動の一つの典型と考えることができる。

　1では，反対意見の分析，2では，反対理由の問題点，3では，反対運動の方法の問題点，4では，反対運動の背景を論ずる。

1　反対意見の分析

1.1　1967年当時の区立図書館事情

　1967年当時について考える場合，当時の事情を十分認識しておく必要がある。1967年4月1日現在[1]と1997年4月1日現在[2]の区立図書館の図書館数，職員数，司書数，前年度の年間受入冊数（千冊），年間貸出冊数（千冊）は表のとおりである。

　1967年当時の図書館数と職員数は30年後の1997年の約4分の1，受入冊数は約11分の1，貸出冊数は約44分の1であった。当時の区立図書館職員は1区平均約27人，司書は1区平均約7人であった。この30年間における受入冊数の増加は図書館数，職員数の増加の約3倍弱，貸出冊数の増加は図書館数，職員数の増加の約11倍である。

第6章　なぜ要請書に反対したのか

表 1967年度と1997年度の区立図書館の比較

年度 項目	1967	1997	1997/1967
図書館数（館）＊	48	199	4.1
職員数（人）	614	2452	4.0
司書数（人）	152	595	3.9
受入冊数（千冊）	174	1922	11.0
貸出冊数（千冊）	1139	50008	43.9

出典：『日本の図書館』1967年版，1997年版
　　　（日本図書館協会，1968，1997）
＊蔵書4000冊以上の図書館に限定（この項のみ）

　また，当時の図問研東京支部の活動状況を，支部総会（年2回）の参加者数で見ると，1966年度は18名，16名，1967年度は24名，23名，1968年度は42名，39名である[3]。急速に増えてはいるものの，1966年度の時点ではまだ小規模なグループに過ぎなかった。しかも，これには国立国会図書館職員，都立図書館職員が含まれているため，活動している区立図書館職員は10～10数名であった。

1.2　反対意見の整理

(1)　反対意見のまとめ

6種類の反対意見（第5章3.2，3.3，4.3参照）を，連絡会の反対理由であるⅢを中心に整理すると，次のようになる。

① 不十分なアンケート調査をもとに東公図の独断で作成され，職員の意見が反映されていない。（Ⅰ①，Ⅱ①，Ⅲ①）
② 司書有資格者以外の意向が反映されていない。（Ⅰ②，Ⅱ①，Ⅳ①）
③ 職階制の新設は労働組合全体の利益に反する。（Ⅰ③，Ⅲ②）
④ 都人事委員会による一括採用は特別区の自主性を損う。（Ⅱ⑥，Ⅲ③）
⑤ 都立図書館司書の天下りによる中央集権的人事の危険性がある。（Ⅱ⑦，Ⅲ④）
⑥ 区立図書館長と区の理事者は，実態の認識なしに制度だけ先に作ればよいと考えている。（Ⅰ④⑪，Ⅲ⑤）
⑦ 専門職を理由に悪い労働条件が固定化される危険性がある。（Ⅰ⑨，Ⅱ

III 司書職制度要求運動の現実

　　　　②,Ⅳ②)
⑧　区立図書館でも司書の昇進が困難になる。(Ⅰ⑤)
⑨　選考職種になること等から,職員の格付けが低くなる恐れがある。(Ⅰ⑦⑧,Ⅱ⑨)
⑩　都区の職制と遊離するため,健全な発達が阻害される恐れがある。(Ⅰ⑩)
⑪　人事異動の運用,労働条件の改善ができれば,現状でも司書の確保は可能である。(Ⅱ③④⑤⑪)
⑫　司書教育の内容は不十分であり,資格取得が安易過ぎる。(Ⅰ⑫,Ⅴ2(1))
⑬　区立図書館の規模・内容では司書を置く必要はない。(Ⅴ7(1))
⑭　官僚的な図書館長による政策である。(Ⅵ①)
⑮　現職者の身分保障,経過措置がない。(Ⅵ②)
⑯　職員の定数基準の改正が必要である。(Ⅰ⑥,Ⅱ⑧,Ⅳ③)
⑰　前提となる懸案が解決されておらず,時期尚早である。(Ⅱ⑬)

(2)　反対意見の原因と種類

　いくつかの立場から反対意見の原因の分析が行なわれている。

① 宮崎俊作の分析

　宮崎は,労働組合の反対論を大きく次の二つに分けている [28]。

・労働組合員の利益擁護のための一般的な反対論

　主に区立図書館に勤務する事務職員の意見である。彼らは,偶然に図書館に配置され,できるだけ早く図書館から出たいと考えている。「へたに司書職制度ができて身分を固定されてはたまらない」と考えている。司書の仕事については厳しい評価を下しており,区立図書館に司書が必要かどうか疑問を持っている。一般的な意見は,区立図書館では,専門職制度などよりも労働条件の改善の方が急務だというものである。

・特別区の自治権拡充の立場からの反対論

　主に区固有職員として採用された人々の意見である。なぜ「都区立」の文字が入ったのか,都区間の人事交流が強調されたのかに疑問を持っている。しかし,それだけではなく,究極的には,なぜ区立図書館独自で有資格者を採用できなくなったのか,吏員昇任選考職種に司書が入りながら制度化でき

なかったのか，などに疑問を持っている。
 ②　東公図行政小委員会の分析
　小委員会は次の3点を指摘している［37：63］。
・反対する職員は，司書職制度の必要性は最終的には認めながら，職場のさまざまな不満から，具体案に対して疑心暗鬼となり，組合の立場から反対している。
・図書館運営の貧弱さや図書館に対する理解の不足からさまざまな日常の不満が反対声明となって現れている。
・都職労には専門職制度を設けると労働運動全般の力が弱まるという立場がある。
 ③　佐藤政孝の分析
　佐藤は，反対意見が出た原因を推測し，次の2点を挙げて説明している［57：234］。
・都立図書館の司書職制度と結びつけたこと
　「都区立図書館の司書職制度」として位置づけたことである。特別の意図はなかったと思われるが，区立図書館の職員が，都立図書館の古参司書の転出先として区立図書館が想定されていると判断するのは自然である。これが不信と誤解をうむ最大の原因となったものと思われる。
・区固有職員の司書への配慮の欠如
　区固有職員の司書約60名が在籍していたが，これらの人々への説明はほとんどなされていなかった。また，区立図書館職員代表の意見を聞く機会も設けられなかった。アンケート調査も館長あてに送られており，職員に十分周知した上での回答では必ずしもなかったようであり，要望の具体的内容は全く示されていなかったようである。
(3)　反対理由の相違
　6種類の反対理由のうち，Ⅰは特区協，Ⅱ～Ⅳは連絡会によるものである。Ⅴは都立日比谷図書館が連絡会や行政職が持つと想定した反対理由である。Ⅵは図問研東京支部によるものである。
　Ⅰには，⑩都区の職制と遊離するため，健全な発達が阻害される恐れがある，が含まれているが，これは司書職制度そのものに反対する意見である。⑨選考

III 司書職制度要求運動の現実

職種になること等から，職員の格付けが低くなる恐れがある，もこれに近い意見である。したがって，特区協は司書職制度そのものに反対したと言われてもやむを得ないであろう。後藤の「当時，組合が司書職制度化に反対したように伝えられたのが誤りである」という主張は誤りである。

IIには，⑪人事異動の運用，労働条件の改善ができれば，現状でも司書の確保は可能である，が含まれているが，これは司書職制度は必要ないという意見である。III，IVにはこのような意見は含まれていないが，連絡会には，司書職制度は必要ないという考え方があったことがわかる。

II，IIIには，④都人事委員会の一括採用は特別区の自主性を損う，⑤都立図書館司書の天下りによる中央集権的人事の危険性がある，が含まれているが，これらはIには見られない。Iは反対理由12項目を挙げているが，この2点は挙げていない。この点で，特区協の反対理由と連絡会の反対理由には大きな相違がある。連絡会が挙げている主な反対理由2点を特区協が挙げていないのは何らかの理由があるためと考えるべきである。

図問研東京支部司書部会の2項目⑭⑮（VI）はI〜Vには見られない。これは，この2項目が後で考え出されたものであることを示している。

2　反対理由の問題点

2.1　主な反対理由

回答の反対理由のうち最初の6項目について検討する。

(1)　不十分なアンケート調査をもとに東公図の独断で作成され，職員の意見が反映されていない

連絡会は，要請書は東公図の「独断で作成され，現場の図書館職員の意見が全く反映されていない」（III①）と述べている。佐藤は区固有職員の司書有資格者への説明がほとんど行なわれていなかったと主張し，「この要望書をまとめる以前になぜ，区立図書館職員代表の意見を聴く機会を設けなかったのか」「職員参加の結果による要望書であったら，きっと賛成は得られたはずである」[57：232, 234]と述べている。

アンケート調査については，反対理由は「検討の余裕のない情況のもとで実

第6章　なぜ要請書に反対したのか

施した調査」（Ⅰ①），「頻繁に変わる経験の乏しい館長が安易に結論を出したもの」（Ⅱ①）と批判している。佐藤は「調査票は館長あてに送られており，職員に十分周知した上での回答では必ずしもなかったようで，要望の具体的な内容については全く示されていなかったようである」と批判している。

このような批判は誤っている。その理由は次のとおりである。

① アンケート調査の意義

東公図は区立図書館の司書有資格職員を対象にアンケート調査を行ない，その結果に基づいて要請書の内容を決定した。その後の1972年，1978年の2回の要請書の提出に際してアンケート調査が行なわれていないことを考えると[4]，3回のうちで最も民主的な取り組みであったことが明らかである。

② 区立図書館職員の意見聴取

佐藤は触れていないが，アンケート調査の結果を踏まえて，区立図書館職員の意見を聞く機会が設けられている。1966年8月19日に，東京都教育庁社会教育部社会教育課の主催で，「図書館サービスを高めるための望ましい専門職制度とは何か」というテーマの研修が行なわれた。都立日比谷図書館による報告は次のとおりである［10］。

東公図のアンケート調査結果を中心に，練馬区立，大田区立，江東区立，都立日比谷等から各々現状と問題点が出された。意見として，区立に司書の職名がないため，異動等によりサービスの確保ができない。したがって，司書の職名を設けて，採用を一本化することは，多少疑義はあるが確認された。しかし，都区の交流が果たしてサービス向上となりうるかは，区立側から大分疑問が出た。最後にまとめとして，助言者の清水正三から，今後，この問題を検討する方向として，1. 区の自治権との関連，2. 職員の労働条件を考慮すべきこと，テーマの「サービスを高める制度のあり方は何か」を考えるべきことが指摘された。

このほか，東公図事務局の担当者は，インタビューで，当時，非公式に，区立図書館職員の意見を聞くための会合を開いたと述べている。

③ アンケートの内容

佐藤は「必ずしもなかったようで」「ようである」と不明確な表現を用いているが，アンケートの題目は「司書職制度について」で，その意図は明確であ

る。内容は意識調査であるが，質問は，司書職制度の是非にとどまらず，司書職の採用方法，司書有資格者の取扱い，管理職との関係，人事交流の範囲，司書職への転職希望まで，6項目についてくわしく調査している。調査項目から東公図による検討の観点はきわめて明確である。集計に際しては「その他」に分類された回答の内容が示されている。東公図はこの調査結果に基づいて要請書の内容を決定したと述べている。連絡会と佐藤の批判はともに根拠のない批判である。

　以上のように，この点に関しては，要請書に対する批判は成り立たない。しかし，念のために，東公図が職員の意見を十分聞いていなかったと仮定して，その場合についても考察しておこう。

　重要なのは司書職制度の内容である。手続きは内容に比べれば重要性は低い。事前に説明がなかったとしても，内容の評価とは区別すべきである。内容が適切であれば賛成すべきであり，適切でなければ，改善を申し入れればよい。最も好ましくないのは，手続きに不満があるため，あまり不満がない内容についても問題点を挙げて批判することである。このような行動をとると，内容に重大な欠陥があると見なされてしまうのである。

(2)　司書有資格者以外の意向が反映されていない

　反対理由Ⅰは，区立図書館で働く職員全体の意向が反映されたものではない（Ⅰ①）と述べ，連絡会は，司書有資格者以外も含めて，図書館職員全体の立場から検討する（Ⅳ①）と述べ，懇談会では，アンケートが有資格者だけを対象としていること（Ⅱ①）を批判している。これは，司書有資格者だけでなく全職員を対象とすべきだという意見である。

　事務職員が司書職制度に関心を持つかどうか，その意義を十分理解できるかどうかは，きわめて疑問である。事務職員の意見には明らかに誤解が見られる。宮崎は，2種類の反対意見のうちの一つは，図書館に偶然配置され，できるだけ早く出たいと考えている事務職員の意見であると述べている。なぜ，これらの職員から司書職制度に対する批判が出てきたのだろうか。これらの職員は，司書職制度ができれば図書館から他の職場へ異動する人々である。司書有資格者ですら，本人の希望を優先するのであるから，事務職には図書館で働き続ける義務はないのである。この点が十分理解されていたとは思えない。司書有資

格者はこれらの職員を説得すべきだったのである。

　事務職員にとって，図書館は職場の一つに過ぎず，司書の資格や司書職制度には関心がないのが普通である。また，しばしば，司書に対する潜在的な反発があることが多い。この場合も同じである。当時の事情として見逃せないのは，当時の区立図書館の48時間勤務体制である。職員は48時間勤務職員特別手当（略称：48手当）5) を支給されていた。当時，この48手当を求めて図書館勤務を志望する職員が多かったことは周知の事実である。区立図書館に司書職制度が採用されれば，これらの職員は48手当を得る機会が減少することになるため，これらの事務職には潜在的に反対の意向があった。このほか，司書の資格は持っていないが，業務内容から図書館への配置を希望する職員にも潜在的な反対の意向があったと考えられる。連絡会が主張するような事務職を含めた討議を行なった場合，この点の不満が噴出する恐れがあった。

　事務職員も含めてアンケート調査を行なった場合，否定的な結果が出たら，どのように責任を取るつもりなのか。きわめて無責任な発言である。

(3)　職階制の新設は労働組合全体の利益に反する

　反対理由は，通し号俸制等を求める労働組合の主張をもとに，司書・司書補の職階制の新設に反対している（Ⅰ③，Ⅲ②）。図問研会員の小川已久雄（品川区役所）は，「要請書の内容のねらいは，一言で云えば，専門職（司書）の配置に名をかりた職名（職階制）の要求である」「図書館職員の切実な要求のたくみなすりかえである」[26]と批判している。後藤暢は，「都立日比谷図書館における司書職のあり方に関する最終答申」が5段階のグレードと9種類の職務名を設けていることを指摘している（第5章4.3参照）。これらは大変厳しい職階制が敷かれようとしているという印象を与える。

　しかし，要請書の職階制の職名は司書と司書補だけであり，これは事務職の主事，主事補に対応するものである。また，都立日比谷図書館協議会の答申の職名，職務名，行政職（一）給与表の対応等級は次のとおりである [18：35]。

職　名	職務名	対応等級
1級司書	館長，部長（ライン）司書監（スタッフ）	1等級〜2等級
2級司書	課長（ライン）	3等級

Ⅲ　司書職制度要求運動の現実

　　　　　　　主任司書（スタッフ）
　　3級司書　　上級司書，係長又は主査　　4等級〜5等級
　　4級司書　　司書［4大卒，大学院卒］　　5等級
　　司　書　補　　司書補［高卒，短大卒］　　6等級

　司書補から1級司書までの5段階の職名，9種類の職務名は行政職の職階制に対応するもので，行政職(一)給与表の1〜6等級に対応している。後藤も指摘しているように，これは，明らかに司書を管理職に登用するための条件整備である。司書を事務職と別の体系で管理職に昇進させるには事務職の職階制と対応する職階制が必要である。事務職に対応する司書，司書補の職名設置に反対したり，事務職でも実現していない通し号俸制を主張するならば，専門職制度の設置は不可能である。司書職制度を通し号俸制実現の突破口にしようとすれば，図書館と司書が損害を受けるだけである。

(4)　都人事委員会による一括採用は特別区の自主性を損う

　連絡会は，都人事委員会による一括採用は「特別区の自治権拡充にとりくんでいる方向に反し」ており（Ⅲ③），「区固有職員制度によって，有資格者を採用することの方がのぞましい」［37：51］と指摘している。大澤は，この背景として，練馬区などにおいて区長準公選運動があり，特別区の都からの独立の機運が盛り上っていたと述べている［56：34］。しかし，これは住民の立場からの運動であり，直ちに職員の採用方法の変更を導くものではない。

　かつて特別区では固有職員を採用していたが，種々の理由で1963年に廃止された。これは都全体の人事政策であり，しかも，数年前に変更されたばかりであるから，司書に限って特例が認められることはあり得ない。この批判は当時の人事制度を全面的に否定するものである。まず司書職制度を作り，人事権が特別区に移管された段階で特別区採用に移すのが普通の考え方である。したがって，特区協がこのような反対理由を挙げることはあり得ない。こうした都・区の職員制度は検討の前提である。司書の採用を特別区による固有職員採用の突破口にしようとすれば，図書館と司書が損害をこうむるだけである。

(5)　都立図書館の人事対策であり，都立図書館司書の天下りによる中央集権的人事の危険性がある

①　都立図書館と区立図書館の機能の相違

都立図書館と区立図書館の機能の相違は明らかである。回答は，両者の機能の相違が明確でないと述べているが，この点については，東公図の「東京都公共図書館の現状と問題点　1963」で，「都立図書館の機能は，区市町村立図書館の規模では不可能な図書館奉仕を実施する一面，都下全図書館の育成発展のために区市町村間に"図書館の図書館"として奉仕すべきである」ことを明らかにし，「都立図書館奉仕の問題点」として，参考相談事務の強化，書誌サービス，相互貸借等，「早期に着手すべき若干の相互協力」として，総合目録の編成，相互貸借・複写，資料収集の分担を挙げ，その意義を論じている［2］。

② 人事の中央集権化

この場合の天下りとは，官庁から民間会社へなどの異なる種類の団体間での移籍を指す用語である[6]。特別区は都の内部組織であるから，天下りの概念は該当しない。同様に，中央図書館制度は該当しない。区立図書館職員の間には中央図書館制度の復活につながるという意見があったが，これは特別区が他県の市町村とは異なることを無視した見解である。

また，回答が主張するような中央集権的な人事は実行不可能である。小委員会は「組合との話し合いで人事制度がきまり運用されるという慣行」があるため，あり得ないことであると反論している［37：52］。

③ 都区の人事交流

都区交流は都全体で行なわれている。参考資料Ⅱは，都区交流は「行政効果を高めるために実施している一般行政職や技術職と同じように」行なうべきだと説明している［24：268］。当時も今も都の管理職は区に出向して管理職ポストについており，その逆も行なわれている[7]。管理職人事に関しては都と区は一体である。

他方，人事交流が行なわれない場合の館長人事は必ずしも好ましいものではない。宮崎は当時の館長人事について次のように述べている［4］。

- 管理職試験に合格直後の若い事務職の館長か古手の係長が就任するケースが多くなったこと。
- 主要な管理職のポストに司書がいないため，図書館の政策が必ずしも一貫せず，司書が十分に力量を発揮することができないこと。
- こうした管理職が過半数を占める館長協議会の空気は，司書職に対しては

Ⅲ　司書職制度要求運動の現実

なはだ冷淡である。有能な若手職員を司書講習に派遣すれば，十分である
と考えている。

　館長協議会の空気が，司書職に対して「はなはだ冷淡」であるという宮崎の
評価は現実の一面をとらえたものであろう。宮崎がいうように「10年，20年と
図書館につとめている古い有資格職員の惰性的な仕事ぶりだけ」を見たものと
考えられる。東公図は，組織としては，一貫して司書職制度の確立をめざし努
力してきている。

　しかし，もし宮崎の指摘が正しければ，区立図書館の司書たちはこのような
状況に置かれていたのである。都立図書館との人事交流を拒否すれば，このよ
うな状態が続くのである。都立図書館の司書が館長になるという予想はこのよ
うな状態との比較において評価するべきである。

　人事交流にはこれ以外にも次のような長所がある。
・人事交流は都区立図書館間の相互協力，都立図書館業務の向上をもたらす。
　小委員会は，区立図書館の勤務経験をもつ人が都立図書館に異動してくれ
　ば，「相互間の理解も深まるし（中略）都立図書館の業務も一層適正なも
　のになる」［37：51］と説明している。朝倉と石井も人事交流を支持して
　いる。
・人事交流によって司書の異動可能な職場が増加する。これは明確には述べ
　られていないが，都立日比谷図書館協議会が，都区立図書館に司書職制度
　が設置された場合の司書は500名以上，管理職は80名程度になると予測し
　ていること［18：6］から感じられる。司書職制度を採用する場合，全体
　の人数の規模は大きいほどよいからである。

④　都立図書館職員の区立図書館長への一方的な異動

　小野は，この段階での「司書職の都区交流」は「事実上都立図書館職員の区
への異動しか考えられない」「館長になりうる司書職の人は都立の人しかない
ということになる」と述べている。その理由は，1．区立の職員側には都立に
異動する必要は全くなく，区立図書館をどうするかが重要課題であった，2．
区立の現職者の経過措置は将来の課題とされている，3．そのため，館長にな
りえる司書職は都立の職員しかない，というものである。

　これは，1は，区立図書館職員の都立図書館への異動の意義を理解せず，全

面的に否定している点で根本的に誤っている。2は，将来の課題であっても，遠からず区立図書館の司書有資格職員の経過措置が決定されるはずである。3は，司書が館長になるのは将来のことで，時間の猶予がある。2と3では自明の状況を無視している。

⑤　都立図書館の人事対策

都立図書館の側は，同館の昇進人事は同館内部で解決できると考えていた。朝倉は，この理由として，都立新図書館や三多摩図書館の建設，都庁各局資料室や都の類縁機関への出向などの構想を立てていることを挙げている［27］。

⑥　都立図書館と区立図書館の関係

都区立図書館という用語が都立図書館の司書職制度と結びつけたものと解釈され，批判されている。しかし，このような主張は疑問であり，その理由として次の2点を挙げることができる。

・最初の要請書でも「都区立図書館」の用語が用いられている。
・要請書は，都立図書館と区立図書館を並列的に扱い，都立図書館に司書採用制度があるのだから区立図書館にも必要であるという論理で書かれている。関係方面への要請の結果でも，都立図書館にすでに司書の職があることが区立図書館における司書制度実現の可能性の根拠となっている。宮崎も，区立図書館の有資格者の採用・昇任の開始は，ほとんど同時に始まった都立図書館の司書職制度と深い関係があり，都の司書採用・昇任制度が特別区の制度に影響を与えていると指摘している［28：310-311］。

　また，都立日比谷図書館協議会は「区立図書館にも司書職が配置され，量的にも質的にも，そのサービスが充実して，はじめて都立図書館の機能が十全に発揮されることになる」と指摘し，「都区立をつうじて，司書職制度を確立すること」［18：82］を提唱している。

(6)　区立図書館長と区の理事者は，実態の認識なしに制度だけを先に作ればよいと考えている

①　住民のための図書館の観点

反対理由は，東公図は「住民のための図書館」を推進する観点に立っておらず，中味のない制度だけを作ろうとしている（Ⅰ⑪）と批判している。

ほかにも，千葉治は，要請書は「従来の図書館についての運営の考え方から

脱しておらず，図書館発展の展望が弱かったこと」で，職員の批判，反対を受けたと述べ [42：24]，後藤暢は「制度の前提となる図書館業務の評価においても，旧来の整理技術偏重の色彩が濃厚であった」ことを批判している [46：456]。仮に，このような点があったとして，なぜそれが司書職制度の要請書に反対する理由になるのか全く不可解である。司書職制度が設置されれば，このような点は容易に是正されるからである。

② 職員人事の理解

反対理由は，司書有資格者の配置転換があることを挙げて，図書館長と理事者が，図書館の実態を認識せずに制度だけを先に作ろうとしている（Ⅰ④，Ⅲ⑤）と批判している。しかし，図書館長には図書館職員の人事権がないため配置転換を止めることはできない。理事者側も，司書職制度がなければ通常の人事異動を行わざるを得ない。したがって，この批判はどちらに対しても根拠のない不当な批判である。

また，人事異動が行なわれていることは，業務内容や有資格者の必要性に関する認識がないことの証明にはならない。図書館長や理事者の任務は何よりも制度を確立することである。制度を作ろうとしていることが認識があることを意味するのである。朝倉は次のような反論を行なっている。行政職館長は，図書館長などの責任あるポストには司書職を当てるべきであると提案している。これは図書館職員のあり方に関する最も優れた理解である。このような制度ができれば，近い将来，生粋の専門職館長が誕生する [27：308]。

2.2 その他の反対理由

(1) 専門職を理由に悪い労働条件が固定化される危険性がある

東公図はこれに対して反論していない。図書館の労働条件が悪いことは事実であるが，労働条件を改善するために最も必要なのは職員の意思一致である。この点は司書職制度を採用した方が容易であることは明らかである。

(2) 人事管理上マイナスになる

これは次のような意見である。

・各区に司書職制度を設置することによって，都立日比谷図書館における人事の頭打ちを各区に及ぼす懸念がある。

・選考職種にすることによって，業務の性質を低く見られ，かえって格付が低くなる。
・都区の職制全体と遊離しては，健全な発達を阻害される恐れがある。

この3点は，司書職制度に伴う問題点である。専門職制度には専門職制度の問題点がある。しかし，これは司書職制度を進める中で解決していくべき問題点である。司書職制度を否定する理由にはならない。人事の頭打ちについては，第一に，要請書は，そのために「専門分野に専念する司書職員については，その処遇格付の昇進の道を確立すること」を挙げている。第二に，全体の規模が増大すれば頭打ちは軽減される。他の2点も，実質的な競争試験採用や人事交流等の解決方法があり，現在実施されているところである。

(3) 人事異動の運用，労働条件の改善ができれば，現状でも司書の確保は可能である

これは次のような意見である。
・司書有資格者に来てほしい気持はあるが，現在の都の一般職の配属でも何とか確保できている。司書職制度という職階制を設ける問題とは別である。運用面で配慮すれば支障はない。
・異動の原則についての取りきめがあっても，事情によって配慮はされるはずである。
・区立図書館に有資格者が来たがらないのは，制度がないためではなく勤務条件が悪いためである。

小委員会の調査結果が示しているように，このような考え方では，大卒者を確保できないし，有資格者の確保も不確実である。これは，司書職制度を提案した時に必ず出てくる意見である。連絡会はこのような主張をすることによって，このような意見に市民権を与えたのである。

(4) 司書教育の内容は不十分であり，資格取得が安易過ぎる

これは司書職制度を推進する際の根本的な問題点である。小委員会は「資格取得の現在のあり方は，確に安易だが，近年各方面で検討がなされ，質的な向上が計られてきている」［37：58］と述べているが，これだけでは不十分である。北村泰子（都立日比谷図書館）は次のように述べている［19：25］。

Ⅲ　司書職制度要求運動の現実

　　　たとえ今の司書の内容が貧弱であっても制度を確立し，司書を職とする
　　者の数をふやして，お互いに切磋琢磨して内容の充実をはかるとともに，
　　協力して行政的にその職の質と格を，また社会的にその地位の向上を目ざ
　　して努力すべきではないか。

　図書館サービスの質的向上をめざし，そのための司書職制度を求める立場か
らはこのような見解以外はあり得ない。司書に対して需要があることが証明さ
れなければ，教育の充実は困難である。しかし，この立場を貫くには高度の政
策構想力が必要である。これが一般職員の立場で可能かどうかはきわめて疑問
である。
(5)　区立図書館の規模・内容では司書を置く必要はない
　このような質問に対して，小委員会は次のように回答している［37：62］。

　　　現在の区立の現状は確かに一般的に云って貧弱だが，これは専門的職員
　　がいないために，業務の内容が本来の図書館らしい水準まで達していない
　　ためで，専門的職員をおくことによって，現在の施設設備という条件の中
　　ででも，もっと図書館らしいサービスが行えるようになると思われる。

　図書館サービスの質的向上をめざし，司書職制度を求める立場ではこのよう
な見解以外はあり得ない。
　宮崎はこれとは逆の批判的な意見を紹介している。宮崎は，事務職の中に
「図書の出納や受付は素人でもできる。子ども室はこども好きの職員なら充分
間に合う。整理だって委託する図書館がふえている（中略）。区立図書館は司
書なしでもやっていけるのではないだろうか」という意見があることを紹介し，
「これらの疑問に対してまだ誰も納得のいく回答を与えていないようです」
［28：312］と述べている。もし，この質問に誰も答えられないのであれば，司
書職制度は必要ないし，司書には司書職制度の必要性を主張する力がないこと
になる。連絡会は，司書職制度の必要性を否定する意見を主張し，このような
意見に市民権を与え，反対意見を強化しているのである。このような意見は，
区立図書館の司書が司書職制度の設置を要求しようとするときに，自分に対す

る批判となって現れてくるのである。
　(6) 官僚的な図書館長による政策である
　これは長谷川昇館長に対する批判である。図問研東京支部司書部会は，全公図の結成などを例に挙げて，当時，官僚主義的な政策が強まっていたと指摘している［45：240］。佐藤政孝も，長谷川館長が「図書館協会の運営に不満をもつ県立図書館長，近県の市立図書館長を発起人にして」またたく間に全公図を発足させたと述べている［57：229］。そして，このことが，都立日比谷図書館と市区立図書館との信頼関係に大きな亀裂を生じさせる結果となったと評している。このような動きをリードした館長であるため，区立図書館職員の不信を買ったという主張である。しかし，佐藤の主張は，長谷川館長の役割を大きく描き過ぎている。全公図の結成は前代の永井館長時代からの懸案であった［60］。朝倉は，インタビューで，都立日比谷図書館，東公図とも一つの方針に基づいて長期的に政策を進めていたのであり，館長個人によって影響を受けることはなかったと指摘している。
　長谷川館長は，図書館行政のあり方について，おおむね次のように発言している。事業の運営，職員の地位確立，処遇改善のどれも行政によってしか解決できないことは自明である。にもかかわらず，図書館人は図書館行政を意識しておらず，行政ルートにのせる努力が足りなかった［63］。図書館にはさまざまな問題が山積しており，議論はされているが，実現の運びに至っているものは一つもない。図書館は地方行政の一環であり，図書館員も地方公務員の立場にたって，「行政ルートにのせて解決する」方向で努力しなければならない［71］。
　これらの発言は，図書館行政のあり方に関するきわめて適切な見解であり，今日でも図書館界で指摘されていることである。むしろ，図書館行政に関する先駆的な発言といいうるものである。
　朝倉は，行政職館長について，図書館の行財政は建設途上にあるため，現在は行政知識と手腕が必要であり，行政職館長は行政経験が豊富であると指摘している［27：308］。
　(7) 現職者の身分保障，経過措置がない
　小野は，現職者について次の2点を指摘している［44］。

Ⅲ 司書職制度要求運動の現実

1. 図書館で働き続ける意思を持ち，かつ司書資格を持つ職員に対する身分保障や経過措置について触れられていない。
2. 図書館での勤務を希望する職員に関して，館長協議会として，人事異動の際に配慮するよう，理事者に働きかける意思表明をするべきである。

1と2とはまったく別のことである。当時の反対意見には2は含まれていたが，1は含まれていなかった。1については，参考資料Ⅱでは，区固有職員の身分取扱措置は，司書職の設置の際「十分留意しなければならない問題点である」と述べ，参考資料Ⅰでは「司書の資格を有する主事，主事補等で司書職に転職を希望するものの措置は将来の問題として処理していきたい」と述べている。東公図は「転職については都職員組合との交渉事項であり，当局側だけできめるわけにはいかない」と考えていた [17：2]。これは，基本的に本人の希望を尊重する立場に立ちつつ，労働組合と協議して適切な方法を探ろうとしたもので，その内容は今後の検討に委ねている。したがって，当時の反対意見には，現職者の経過措置に関するものはない。2については，東公図は，図書館で働き続けたい人の配転を避けるために司書職制度を設けようとしているのである。制度ができるまでは，人事異動があるのはやむを得ないのである。これは司書職制度ができれば解決する問題である。司書職制度の設置を要望しているのに，そのような中途半端なことをする必要はない。

小野は，これを「図書館に働きつづけたい人が配転させられていることにたいして，何とかしてほしいという切実な声にたいして"将来の問題"とすることが現場の職員は納得できない」と評しているが，これは次元の異なる二つの問題（2と1）を結びつけたものである。東公図はこのようなことは考えていない。

図問研東京支部司書部会は，1980年に「現に働いている人の身分保障・経過措置についてふれられていない」点を批判している。これは明らかに小野の主張を受けたものである。全く誤った見解である。

(8) 職員の定数基準の改正が必要である

連絡会は，職員定数基準の改正に同時に取り組むべきことを主張している。佐藤は，都区財政調整制度における定数基準は司書職制度以上に重要な課題であり，それが検討されなかったと述べている [57：232-233]。反対理由Ⅰも同

様の見解を述べている。大澤や山家は佐藤の見解を紹介しているが，これは全く性格の異なる問題であり，何が根本的な課題かを見失っている。

委員会は「まず専門職制度の確立をして，図書館そのものの職責を認識してもらい，その上で定数基準の改訂を要求した方が筋がとおるし，作戦的にもよいと判断した」[37：53] と述べているが，適切な判断である。定数配当基準を「根本の問題」，司書職制度の設置を「表面的な解決」ととらえる考え方 (Ⅰ⑥) は完全に逆立ちしている。

(9) 前提となる懸案が解決されておらず，時期尚早である

懸案としては，司書職制度の裏付けとなるサービスの確立や，教育の充実による職員の実力の向上が挙げられる。しかし，これらの懸案が解決されるまで司書職制度を導入すべきでないという主張は誤りである。これは，石井が言うように「卵が先か鶏が先か」の論理であり，問題をいたずらに拡散させるものである。司書の配置なしにサービスの確立は不可能であるし (2.2(5)参照)，司書の職場の拡大なしに図書館学教育の充実は不可能である (2.2(4)参照)。

なお，時期尚早論の背景には図書館運動がもつ独特の姿勢がある。図問研東京支部は，東公図による司書職制度の要請書の提出というきわめて重要な政策が進められている時期に，文京区立小石川図書館の調査や東京の公立図書館白書の作成に取り組んでおり，要請書への対応に十分取り組んでいなかった。

常に自分達の運動の課題やスケジュールを優先するため，社会や行政の動きに対応することができない。また，理論的にも，自分達のそれまでの考え方を越えることがないため，新しい情勢に対応できない。このため，外部の動きが，時として時期尚早に思えるのである。

3　反対運動の方法の問題点

3.1　運動の進め方

(1) 本当に要請書の内容を知らなかったのか

連絡会は，懇談会で，特区協から問題を示されて「はじめて要請書の内容を知り，事の重大さに気づいた」[37：47] と述べている。図問研東京支部も「提出された後，助役会から都職労に提示されてはじめて職員に伝えられまし

た」[45：239] と述べている。

当時，区立図書館の館長から直接職員に通知があったかどうかは明らかではない。インタビューした数人の区立図書館職員はいずれもなかったと述べている。しかし，司書有資格者にしばしば見られる行政施策に対する関心の低さを考えると，通知がなかったと断定することは困難である。

図問研会員の中心メンバーに関する限り，要請書の内容を知らなかったということはあり得ない。その根拠として次の5点がある。

① 1965年秋の時点で要請書とほぼ同様の内容について東京支部で討議が行なわれていた [4：23-24]。
② 東公図副会長の清水正三が東京支部の中心的メンバーであった。
③ 1966年8月に東京都教育庁社会教育部社会教育課主催の研修が行なわれた。
④ 1966年10月の図問研東京支部総会で，東京支部長であった宮崎が「最近著しく具体化しつつある司書職制度の現状」と「行政担当者の態度」について詳細な報告を行なった [8]。
⑤ 要請書が1967年1月に決定され，『とうきょうのとしょかん』に掲載された。

図問研東京支部では，1965年度から，要請書とほぼ同内容について討議を行ない，1966年10月の支部総会では長時間にわたって意見交換を行なったが，まとまらず，検討のために専門職制度小委員会を設置した。この委員会は各国の専門職制度に関する学習会を行なったが，1967年7月の時点では開店休業状態である [13] と報告されている。東京支部は，区立図書館職員は1968年2月まで要請書について何ら検討を行なわなかったことを認めている [20]。連絡会の発言は事実に反するものであり，自分達が検討を行なってこなかった責任を東公図に転嫁するものである。

(2) 反対意見は組合員の多数意見か

宮崎は「区立図書館における司書職制度について，組合員の関心が極めて低い」「組合を通じて意見を求められても，多くの職員にとっては寝耳に水で，的確な判断を下すことができなかった」と思われること，「3回も研究会が開かれながら，23区中約半数の支部しか出席しなかった」こと [28：312-313] を

指摘している。大澤も「図書館現場では必ずしも充分［な］論議の末意見をまとめたわけではなかった」「各支部では充分な職場討議が行われなかった」［56：34］と述べている。これらの意見を考慮するならば，14支部の組合員が出席し反対したといっても，それが職場の意見を代表したものかどうかはきわめて疑問である。佐藤は，図書館司書専門職制度研究集会を「各区の図書館職員代表の参集を求めて」「職員代表の討議」と論じているが，当時の資料には「職員代表」の記述はない［57：233］。

反対意見は司書・司書補有資格者の中でどれくらいの比率を占めていたのだろうか。1967年7月の東公図によるアンケート調査（第5章1.3参照）では，司書職制度の設置に賛成している司書・司書補有資格職員は94人であるが，②司書職の採用方法については，そのうち特別区人事組合による採用を主張するものが15人（ほかに「わからない」が1人），⑤人事交流の範囲については，区立図書館間のみで行なうことを主張するものが26人（ほかに「その他」が4人）であった。回答の反対理由Ⅱの3と4に同意するものが15人，4のみに同意するものが30人である。

この2点から，アンケート調査の回答者に関する限り，要請書に反対する可能性のある司書・司書補は最大15〜30人であることがわかる。この人数は回答者94人の16〜32％，全有資格者123人の12〜24％にあたる。また，要請書に反対する各種の集会の参加者は10〜23人である。この2点から，反対意見は区立図書館職員の一部15〜25名程度の意見であったことが明らかである。無視できない数ではあるが，あくまで少数意見だったのである。もし，連絡会が広く支持されていたのであれば，東公図のアンケートを批判しているのであるから，あらためてアンケートを行なうか，あるいは，司書有資格者を対象に署名運動を行なえばよかったのである。

また，回答は「組合員の総意を結集した意見を改めて申し述べます」と述べているが，特区協は総意を結集した意見を述べないまま，取り組みを打ち切っている。これはこの問題に対する特区協指導部のかかわりが希薄であることを示している。1970年代に入ってから，特区協は数回にわたって各支部の意見集約を行なったが，全図書館で討議が組織できなかったこと，賛否両論があったことから，結論を出すには至らなかったと言われている［53：37］。

Ⅲ　司書職制度要求運動の現実

(3)　なぜ代案なしに反対するのか

　図問研東京支部委員会は，3月22日の集会での討議の結果を「今すぐ館長協議会の要望書どおり専門職制度をつくることには賛成できない。将来は必要だがいろいろと問題点があるので早急に結論を出すより時間をかけて討議する必要があるというのが大体の意見でした」[22] とまとめている。野瀬も，話し合いの結論を「司書職制度は望ましいものであるが館長協議会の要請書の内容は多くの問題点があるので賛成できない」と要約している。

　問題点があるため賛成できない場合は，一般には，まず問題点を示して説明を求め，次に問題点の是正を求め，さらに代案を示して討論や交渉を行なうことになる。この場合も当然そうすべきである。特に，既に関係機関に要請書が提出された以上，その方向で努力すべきである。しかし，区立図書館職員は，東公図に説明や話し合いを求めることなく回答を提出している。しかも，回答は明確に「反対します」と言い切っている。さらに，連絡会は，区固有職員の採用，職階制の否定，通し号俸制の実現など特別区が絶対受け入れることのできない理由を挙げて，その後の論議の可能性を自ら断ち切っている。これはなぜであろうか。反対するのは，代案が受け入れられず，改善ができないことがわかってからでもよいはずである。

　宮崎は1965年に「この際区側としても，いたずらに反対をとなえるだけではなく，有能な司書を東京の公立図書館に採用するという共通の一致点にたって，予想される弊害をとりのぞくための方策を考えるべきではなかろうか」[4：24] と述べているが，連絡会は全く反対の行動を取ってしまったのである。

(4)　なぜ館長を敵に回すのか

　さらに重要なことは，東公図の要請書に正面から反対することは，東公図の館長達の「面子をつぶす」ことになるということである。館長達は，部下である図書館職員の了解なしに要請書を出したことになり，手続きにおいても，管理能力においても批判を受けることになるからである。

　宮崎は1965年に「私たちが，今もっとも心すべきことは，これら行政職の館長を敵にまわすのではなく，日常の仕事をとおして専門職の必要を認めさせ，味方につけることである。これら行政職の館長を表面にたてて，区長会，教育長会，東京都人事委員会等に強く働きかけていくことが必要なのである」

[4：24] と述べているが、この点でも連絡会は全く反対の行動を取ってしまったのである。

(5) なぜ理論的到達点を否定するのか

連絡会の主張に目立つのは、これまで明らかにされてきたはずの理論的到達点を簡単に否定していることである。それは、回答の「都立図書館と区立図書館の果たすべき機能が（中略）明確にされていない」という主張や、宮崎が紹介している「区立図書館は司書なしでもやっていけるのではないだろうか」という疑問に対する「まだ誰も納得のいく回答を与えていないようです」という主張に見られる。連絡会は、自らの主張を通したり補強したりするために、それまで積み重ねてきた議論をくつがえしている。司書有資格者であり、図書館研究団体の会員である人々がこのような主張をすれば、その影響は大きく効果的であろう。しかし、そのような発言はすべて記録に残り、関係者の認識となって積み重なり、後々に多大な悪影響を及ぼすのである。

(6) 責任を他者に転嫁していないか

松岡要（目黒区立図書館、現日本図書館協会）は1994年に「1967年の時は組合が反対したということで明確です」と述べ（第5章4.4参照）、労働組合を反対の主人公として挙げている。大澤正雄は1997年に「これら組合の動きに対して図書館現場では必ずしも充分［な］論議の末意見をまとめたわけではなかった」[56：34] と述べて、労働組合に責任を帰し、労働組合と図書館現場を切り離し、労働組合側に反対のイニシアチブがあったかのように述べている。

確かに、小委員会は、都職労には専門職制度を設けると労働運動全般の力が弱まるという立場があると述べている。しかし、回答作成の過程は、明らかに、反対したのは図書館職員であり、労働組合はそれを承認しただけであることを示している。連絡会は「三回にわたって検討した結果、あの反対意見書を都職労委員長の名で出してもらった」[37：47-48] と述べているのである。

連絡会の会員は、特区協主催の集会に参加した図書館職員の有志であるが、その中心は図問研東京支部の会員たちであった。なぜなら、東京都公立図書館職員連絡会は、図問研東京支部委員会が3月22日の研究集会の後の支部委員会で設置を決めたものであり [20：9]、発起人6人は全員が図問研会員であり、東公図との懇談会の出席者は11人中少なくとも10人までが図問研会員である[8]。

Ⅲ 司書職制度要求運動の現実

小野格士は，発起人の中心メンバーは労働組合役員でもあったことを明らかにしている［54］。区立図書館職員の図問研会員の積極的メンバーには労働組合役員が含まれていたのである。大澤正雄を始めとするこれらのメンバーは，労働組合役員を務めていたため，労働組合運動としても取り組むことができたのであろう。

　大澤の発言は，大澤自身を含む連絡会の会員の責任をおおい隠すものである。彼らは専門職制度の設置に向けて労働組合を説得しなければならなかったのである。この点で，佐藤政孝が，反対した労働組合の回答を批判しつつも，連絡会が何をすべきであったかについて触れていない点は疑問である。

　また，連絡会の反対理由は特区協の反対理由とは異なっており，この点でも労働組合に責任を帰することはできない。

　なお，連絡会のメンバーのうち，1970年代前半に，伊藤峻は多摩市立図書館長（後に豊中市立岡町図書館長，松任市中央図書館長），1980年代には，大澤正雄が朝霞市立図書館長（後に鶴ヶ島市立図書館長），1990年代には，千葉治が佐賀市立図書館長として，特別区から転出していったこと[9]を明らかにしておく。

(7) 事実認識は正確か，討論の姿勢は適切か

　事実認識の正確さに関する最大の問題は，要請書に対する反対理由である。いかなる理由からか，図問研東京支部の関係者は，連絡会の反対理由を特区協の反対理由として挙げてきた。その最初は1969年の森崎震二，松岡要の文責による『月刊社会教育』の記事である。これによって，特区協の反対理由でない事項が特区協の反対理由とされ，特区協の運動に対して誤解を招いてきた。その後，図問研東京支部司書部会，後藤暢，山家篤夫はこれを踏襲している。そのほか，連絡会が要請書の内容を知らなかったのかどうか，反対したのは労働組合といえるのかどうか，が問題である。

　討論の姿勢については，山家と大澤が，佐藤の著書を引用しつつ，連絡会に対する批判に触れようとしない点が問題である。また，伊藤峻が，『図書館雑誌』1968年8月号の記事で，4ページを費やしながら，要請書や反対運動について全く触れず，一般論に終始していることは，公に討論をしようとする姿勢がないことを示している。おそらく，伊藤は『図書館雑誌』の誌上では反対運動について論じたくなかったのであろう。

後藤暢が挙げている区立図書館職員の「反発を招いた理由」は，理由にならない理由である。また，「住民の支持と，図書館職員集団の民主的討議」の実態については，別の機会に論ずるが，少なくとも「住民の支持」は時代背景の違いを無視した議論であることは明らかである。

(8) 人事行政の構造を理解していたか

朝倉は，インタビューで，当時，この機会を逃しては司書職制度はできないと感じていた，と述べている。なぜ，朝倉はそう感じたのだろうか。その背景には行政組織における人の問題がある。

この要請書が東公図によって決定され，関係行政機関に受け入れられた原因は，都立日比谷図書館と東公図において司書職制度を確立する政策がはっきり打ち出されていたことであるが，同時に，当時東公図の主要ポストに就いていた事務職の人々，長谷川会長－乾小委員長－秋山事務局長－朝倉事務局員が，全員，司書職制度に好意的であり，それぞれ実力と意欲のある人物であったことがある。この場合の実力とは，政策立案能力，説得力だけでなく，それまでの経歴からくる影響力や対外的な信用が含まれる。

政策の決定や制度の確立は，理論的根拠が明確であったり，サービスの実績があれば，実現するわけではない。理解と意欲と実力のある関係者が「揃う」ことが必要なのである。一般に，このような状況は20年に一度程度しかやってこないといわれる。行政にはタイミングが重要だといわれるのはこのためである。「この機会を逃しては」の意味はここにある。

このときの関係者の中では，2人の人物が特に重要な役割を果たしている。1人は，要請書作成の当事者である乾勝氏である。乾氏は，1955年の入都以後，教育庁学務部，総務部に勤務し，1966年に30代半ばで管理職になっているが，その最初の職場が目黒区立守屋図書館長であった。翌年以後目黒区教育委員会社会教育課長，学務課長を務め，その後，東京都教育庁社会教育部振興課長，総務部広報課長，世田谷区教育委員会次長，社会教育部長等を経て，都教育庁の社会教育部長，福利厚生部長を務めている[10]。東京都の職員としてきわめて優秀で，実力のある人物であった。

都教育庁出身であれば，特別区の図書館行政に対して理解があり，協力的であっても不思議ではない。教育庁出身の優秀な若手管理職が区立図書館長とな

III 司書職制度要求運動の現実

り，しかも，その手腕が最も必要な年に東公図行政小委員会委員長の職についたのである。このような人物が委員長であれば，他の委員も協力を惜しまないだろう。乾氏は首長部局にも知人が多かったようである。朝倉はインタビューで，要請先の都総務局行政部の人事担当者が乾氏の親しい知人であったことを明らかにしている。

他の1人は都総務局行政部の人事担当者である。残念ながら，この人物の氏名は明らかでない。朝倉はインタビューで，その人事担当者が乾氏に対して「労働組合がOKすれば，進めよう」と答えたと語っている。このことは，この人物が単に乾氏の知人であっただけではなく，図書館や司書の役割を理解し，その将来性を認識することができる人物であったこと，行政部の中でその方針を進めることができる実力と自信があったことを示している。単に乾氏の知人であるだけでは，ここまで好意的かつ積極的な対応は期待できないであろう。

朝倉は，インタビューで，当時は，上記の2人の人を得た点で非常に恵まれており，このようなことはそうあることではないと述べている。これが「この機を逃しては」のもう一つの意味なのである。

連絡会のメンバーにはこのような事情は理解できなかったであろう。

3.2 主張の内容

(1) 司書不要論に道を開いていないか

反対理由Iは，人事の頭打ち，格付の低下，都区の職制からの遊離，司書講習の水準など人事上の問題点（⑤⑦⑧⑩⑫），IIは，労働条件の改善，異動原則の適用除外による司書の確保の可能性（③④⑤）を挙げている（第5章3.2，3.3 (4)参照）。これらの意見は司書職制度の意義と必要性を否定するものである。そのほか，宮崎は「区立図書館は司書なしでもやっていけるのではないだろうか」という疑問に対して「まだ誰も納得のいく回答を与えていないようです」と述べている。この点から，連絡会が司書職制度を否定する考え方を含むさまざまな反対理由を持ち出していることがわかる。連絡会は，本来主張すべきでない主張を示しているのである。

このような意見は，各自治体の事務職員の意見や当時図問研会員であり懇談会にも出席した俵元昭（港区立図書館）の意見［7］がもとになっていると考

えられる。

(2) 制度なしに実体が作れるのか

　伊藤峻は「サービスの改善こそが急ぐときのまわり道である」「歴史的にも，仕事の実体なしに生れた専門職制度はひとつもない」［29：316］と述べている。このような考え方は半面の真理ではあるが，司書職制度の提案に反対する理由としては明らかに誤りである。制度なしでもある程度まで実体を作ることはできるが，それは決してあるべき水準にはならない。制度なしには実体の形成が困難だからこそ，実体を作るために制度が必要なのである。制度がなくても実体ができるようなら，制度は不必要である。司書が確保できないため，十分なサービスが提供できず，そのため司書職制度が必要になったのであるから，当時の区立図書館において，司書職制度の確立なしにサービスの実体の構築ができるはずがない。このことは，その後の区立図書館の30年間の歴史が証明している。伊藤峻の発言は，それ自体では一定の意味のある命題であるが，この場合にはまったく不適切なものである。

(3) 自治体行政に関する知識は十分か

　反対運動をリードした人々は，図書館長には司書有資格職員の異動を止める権限はないこと，都と区は組織上一体であり，他の県とは制度が異なること，区固有職員の採用は当分の間不可能であること，東公図の要請書に反対すれば，今後，東公図の協力を得にくくなることを十分理解していなかったと思われる。例えば，都と区の関係について，伊藤峻は1967年の図問研東京支部総会で「「都」の図書館政策として考える限り，区立図書館の設置・運営について都がとやかくいうべきではない。従って区立の問題を考える必要は全くない」［14：7］と述べている。このような考え方は，道府県の場合も都の場合も明らかに誤りである。

　この原因として，彼らの大部分の年齢が若かったことが考えられる。最も若い職員は30代前半であり，彼らの年令ではまだ社会や行政の仕組みを十分理解できなかったと思われる。また，大田区立図書館の司書有資格者には司書採用者が多く，他区の司書有資格者の多くが臨時職員出身であったことも影響していると思われる。

4 反対運動の背景

4.1 当時の図書館界の状況

　特別区の図書館職員，特に図書館運動に熱心であった司書有資格者はなぜこのような行動をとったのだろうか。その理由について考えてみたい。

(1) 中央図書館制度の復活

　宍戸寛は，インタビューで，当時の区立図書館の司書達の最大の反対理由は，この司書職制度が中央図書館制度の復活につながるということであったと指摘している。宮崎俊作は，既に1966年10月の全国図書館大会の図書館職員の問題研究部会で「都人事委員会において都区立一本で有資格者を採用し，それを各区に配属したらどうかという案がだされている」ことを紹介し，「かつての中央図書館制度が再現するおそれがあると懸念する人もいる」と説明している［9］。

　1967年当時，中央図書館制度に対する関心が高まっていた。清水正三（中央区立京橋図書館長，東公図副会長）は図問研の刊行物である『図書館評論』第6号（1967年6月刊）に「中央図書館制度についての覚書」［68］を発表し，中央図書館制度を批判している。執筆の日付は1967年5月30日で，これは東公図の会長と副会長（清水）が関係方面に対する要請行動を行なっていた時期である。ほぼ同趣旨の文章［72］が1969年に『図書館雑誌』に掲載されている。

　清水は，中央図書館制度を，主として都道府県立図書館が市町村立図書館を何らかの意味でコントロールする制度［72：622］と定義し，戦前の中央図書館制度について，その要点を次のように説明している。

- ・地方長官（府県知事）は，管内図書館の指導，連絡統一のために管内の公立図書館の1館を中央図書館に指定する。
- ・中央図書館は指導，連絡統一に必要な事業を行い，中央図書館長は管内の図書館の事務を視察する。

この基礎として図書館の認可制があった。これらは主として昭和8（1933）年の図書館令改正によって定められた。これを清水は図書館の中央集権的文化統制であると規定している［72：622］。

第6章　なぜ要請書に反対したのか

　この文章が書かれた動機は，1966年から1967年にかけて，社会教育審議会社会教育施設分科会で「公立図書館の設置および運営に関する基準案」が検討されたことである。宮崎は1967年2月にこの草案を「中央図書館制度を志向している」［62：75］と批判した。1967年3月には，これを修正した基準案が社会教育審議会社会教育施設分科会で承認され［64］，図書館界ではこの案の第4条などが批判された［68：3］。その部分は下記のとおりである。

　　4．都道府県立図書館は，市町村立図書館および私立図書館等の協力のもとに，次の事項の実施に努めるものとする。
　　　① 都道府県内図書館相互の連絡を図り，その連携を促進すること。
　　　② 資料の収集，整理，保存についての連絡調整，総合目録の作成，資料の貸出ならびにレファレンスサービスに対する支援などを行なうこと。

　清水は，1967年の文章で，戦後の図書館法改正案に中央図書館制度が盛り込まれ，中央図書館による統制の復活の危険性があったこと，望ましい基準の第4条の②に中央図書館的発想があることを指摘している。後者については，1967年の文章では，『法令用語辞典』における「調整」の二つの定義[11)]を引用して，「調整」の「権限はかなり大きい」と指摘し［68：3］，1969年の文章では，「「調整」という法律用語が統制に近いニュアンスをもつということぐらいは行政に携わっているものなら誰でも知っていることである」と述べている［72：624］。

(2)　全国公立図書館長協議会の設立

　1967年5月の全国公立図書館長協議会の発足に対して，公立図書館界から批判が生じた。それは，全公図が日本図書館協会に代わるものとして発言力を持つことになれば，「館長→部課長→館員という官僚機構を代表する館長の意見がそのまま専門人の集約意見にすりかえられることによって，結果的に文部省の官僚統制を強め，専門人たる図書館人の意思を弱めることにしか役立たないであろう」［70：34］，「図書館の何たるかを十分承知しているとはいえない役人館長が結集して，文部省との結びつきを深めつつ活動するとなれば，図書

Ⅲ　司書職制度要求運動の現実

館の本質をゆがめるような問題が起こらないとは限らない」［57：229］という
ものである。これらの批判には，行政組織としての図書館の連合体が図書館界
を代表するようになり，図書館職員の意見が押えつけられるのではないかとい
う図書館職員の危機感が示されている。

(3) 都立図書館職員との人事交流

中央図書館制度と結びつけられた問題に「都立図書館職員の天下り」がある。
ここには都の職員に対する強い反発がうかがえるが，この背景として，都立図
書館職員の中には区市立図書館の活動を十分理解していない職員がいること，
区立図書館では図問研活動が盛んであったが，都立図書館では盛んではなく，
図問研活動に批判的な職員も少なくなかった事情があったと考えられる。

(4) 情勢判断

したがって，1967年当時，清水や図問研東京支部の会員にとって情勢は次の
ような姿を示していたものと思われる。①文部省は「望ましい基準」で中央図
書館制度の基盤を復活させようとしている。②都立日比谷図書館長を始めとす
る公立図書館長たちは，日本図書館協会を軽視して，全国公立図書館長協議会
を発足させ，公立図書館界の代表者として行動しようとしている。③東京都と
特別区は，住民とともに図書館活動を進める拠点である区立図書館を，都立図
書館との人事交流によって上から統制しようとしている。当時，図問研東京支
部長であった宮崎俊作は，①②ほかを「危険の兆候」［62：73］，「図書館界に
おける反動路線」［13］と評している。この背景には保守（自民党）対革新（社
会党・共産党）の激しい政治的対立に終始した1960年代の政治状況があったこと
を理解しなければならない。

このような観点から見るならば，区立図書館職員の強硬姿勢が十分理解でき
る。この点を考えるならば，反対理由は，佐藤政孝が挙げている職員参加の有
無といった手続き上の問題ではないことが理解できるだろう。

(5) 区立図書館職員の意識

当時の区立図書館職員のうちの一部の司書有資格者には次のような意識状況
があったと思われる。

① 　区立図書館の司書有資格者は，司書職制度がなくても，館長や事務職員
　　が司書の意見を尊重し，よく聞いてくれる場合は（このような場合は必

ずしも多くない),図書館運営に自分の意見を反映することができる。館長や事務職員が素人であればあるほど司書の意見が通りやすい。ところが,仮に都立図書館の司書が館長になった場合を考えると,区立図書館の司書有資格者は運営上の判断の必要が少なくなって楽になるが,専門家としての意見の違いが生じた場合に自分の意見が通らなくなる恐れがある。

② 区固有職員として採用された司書有資格者には区固有職員の採用打ち切りによる孤立感と将来に対する不安感があった。区役所内では都配属職員ならびに事務職員に対する孤立感,東京都の図書館内では都立図書館の司書に対する孤立感である。そのため,要請書の内容を採用打ち切りの現状を固定化するものととらえてしまった。これは大田区立図書館の司書に特に顕著であった。宍戸は,インタビューで,この孤立感が反対運動の最大の原因だったのではないかと指摘している。

このほか,宮崎俊作は,インタビューで,大田区立図書館の職員には,図書館の設置以来,都立日比谷図書館の職員に対する強い対抗意識があったと述べている。

(6) 図書館問題研究会東京支部

要請書に反対した区立図書館職員の大部分は図問研会員であった。人数は少なくても,同じ団体に属し,連絡を取り合って行動すれば,会議等において多数を占めることは容易である。

しかし,東京支部はこの問題に対する見解を出すことができなかった。また,支部としての取り組みも十分ではなかった。支部委員会は1968年9月に至っても,「一昨年すすめられていた,各国の専門職制度についての勉強会は中断している」「図問研でも,一刻も早く専門職制度についての研究会を再開し,現在進行中の司書職制度設置の動向について,態度を表明する必要にせまられている」[31] と述べている。宮崎俊作は「支部が専門的な仕事の内容を明らかにするため「白書」作りに解消し,専門職をとり上げないのは誤りだったと思う」[32：3] と述べている。1967年秋から1968年にかけての図問研東京支部の最大の取り組みは東京の公立図書館白書の作成であり[12],専門職制度には取り組んでこなかったのである。

Ⅲ　司書職制度要求運動の現実

(7)　東京都職員労働組合の認識

　小委員会は，都職労は専門職制度は労働組合運動の力を弱めると考えていると指摘している［37：63］。大澤も，都職労には「新たな職の設置は組合の中に「差別と分断」を持ち込む」という意見があったと述べている［56：34-35］。この理由は，さまざまな専門職種ができると，第一に，組合員間の要求や利害の調整が複雑になって，組合員の団結を維持する上で障害になること，第二に，組合員にとって異動できる職場が減り，専門職員中心の職場では専門職員との協調が必要になることにあると思われる。

4.2　状況認識の問題点

　このような状況認識は正しかったのだろうか。

(1)　中央図書館制度の復活

　中央図書館制度に関する清水の見解には次の3点の疑問がある。

　第一に，清水は調整の定義を誤解している。清水は，調整は「統制に近いニュアンスをもつ」と主張している。その主張は，『法令用語辞典』の調整は「統制に似て，これよりやや軽いニュアンスをもつ」という説明とほぼ同様である。このことから清水がこの説明を典拠としていることがわかる。しかし，この辞典では，「調整」には二つの定義が示されており，この説明はそのうちの2）の「企業者の企業活動について用いられる場合」の説明なのである。1）では，「一般には，複数の当事者の間における主張，企画，行為等について，食違いを是正し，又は重複を除去し，意見の不一致を調和する等によって，それらの間における調子をととのえること」と定義し，例として，労働関係調整法，国土総合開発法等を挙げている[13]。したがって，清水のいう「統制に近いニュアンス」は二つの定義に共通するものではなく，行政機関である地方自治体に適用することは誤りである。

　第二に，1960年代の地方教育行政では，都道府県教育委員会は市町村教育委員会に対して，法律で定められた事項以外を強制することはできない。都道府県教育委員会は，基本的には地方教育行政の組織及び運営に関する法律第48条が定める指導，助言を行なうことができるだけである［75：170-171］。指導，助言は命令，監督と異なり，強制力がない。

連絡調整については，同法第51条が次のように定めており，現行法でも教育委員会相互間の調整は認められている。

> 第51条　文部大臣は都道府県教育委員会又は市町村委員会相互の間の，都道府県委員会は市町村委員会相互の間の連絡調整を図り，（略）もつてそれぞれその所掌する教育に関する事務の適正な執行と管理に努めなければならない。

したがって，地方教育行政法では，「調整」が統制的な意味を持つことはあり得ない。だからこそ，1992年の「公立図書館の設置及び運営に関する基準」の第3章1(1)が「都道府県立図書館は（中略）都道府県内の図書館間の連絡調整等の推進に努めるものとする」ことを定めているのである。

第三に，調整は，『法令用語辞典』の1）の定義では，第三者が複数の当事者間の関係について「食違いを是正し，又は重複を除去し，意見の不一致を調和する」等を行なうものであり，中央の機関が地方の個々の機関の行動一般を規制するものではない。したがって，中央図書館の機能と同一視することは誤りである。

戦後も中央図書館制度を提案した人々がいたが［73］，彼らは戦前への回帰を主張したわけではない。中央図書館制度には国・都道府県による統制手段の面と図書館協力網の中心の二つの面がある。これらの人々は図書館協力網の中心を制度上確立しようとしたにすぎない。清水は，このような提案に対して，前者になる恐れがあるという批判を繰り返してきたのである。

清水は，「都道府県立図書館は中央図書館などという名称をつけなくても，現行法で十分機能を果たすことができる」，また「都道府県立図書館の権威は，「中央」という名称でなく都道府県立図書館が，どのように都道府県内の住民と管下市区町村立図書館にサービスするかによって決まるのだと思う」と述べている［72：624］。その後の経過を見る限り，前者の機能は十分実現されていないし，後者でいうサービスを行なうためにも根拠となる法令が求められている。

清水が，このように考えた理由として，清水が戦前の図書館を経験している

Ⅲ　司書職制度要求運動の現実

こと[14]が考えられる。戦前の記憶がこのような態度を導いたのであろう。
(2) 全国公立図書館長協議会の設立

　全公図の設立発起人会は，公立図書館が直面している行財政上の問題は，個人会員を主体とする日本図書館協会およびその公共図書館部会では解決が困難であると指摘している［65］。

　朝倉は，インタビューで，その具体的理由として次の2点があったと述べている。

- 日本図書館協会公共図書館部会として要請書を出す場合，日本図書館協会の理事会や常務理事会に諮り，日本図書館協会会長の承認を得る必要がある場合があり，その手続きに時間を要してタイミングを逸する場合があったこと。
- 要望や陳情を行なう場合，全国公民館連合会のような独立した組織でないと，影響力が小さくなること。当時，全国公民館連合会は大きな影響力を発揮していた。

　実際，日本図書館協会公共図書館部会は，それまでも，対外的な折衝，特に陳情の際には，政治的な見地から「全国公共図書館協議会」という名称を用いていたのであるが，これは実体のない架空の存在であった［60］。全公図の設立は，この形式に実体を合わせようとするものである。

　しかし，問題はこうした形式面にとどまらず，行財政問題の解決に対する姿勢にあったようである。長谷川は，全公図結成の理由として，図書館の行財政問題に関して，これまで課題研究の点では成果を上げてきたが，「その成果を現実の行政ルートにのせ，関係当局への折衝段階へ持ち込むための適当な全国組織が確立されていなかった」ことを指摘し，行政上の圧力団体を意図したものであることを明らかにしている［61：481］。河島正光（機械振興協会，前神奈川県立図書館）は，全公図はよい意味での圧力団体であり，このような圧力団体を育成・強化することが必要であると指摘している［69］。

　長谷川は，日本図書館協会公共図書館部会は研究集会の開催など専門的分野の研究，情報交換，全国公立図書館長協議会は行財政問題の解決をそれぞれ分担すべきだと述べている。実際，全公図は結成時から日本図書館協会と相互協力体制をとっている［61］。図書館法改正についてアンケート調査を行なった

り［73］，図書館の全国計画の作成を試みた程度で［74］，「その後も大きく発展することはなかった」のである［57：229］。

(3) 都立図書館職員との人事交流

都区の他の部局や職種で普通に行なわれている人事交流がなぜ批判されたのだろうか。これには二つの理由が考えられる。

一つは，反対した区立図書館職員は，都道府県を悪役とする中央図書館制度の図式を基準に東京都と特別区の関係を考えたのではないだろうか。県の権限強化が悪であるならば，都職員との人事交流も悪である。

他の一つは，東京都が他県と同様に考えられ，東京都の組織上の独自性が十分理解されなかったのではないだろうか。その結果，都と特別区の通常の関係を，都が中央集権的に特別区に介入しているかのように受け止めたのではないだろうか。特別区は当時も今も他の市が持っている権限の一部を持っていない。反対した区立図書館職員が要求したのは特別区の職員人事の独立であった。それは当時では明らかに不可能であり，それを追求したことによって，司書職制度も同時に不可能となったのである。

(4) 情勢判断

中央図書館制度や全公図に対するこのような評価（4.1(4)参照）は疑問である。少なくとも，清水らが恐れていた結果は生じなかったのである。このような都道府県立図書館の制度を明確化しようとする試みに都道府県立図書館の権限強化を見出そうとする傾向は，近年でも図問研の運動に根強い[15]。清水らの情勢判断の背景には，戦後社会の制度を，基本的には戦前の社会の制度と連続したものとしてとらえる考え方がある。しかし，戦後社会の制度に関するこのような理解はきわめて疑問である。

(5) 区立図書館職員の意識

先に示した区立図書館の司書有資格者の考え方には次のような問題がある。

① 図書館や司書全体の利益よりも，自分の個人的考えの実現を追求している。

② 新たな制度への適応よりも，廃止された制度の復活をめざしている。

同じく，事務職の考え方には次の問題がある。

③ 専門的サービスよりも，長時間労働による収入増加を重視している。

Ⅲ 司書職制度要求運動の現実

いずれもめざすべき方向が逆である。現場の職員は，このように，大局的な観点に立つことができず，目先の利害にとらわれることがある。

(6) 図書館問題研究会東京支部

宍戸寛は，インタビューで，東京支部が見解を出せなかった理由を次のように指摘している。図問研東京支部では，1966年秋以後，要請書の内容について討議を行なってきたが，最も強硬に反対した伊藤峻を始めとする区立図書館職員及び森崎震二（国立国会図書館）と，推進する立場の八里正，宍戸寛ら都立図書館職員の間で激しい対立が生じ，討論自体が困難な状態にあった。八里は当時東京支部事務局長を務め，宍戸は事務局員であった。宍戸は，八里は「この機会を逃せば，区立図書館には司書職制度は永遠にできない」と力説していたと述べている。なお，要請書に関する討論を契機に，図問研東京支部事務局を担当していた都立図書館職員は事務局の担当をやめ，1967年11月以後，東京支部事務局は区立図書館職員に移った[16]。

このほか，俵元昭のように，司書職制度そのものに反対する会員がいたことも一定の影響を与えたと考えられる。

(7) 東京都職員労働組合の認識

大澤は，当時の都職労では「人事問題は「管理運営事項」として組合が介入すべきことではないという考え方が支配的だった」と指摘している［49：34］。にもかかわらず回答が出されたことは，回答に至る経過において連絡会から特区協に対する強い働きかけがあったことを示唆している。

おわりに

以上，反対運動の主張や論理を詳細に検討してきた。これによって，この運動の主張や方法とはどのようなものであったかが明らかになった。これまで，わが国の公立図書館に関する運動に対してはほとんど批判が行なわれてこなかった。その原因の一つは図書館運動について客観的な研究が行なわれてこなかったことにある。図書館に関する行政・施策に対しては常に図書館運動が行なわれるのであるから，図書館運動に関する研究と批判は不可欠である。

第7章　図書館運動の「負の遺産」

はじめに

　この章では，反対運動の経過とその分析をもとに反対運動の評価を行なう。1では，要請書と回答の評価，2では，今後の課題を論ずる。

1　要請書と回答の評価

1.1　要請書と回答の評価
要請書と回答に関する論議から明らかになる範囲で評価を示しておきたい。
・要請書の内容は妥当なもの，常識的なものであったという複数の意見がある。仮に事前に説明がなかったとしても，内容の評価とは区別されるべきであり，内容の是非が問題である。
・要請書の決定から正式提出まで9か月あったにもかかわらず，図問研東京支部では検討を行なわなかった。その最大の理由は，要請書決定以前からの支部内部の意見の対立である。
・回答は都職労委員長・特区協議長名であったが，実際は区固有職員の司書有資格者を中心とする図書館職員の一部の反対意見であった。労働組合は単に現場の要求を集約して伝えただけである。
・東公図によるアンケート調査の結果から，要請書に反対していたのは区立図書館の司書有資格者中15～25名程度と考えられる。その中心は図問研東京支部の会員であった。
・これらの司書有資格者は，司書職制度の設置に向けて，労働組合と事務職

員を説得するべき立場にあったが，逆に労働組合運動の要求を名目に要請書に反対した。
・回答は，疑問点の説明や問題点の是正を求めることなく，全面的に反対の意思を示している。
・連絡会の反対理由には，区固有職員の採用，職階制の否定，通し号俸制の実現など特別区が絶対に受け入れない考え方にもとづくものが含まれている。
・朝倉雅彦の文章（第5章3.3(4)参照）と石井紀子の投書（第5章3.3(6)参照）は連絡会の見解に対する反論として有効である。特に「中央集権反対というイデオロギー」の存在と「利用者の観点」の欠落を指摘した石井の投書は重要であり，勇気ある発言である。
・連絡会の反対理由のうち，都人事委員会での一括採用による特別区の自主性の侵害，都立図書館と区立図書館の人事交流による都立図書館職員の天下り人事は特区協の反対理由にはなく，連絡会独自のものである。都人事委員会での一括採用と都立図書館と区立図書館の人事交流は，都区行政においては当然のことであるから，図書館職員が提起したとしても，特区協は取り上げなかったであろう。
・森崎震二と松岡要は，連絡会の反対理由を特区協の反対理由として挙げ，その結果，事実認識を長年にわたって混乱させてきた。彼らの見解は，連絡会の反対運動が特区協によって行なわれたという印象を与えるとともに，特区協の労働組合運動に対する誤解をもたらしてきた。
・その他の反対理由には，根拠がないものと今後努力して克服すべきものが多いが，司書職制度の意義と必要性を否定するものもある。
・これには連絡会のメンバーや図問研東京支部の会員の中に司書職制度に対する反対者がいたことが影響していると考えられる。
・反対運動の背景には，望ましい基準の制定，全公図の設立等を，国・都道府県による市町村に対する統制の始まりと考える情勢判断があったが，30年後の現在，少なくとも，当時恐れた事態は生じていない。
・もう一つの背景として，東京都制度と特別区制度に対する理解の不足があったと思われる。

- 清水正三は，東公図の副会長を務め，司書職制度を推進すべき立場にあったが，同時に，図問研の中心メンバーであり，中央図書館制度の批判論文を発表し，反対運動の理論面を指導した。清水による中央図書館制度の批判は理論的に誤っている。
- 宮崎俊作は，都立図書館職員と協力し，司書職制度の実現をめざして努力していた。司書職種の吏員昇任試験を受験し合格するとともに，都区の人事行政から見て合理的な解決方法を提案するなどイニシアチブを発揮していた。要請書には反対ではなかったが，図問研東京支部長であったことから，最終的には他の図問研会員の反対意見に押し切られた。宮崎の執筆した記事の内容は客観的で事実の解明に役立つものである。それだけに，中央図書館制度に対する批判と最終段階での連絡会への同調が惜しまれる。
- 伊藤峻は，最も強く反対していたと言われているが，『図書館雑誌』では具体的な議論を避け，責任を回避している。
- 小野格士は，1970年代末に要請書に対する批判をまとめたが，司書有資格者の身分保障・経過措置に関して誤った見解を示しており，重大な責任がある。
- 1980年代に図問研東京支部司書部会が示した評価は，おおむね小野の意見をもとにしているが，根拠のない誤った評価であり，連絡会の責任をおおい隠すものである。
- 後藤暢の評価は，理由にならない理由を挙げており，連絡会を弁護するための議論である。後藤の肩書きは日本図書館協会図書館員の問題調査研究委員会委員長であり，委員長としての責任が問われなければならない。
- 図問研東京支部の会員達は，1960年代は野瀬里久子，森崎震二・松岡要，1970年代は小野格士，1980年代は後藤暢，1990年代は山家篤夫，大澤正雄が，事実に反する反対理由を挙げ続けてきた。
- 佐藤政孝による「重大な禍根を残したままとなっている」という評価は，自らの経験にもとづくもので，その後の東公図や関係者の認識を反映している。これは現時点での客観的で妥当な評価である。大澤正雄と山家篤夫はこの文を決して引用せず無視している。
- 佐藤政孝は，連絡会による反対運動の背景を十分理解せず，原因が要請書

作成の手続きにあるかのように述べている。また，東公図がどうすべきだったかについては論じているが，区立図書館の司書がどうすべきだったかについては触れていない。この結果，連絡会の責任を不明確にしている。この一因は，佐藤が1967年当時図書館に勤務しておらず，図書館界の実情を十分知る立場になかったことにある。当時の図書館界に対する佐藤の認識は一面的である。

・1980年代後半以後，後藤暢，山家篤夫，大澤正雄は，連絡会には触れずに，労働組合についてのみ述べてきたため，図問研会員の行動はほとんど知られなくなっている。
・区立図書館の司書は，東公図による要望書提出の機会を生かし，事態を前進させるために，問題点を明らかにし，現実的な対案を出して，改善を図るよう努力すべきであった。

1.2 回答の結果

(1) 直接的結果

回答と反対運動がもたらした結果として，次の4点が考えられる。

① 図書館職員と労働組合が反対したことによって，東公図と区立図書館長の対外的な信用と権威が低下した。関係機関の内諾を得ていただけに，権威の低下の影響は大きいと思われる。
② 非常識な反対運動の結果，東京の図書館界及び都区行政における区立図書館職員の司書有資格者及び司書有資格者一般に対する評価と信用が著しく低下した。
③ 司書職制度に対する反対の意思表示が行なわれ，さまざまな立場からの批判が行なわれた結果，司書職制度にかなりの問題があることが明らかになったが，その克服方法は検討されなかった。
④ 労働組合が反対すれば司書職制度はできないという前例ができた。革新都政の下では労働組合の影響力はきわめて大きい。

こうした一連の出来事によって，これ以後，司書職制度を実現するには，①東公図の対外的な信用と権威の回復，②区立図書館職員の司書有資格者の評価と信用の回復，③司書職制度に対する批判の克服，④労働組合の合意の4点が

必要になった。そのため，司書職制度を確立するには，その点を打開する戦略が必要になった。しかし，このような戦略の必要性は認識されなかった。

(2) 図書館界の損失

このできごとは戦後公立図書館運動史上最大の誤りであり，現在も大きな「負の遺産」となっている。この30年間に，区立図書館の職員問題をめぐり膨大なエネルギーを費やしてさまざまな運動が行なわれてきたが，それはほとんど何の成果も上げ得なかった。その出発点はここにあったのである。

このとき，区立図書館に司書職制度が採用されていれば，東京都の公立図書館の30年間の歴史はかなり異なったものとなっていたであろう。具体的には次のような変化があったであろう。

① 特別区の住民や勤労者の図書館に対する評価はより高いものとなったであろう。
② 東京は教育・文化・マスコミ・行政の中心地であるため，社会における図書館の評価や地位はより高いものとなったであろう。
③ 区立図書館の職員問題に費やされた膨大なエネルギーを他のより生産的な課題に向けることができたであろう。
④ 区立図書館に優れた司書の人材を確保できれば，日本図書館協会の活動も正しい方向へ発展したであろう[1]。
⑤ 図書館学教育は大きなマーケットを持つことができ，より実質のあるものとなったであろう。

そして，日本の公立図書館全体の歴史に対してもかなり大きな影響を与えたであろう。

東京都特別区そして日本の公立図書館の発展を切り開く機会は，実現寸前まで行きながら，この時決定的に失われたのである。しかも，連絡会に属する人々がこのような重大なことがらに対する責任を一切明らかにしなかったことによって，それを回復する機会は失われてしまったのである。

1.3 公立図書館界の課題

もちろん，この問題だけが公立図書館界の発展を妨げてきたわけではない。この問題に対して正しい対処が行なわれたとしても，それだけで公立図書館界

が現状を大きく超えて発展したとは考えられない。図書館サービスの発展や専門職員によるサービスの実現のためには多くの課題がある。これまで，筆者を含む多くの人々によってさまざまな問題提起が行なわれてきた。にもかかわらず，現在の公立図書館界はそれらの問題提起を十分受け止め発展させることができないようである。本書第Ⅲ部の意義は，公立図書館界がなぜ問題提起を受け止めることができないのか，また，なぜそのような体質になったのかについて，明確な手がかりを与える点にある。それが本書執筆の目的でもある。

2　今後の課題

　ようやく区立図書館における司書職制度の歴史の一端を明らかにすることができた。この歴史は，特別区の図書館と職員にとってあまりにも重い「負の遺産」である。しかし，いつまでも「負の遺産」にとらわれていては発展は望めない。30年という年月の経過を機に新たな出発が必要である。1996年の特別区における司書職名の廃止はその絶好のチャンスであった。しかし，図問研東京支部は，またしても，それを特別区の行政を批判する機会にしてしまった[2]。特別区の行政関係者は実に足かけ30年間にわたっていわれなき批判を受けてきたのである。

　しかし，この「負の遺産」を清算して，新たに司書職制度の構築に向かうことができる方法が一つだけある。それは，当時，東公図の要請書に反対した当事者と反対運動を肯定的に評価してきた図問研東京支部が，当時の事実経過を明らかにして反対運動の歴史を総括し，その誤りを公けに認めることである。新たな歴史を創造するには過去を総括することが必要である。過去の総括には遅すぎるということはない。これらの人々や団体には彼らの過去の運動に対する明確な責任がある。もし，本当に公立図書館の発展を望むのであれば，勇気をもって事実を認め，自らの過去の総括を行なうべきである。労働組合に責任を転嫁する人々がいるが，労働組合は単に現場の要求を集約して伝えるだけであるから責任はない。もし，当事者に総括ができないのであれば，過去の経緯にかかわりのない新しい世代が過去の歴史を客観的に調査研究し，総括することが必要である。そこから特別区の図書館の新しい歴史が始まるであろう。

1968年に，朝倉雅彦は次のように述べている［27：309］。

> 区立図書館の人事制度をもしこのままの現状で推移するならば，将来困難な事態が起こらないと考えられるであろうか。

石井紀子は次のように述べている［34］。

> まず有資格者の採用のルートを実現することが，私たち図書館の職場にある者だけが出来る，そして先輩にあたるものの責務と考えます。

連絡会に参加した区立図書館職員は，朝倉と石井の言葉をどう受け止めるのだろうか。このような先人の言葉に，私たちは答えなければならないのである。

おわりに

第Ⅲ部は，文献と関係者へのインタビューによって，この問題に関する事実経過，論議，評価を整理したものである。今後，関係者の証言によってよりくわしい事実が解明されることを期待する。

なお，東公図による1967年の要請書の取り組みの意義は，その後の東公図の取り組みや図問研東京支部の取り組みと比較することによって，より明確になると思われるが，これは今後の課題としたい。

筆者は，1970年代中頃から25年間，このテーマについて論文を書くことができる日を待ち望んできた。ようやく論文を発表することができたが，書き終えてみると，いかなる反応があろうとも，もっと早く発表すべきであったと反省している。遅きに失したが，特別区の住民と図書館行政に対する責任の一端を果たすことができたと考えている。

結　語

　本書では，主に1960年代から1970年代までの公立図書館界における司書職制度を求める運動，その理論と活動の実態を明らかにし，それについて考察してきた。この過程を時系列的に見ると，一つの流れがあるように思える。
　1960年代後半には，自治体行政による司書職制度設置のための取り組みが行なわれた。しかし，区立図書館の図問研会員はそれに反対し，その実現を妨げた。このことは，当時，上昇気流に乗り始めていた公立図書館界にとって一つの躓きであった。その結果，1970年以後，これらの人々は，実現できなかった司書職制度を実現するために，行政に対する働きかけに自ら取り組まざるを得なくなった。だが，これは容易なことではなく，成功しなかった（この研究は今後の課題としたい）。
　同じ1970年代には，日本図書館協会図書館員の問題調査研究委員会を中心とする図書館運動が，司書職制度を実現するための手段として抽象的な理論や精神的規範を確立しようとした。このような抽象的な理論や精神的規範を求める背景には「実現できなかった司書職制度」の代償を求める心理が働いていたように感じられる。
　図問研東京支部と日本図書館協会図書館員の問題調査研究委員会を中心とする司書職制度確立のための取り組みが成功しなかった最大の原因は，本書での考察から次の二つの点にあると考えられる。
　一つは，これらの図書館運動のリーダーたちが，自分たちだけの組織を作り，その結果，自らの取り組みの失敗を認め，その原因を反省し，失敗から学ぼうとしてこなかったことである。本書で繰り返し指摘してきたように，外部の人々の批判を無視し，自らの誤りを認めようとしない態度はこれらの図書館運動の体質となっている。他の一つは，これらの運動に合理的・現実的な思考が欠けていたことである。これらの運動のリーダーたちは，現実的な裏付けのある理念と政策ではなく，抽象的な，実体のない「イデオロギー」と「規範」に

とらわれ続けてきたのである。

　公立図書館が真に市民に役立つ図書館となり，司書が図書館の職員として認められるためには，これらの「負の遺産」を清算し，新たな目標をめざして再出発することが緊急の課題となっている。本書がそれに少しでも寄与することを願うものである。

年　表

年　　月	事　　項
1950年度	東京都公立図書館長協議会（東公図）結成
1957年度	都立日比谷図書館，司書・司書補の職を設置
1958年度	東公図「都区立図書館職員の格付および司書職制度の確立に関する要望」（第1回要望）
1962年度	都立日比谷図書館協議会「東京都の公共図書館総合計画　1962」
1963年度	東公図「東京都公共図書館の現状と問題点　1963」
1964年度	東公図，行政制度小委員会等の3小委員会を設置
1965年度	東公図行政制度小委員会，司書職制度への取り組みを検討
	図問研東京支部で司書職制度について討論
1966年3月	東公図幹事会，司書職制度に関する研究を行政制度小委員会に依頼
7月	長谷川都立日比谷図書館長就任
	東公図，アンケート調査を実施
8月	東京都教育庁社会教育課主催の研修
10月	図問研東京支部総会で詳細な報告
1967年1月	東公図例会で「要請書」を正式決定
	『とうきょうのとしょかん』31号に掲載
3月	社会教育審議会社会教育施設分科会「公立図書館の設置および運営に関する基準案」
4月	美濃部亮吉，東京都知事就任
5月	全国公立図書館長協議会（全公図）発足
6月	清水正三「中央図書館制度についての覚書」
8月	都立日比谷図書館協議会「都立日比谷図書館における司書職のあり方に関する中間答申」
10月	東公図「要請書　都区立図書館の司書職制度確立に関する要望」を特別区関係団体に提出（第2回要望）
1968年2月	図問研東京支部事務局会議
	都立日比谷図書館協議会「都立日比谷図書館における司書職のあり方に関する最終答申」
3月	第1回特区協図書館司書職制度研究集会
4月	第2回特区協図書館司書職制度研究集会
5月	都職労委員長・特区協議長，回答提出
6月	東京都公立図書館職員連絡会（略称：連絡会）第1回連絡会

	7月	『図書館雑誌』7月号　特集記事：資料（要請書ほか）
	8月	『図書館雑誌』8月号　特集記事：朝倉，宮崎，伊藤峻
	9月	東公図行政制度小委員会，連絡会と懇談会
	10月	『図書館雑誌』10月号　投書：野瀬，石井
1969年1月		『図書館雑誌』1月号　投書：宮崎

注・参考文献

第1章　わが国における司書職制度
注
1) 髙橋重臣「図書館員の養成」『図書館界』Vol.19, No.4, 1967. 11, p.104-106.
2) 久保輝巳「大学における図書館員教育」『図書館界』Vol.28, No.2/3, 1976.9, p.105-110.
3) 後藤暢「職員論」『図書館界』Vol.36, No.5, 1985.1, p.363-370.
4) 田口瑛子「図書館員の専門性と専門職制度」『図書館界』Vol.45, No.1, 1993.5, p.161-169.
5) 編集委員会「文献レビュー・図書館学教育」『図書館界』Vol.22, No.1, 1970.5, p.16-21.
6) 編集委員会「図書館学教育文献目録」『図書館界』Vol.22, No.1, 1970.5, p.21-28.
7) 日本図書館協会図書館員の問題調査研究委員会編『図書館員の専門性とは何か－委員会の記録』日本図書館協会，1976，199p.
8) 久保輝巳『公共図書館職員論』八千代出版，1983，276p.
9) 久保輝巳『図書館司書という仕事』ぺりかん社，1986，250p.
10) 日本図書館協会編『海外図書館員の専門職制度　調査報告書』1994，50p.
11) 塩見昇編著『図書館員への招待』教育史料出版会，1996，215p.
12) 岩猿敏生「大学図書館の職員制度」『図書館学会年報』Vol.17, No.2, 1972.2, p.1-7. ほか。
13) 長倉美恵子「米国の学校図書館員免許制度」『図書館学会年報』Vol.19, No.1, 1973.9, p.1-17. ほか。
14) 日本図書館学会研究委員会編『図書館学の研究と教育』（論集・図書館学研究の歩み　第1集）日外アソシエーツ，1982，111p.
15) 日本図書館学会研究委員会編『図書館学の教育』（論集・図書館学研究の歩み　第3集）日外アソシエーツ，1983，169p.
16) 大庭一郎
    ・「米国の公共図書館における専門的職務と非専門的職務の分離―1920年代から1950年代までを中心に」『図書館学会年報』Vol.40, No.1, 1994.3, p.11-39.
    ・「米国の公共図書館の貸出業務における専門的職務と非専門的職務の分離―1920年代から1950年代までを中心に」『図書館学会年報』Vol.42, No.4, 1996.12, p.199-215.
    ・「『大学図書館の業務分析』―日本の大学図書館における専門的職務と非専門的職務の分離の試み」『図書館学会年報』Vol.44, No.1, 1998.3, p.32-48.

・「「司書および司書補の職務内容」―日本の公共図書館における専門的職務と非専門的職務の分離の試み」『図書館学会年報』Vol.44, No.3, 1998.12, p.111-127.
17) 有山崧「地方財政窮乏下の公共図書館」『有山崧著作集』1, 日本図書館協会, 1970, p.56. 初出は『出版ニュース』1956年5月号.
18) 西崎恵『図書館法』日本図書館協会, 1970, p.48.
19) 「ユネスコ公共図書館宣言 1994」『図書館雑誌』Vol.89, No.4, 1995.4, p.254-255.
20) 『日本の図書館―統計と名簿』1999年版, 日本図書館協会図書館調査委員会編 日本図書館協会, 1999, p.16, 19.
21) 『日本の図書館』1980年版, 日本図書館協会編, 1980, p.14.
22) 『日本の図書館―統計と名簿』1990年版, 日本図書館協会図書館調査委員会編 日本図書館協会 1990, p.10.
23) 『図書館はいま―白書・日本の図書館』1997年版, 日本図書館協会図書館白書編集委員会編, 日本図書館協会, 1997, p.44.
24) 注20の文献, p.16.
25) 「1999年度報告―総会資料」『図書館雑誌』Vol.94, No.8, 2000.8, p.629.
26) 「定款」『図書館雑誌』Vol.94, No.4, 2000.4, p.266-268.
27) 「第27期委員会・ワーキンググループ名簿」『図書館雑誌』Vol.93, No.8, 1999.8, p.677-680.
28) 『図書館雑誌』Vol.65-94のNo.8（毎年8月号）の委員会報告の欄
29) 「活動報告（案）」『みんなの図書館』279号, 2000.7, p.29.
30) 図書館問題研究会編『図書館問題研究会の40年』（『みんなの図書館』別冊3号）1995.11, 88p. 「図問研会勢」（巻末折り込み）
31) 小林裕『問題解決力をつける』日本経済新聞社, 1996, 212p.
32) 山本宣親『図書館づくり奮戦記―本と人・人と人が出会う場所をめざして』日外アソシエーツ, 1996, p.73-74.
33) 荒川美穂子「図書館員と利用者の衆知を集めて」『図書館雑誌』Vol.68, No.8, 1974.8, p.318.

公立図書館関係主要著作
[公共図書館界の課題]
[1] 「日本における公共図書館学の実践的課題―戦後公立図書館界の問題点と改革の指針」『図書館情報学のアイデンティティ』（論集・図書館情報学研究の歩み　第18集）日本図書館情報学会研究委員会編　日外アソシエーツ, 1998.10, p.145-172.
[2] 「公立図書館の発展のために何が必要か―今後5年間の課題と指針」『図書館雑誌』Vol.93, No.10, 1999.10, p.866-869.
[読書案内]
[3] 「『市民の図書館』における「貸出し」の論理―「貸出冊数偏重政策」への批判

をめぐって」『図書館界』Vol.40, No.6, 1989.3, p.264-279.
[4]「読書案内サービスの必要性─利用者の質問・相談・リクエストを受けとめるために〈公共図書館改革の提言・1〉」(前編)(後編)『図書館雑誌』Vol.88, No.6, 1994.6, p.401-405；Vol.88, No.7, 1994.7, p.477-481.
[5]「貸出業務の専門性」『図書館雑誌』Vol.89, No.6, 1995.6, p.465-468.
[6]「読書案内はなぜ必要か─貸出カウンター，委託，自治体行政とのかかわりをめぐって」『現代の図書館』Vol.34, No.1, 1996.3, p.32-39.

[専門職・司書資格]
[7]「日本図書館協会図書館員の問題調査研究委員会「図書館員の専門性とは何か（最終報告）」(1974)の批判的考察」『図書館学会年報』Vol.41, No.1, 1995.3, p.1-16.
[8]「日本図書館協会「図書館員の倫理綱領」(1980)の考察」『図書館学会年報』Vol.42, No.1, 1996.3, p.32-48.
[9]「図書館法の専門的職員に関する規定の考察─図書館法第4条，第5条，第13条について」『図書館学会年報』Vol.43; No.2, 1997.6, p.63-78.
[10]「公立図書館司書に必要な基礎的能力─司書の資質論から」『図書館界』Vol.50, No.5, 1999.1, p.224-238.

[専門職養成]
[11]「「司書の専門的知識の自己評価試験」の提案」『図書館雑誌』Vol.93, No.3, 1999.3, p.221.
[12]「専門職資格取得制度の類型と司書資格」『日本図書館情報学会研究大会発表要綱』第46回, 1998.11, p.31-34.

[地方分権]
[13]「地方分権と公立図書館の専門的職員─国庫補助金の条件としての専門的職員の必置規制について」『図書館学会年報』Vol.43, No.4, 1997.12, p.145-160.
[14]「地方分権推進委員会の勧告と図書館界の課題─図書館界の現状を打開するために」『図書館雑誌』Vol.92, No.5, 1998.5, p.372-375.

[専門職の仕事]
[15]「公共図書館職員の自己改革─サービス・政策・経営の改革＜公共図書館改革の提言・2＞」『図書館雑誌』Vol.88, No.8, 1994.8, p.533-538.
[16]『公立図書館司書をめざすための10か条─公立図書館を志望する学生のために』図書館情報大学薬袋研究室，1996.12, 23p.
[17]『公立図書館司書の自己改革のための10か条─新入職員のために』図書館情報大学薬袋研究室，1995.10, 30p.
[18]『公立図書館司書のための仕事の技術10か条─中堅職員のために』図書館情報大学薬袋研究室，1996.12, 74p.

第2章 「図書館員の専門性とは何か（最終報告）」をめぐって

注

1) 日本図書館協会図書館員の問題調査研究委員会「倫理綱領の具体化のために」『図書館雑誌』Vol.67, No.2, 1973.2, p.73-74.
2) 日本図書館協会教育部会図書館学教育基準委員会「図書館学教育改善試案」『図書館雑誌』Vol.66, No.6, 1972.6, p.278-282.
3) 日本図書館協会図書館員の問題調査研究委員会「「図書館学教育改善試案」について」『図書館雑誌』Vol.67, No.1, 1973.1, p.25-26.
4) 日本図書館協会図書館員の問題調査研究委員会「"司書資格認定の調査"は急務」『図書館雑誌』Vol.65, No.6, 1971.6, p.307,
5) 日本図書館協会の各年度報告では，1971年度は「問題の重要性から早急な結果を得ることがむずかしく」（『図書館雑誌』Vol.66, No.8, 1972.8, p.398），1972年度は「問題点を深める検討が進められなかった」「早急な結論を得るべく努力をする」（『図書館雑誌』Vol.67, No.8, 1973.8, p.366）と報告されているが，1973年度以後は報告がない。
6) 石塚栄二「プロフェッションとしての協会を」『図書館雑誌』Vol.61, No.11, 1967.11, p.479-481.
7) ここでは，久保の説明の矛盾を指摘するにとどめ，ウィレンスキーの著作の検討は別の機会に行ないたい。

参考文献

[図書館員の専門性]

[1] 日本図書館協会図書館員の問題調査研究委員会「図書館員の専門性とは？」『図書館雑誌』Vol.64, No.4, 1970.4, p.181.
[2] 日本図書館協会図書館員の問題調査研究委員会「図書館員の専門性とは何か―いまこそ協会の出番」『図書館雑誌』Vol.64, No.5, 1970.5, p.213.
[3] 日本図書館協会図書館員の問題調査研究委員会「図書館員の専門性とは何か―委員会の中間報告」『図書館雑誌』Vol.64, No.11, 1970.11, p.528-530.
[4] 日本図書館協会図書館員の問題調査研究委員会「図書館員の専門性とは何かその現実と課題―社会教育法改正に関連して―続・委員会の中間報告」『図書館雑誌』Vol.65, No.11, 1971.11, p.582-587.
[5] 日本図書館協会図書館員の問題調査研究委員会「図書館員の専門性とは何か―委員会の中間報告・Ⅲ」『図書館雑誌』Vol.66, No.11, 1972.11, p.548-551.
[6] 日本図書館協会図書館員の問題調査研究委員会「図書館員の専門性とは何か（最終報告）」『図書館雑誌』Vol.68, No.3, 1974.3, p.104-111.
[7] 日本図書館協会図書館員の問題調査研究委員会「図書館員の専門性に関する最終報告を中心に―昭和49年度事業計画」『図書館雑誌』Vol.68, No.4, 1974.4, p.145.

注・参考文献

[8]「図書館員の専門性とは何か（最終報告）を読む」『図書館雑誌』Vol.68, No.7, 1974.7, p.279-283.
[9] 森耕一「内在する官僚制とのたたかい」『図書館雑誌』Vol.68, No.7, 1974.7, p.279-280.
[10]「図書館員の専門性とは何か（最終報告）を読む」『図書館雑誌』Vol.68, No.8, 1974.8, p.317-621.
[11] 荒川美穂子「図書館員と利用者の衆知を集めて」『図書館雑誌』Vol.68, No.8, 1974.8, p.318.
[12] 野瀬里久子「区立図書館の配転問題にとりくむ中で」『図書館雑誌』Vol.68, No.8, 1974.8, p.319.
[13]「昭和48年度報告（総会資料）」『図書館雑誌』Vol.68, No.8, 1974.8, p.353-367.「図書館員の問題調査研究委員会」(p.362)
[14]「図書館員の問題についての意見発表会（記録）」『東京都図書館協会報』No.53, 1975.3, p.2-19.
[15] 日本図書館協会図書館員の問題調査研究委員会「"図書館員の問題"検討集会の報告―関西地方，中国地方，東京地方，東北地方(1)」『図書館雑誌』Vol.69, No.6, 1975.6, p.263-266. 関西，中国，東京地方集会の討論結果を収録している。
[16] 日本図書館協会図書館員の問題調査研究委員会「"図書館員の問題"検討集会の報告―関西地方，中国地方，東京地方，東北・北海道地方(2)」『図書館雑誌』Vol.69, No.7, 1975.7, p.304-305. 東北・北海道地方集会の討論結果とまとめを収録している。
[17] 日本図書館協会図書館員の問題調査研究委員会「倫理綱領文案作成等を中心に―昭和51年度事業計画」『図書館雑誌』Vol.70, No.4, 1976.4, p.153.
[18] 日本図書館協会図書館員の問題調査研究委員会編『図書館員の専門性とは何か―委員会の記録』日本図書館協会，1976.11，199p.『図書館雑誌』Vol.64, No.3, 1970.3～Vol.69, No.7, 1975.7, 掲載の記事を再録している。
[19]「昭和51年度報告―総会資料」『図書館雑誌』Vol.71, No.8, 1977.8, p:349-365.「図書館員の問題調査研究委員会」(p.358)
[20] 渋谷嘉彦「図書館員の専門職性をめぐる諸問題」『図書館の杜』創刊号, 1978.7, p.23-34.
[21] 神本光吉「続・図書館学教育論」『法政大学文学部紀要』25号, 1979, p.105-125.
[22] 久保輝巳「専門的職務は何か―図書館司書」『公共図書館職員論』八千代出版, 1983.2, p.133-142.
[23] 久保輝巳『図書館司書という仕事』ぺりかん社, 1986.8, 250p.
[24] 伊藤松彦「図書館員の専門職性」『図書館ハンドブック』第5版，日本図書館協会，1990.4, p.290-292.
[25] 下川和彦「図書館職員問題を考える―「公立図書館の設置及び運営に関する基準（案）」にふれて」『みんなの図書館』176, 1992.1, p.17-21.

[26] 西村彩枝子『図書館員の専門性って何?』図書館問題研究会山口支部, 1994.9, 14p.
[27] 浜中清「区の人事と図書館の職場―管理職の立場から」『東京23区に司書制度を―利用者・住民の利益を第一義に優先して』図書館問題研究会東京支部編 1994.10, p.13-16.
[28] 薬袋秀樹「日本図書館協会図書館員の問題調査研究委員会「図書館員の専門性とは何か（最終報告）」(1974)の批判的考察」『図書館学会年報』Vol.41, No.1, 1995.3, p.1-16.
[29] 薬袋秀樹「図書館員の専門性の要件の批判的考察―「図書館員の専門性とは何か」の検討過程における問題点」『転換期における図書館の課題と歴史―石井敦先生古稀記念論集』石井敦先生古稀記念論集刊行会編 緑陰書房, 1995.9, p.85-97.

[専門職論]
[30] 市川昭午「図書館員の専門職性」『図書館雑誌』Vol.64, No.11, 1970.11, p.521-524.
[31] 市川昭午『教育行政の理論と構造』教育開発研究所, 1975.1, 421p.「第5章3 教師＝専門職論の再検討」(p.234-248)
[32] 久保輝巳「倫理綱領のもつ意味―ウィレンスキー論文を中心に」『公共図書館職員論』八千代出版, 1983.2, p.17-21.

第3章　「図書館員の倫理綱領」は有効だったか
注
1) 大庭一郎「米国の公共図書館における専門的職務と非専門的職務の分離」『図書館学会年報』Vol.40, No.1, 1994.3, p.11-39.
2) 佐藤政孝『東京の近代図書館史』新風舎, 1998, p.317-318.
3) 日本図書館協会図書館の自由に関する調査委員会編『「図書館の自由に関する宣言　1979年改訂」解説』日本図書館協会, 1987, p.20.
4)「自律」『広辞苑』第5版, 新村出編　岩波書店, 1998, p.1359.
5)「規制」『国語大辞典』尚学図書編　小学館, 1981, p.626.
6)「誓約」『国語大辞典』尚学図書編　小学館, 1981, p.1408.
7)「誓う」『広辞苑』第5版, 新村出編　岩波書店, 1998, p.1703.
8) 次の文献はその一例である。辻沢与三一「公共図書館を志ざす人へ」『図書館雑誌』Vol.76, No.6, 1982.6, p.338.「司書が持つべき社会的責任と自覚は,「図書館の自由に関する宣言」および「図書館員の倫理綱領」にうたわれていることに尽きる」と述べている。

注・参考文献

参考文献
[図書館員の倫理綱領関係]
[1] K生「図書館の自由と責任」『図書館雑誌』Vol.46, No.10, 1952.10, p.281-283.
[2] 伊藤旦正「図書館倫理要綱について」『図書館雑誌』Vol.46, No.12, 1952.12, p.318-319.
[3] 佐々木乾三「図書館倫理」『図書館の学と歴史―京都図書館協会十周年記念論集』京都図書館協会編, 1958.7, p.15-20.
[4] 石塚栄二「プロフェッションとしての協会を」『図書館雑誌』Vol.61, No.11, 1967.11, p.479-481.
[5] 日本図書館協会図書館員の問題調査研究委員会「図書館員の専門性とは？」『図書館雑誌』Vol.64, No.4, 1970.4, p.181.
[6] 石塚栄二「図書館員の倫理」『図書館界』Vol.22, No.1, 1970.5, p.2-8.
[7] 日本図書館協会図書館員の問題調査研究委員会「図書館員の専門性とは何か―いまこそ協会の出番」『図書館雑誌』Vol.64, No.5, 1970.5, p.213.
[8] 日本図書館協会図書館員の問題調査研究委員会「図書館員の専門性とは何か―委員会の中間報告」『図書館雑誌』Vol.64, No.11, 1970.11, p.528-530.
[9] 日本図書館協会図書館員の問題調査研究委員会「図書館員の専門性とは何かその現実と課題―社会教育法改正に関連して―続・委員会の中間報告」『図書館雑誌』Vol.65, No.11, 1971.11, p.582-587.
[10] 日本図書館協会図書館員の問題調査研究委員会「図書館員の専門性とは何か―委員会の中間報告・Ⅲ」『図書館雑誌』Vol.66, No.11, 1972.11, p.548-551.
[11] 日本図書館協会図書館員の問題調査研究委員会「倫理綱領の具体化のために」『図書館雑誌』Vol.67, No.2, 1973.2, p.73-74.
[12] 日本図書館協会図書館員の問題調査研究委員会「「倫理綱領の具体化のために」（本誌2月号）を読んで」『図書館雑誌』Vol.67, No.6, 1973.6, p.246-249.
[13] 日本図書館協会図書館員の問題調査研究委員会「はじめに―委員会から」『図書館雑誌』Vol.67, No.6, 1973.6, p.246.
[14] 室伏武「「倫理綱領」制定の基本的課題」『図書館雑誌』Vol.67, No.6, 1973.6, p.246-247.
[15] 宮崎俊作「倫理綱領と協会の役割」『図書館雑誌』Vol.67, No.6, 1973.6, p.247-248.
[16] 男沢淳「倫理ということ」『図書館雑誌』Vol.67, No.6, 1973.6, p.248.
[17] 石塚栄二「市民に対する誓約としての綱領を」『図書館雑誌』Vol.67, No.6, 1973.6, p.249.
[18] 日本図書館協会図書館員の問題調査研究委員会「図書館員の専門性とは何か（最終報告）」『図書館雑誌』Vol.68, No.3, 1974.3, p.104-111.
[19] 日本図書館協会図書館員の問題調査研究委員会編『図書館員の専門性とは何か―委員会の記録』日本図書館協会, 1976.11, 199p.

[20] 日本図書館協会「図書館員の倫理綱領（案）（第4分科会資料）」『図書館雑誌』Vol.70, No.11, 1976.11, p.451-452.
[21] 日本図書館協会図書館員の問題調査研究委員会「図書館員の倫理綱領（案）」『図書館雑誌』Vol.71, No.7, 1977.7, p.295-296.
[22] 日本図書館協会図書館員の問題調査研究委員会「倫理綱領案について」『図書館雑誌』Vol.72, No.10, 1978.10, p.516.
[23] 日本図書館協会図書館員の問題調査研究委員会「図書館員の倫理綱領（案）（第3次案）」『図書館雑誌』Vol.72, No.10, 1978.10, p.517-518.
[24] 日本図書館協会図書館員の問題調査研究委員会「「倫理綱領案」について」『図書館雑誌』Vol.73, No.3, 1979.3, p.135.
[25] 日本図書館協会図書館員の問題調査研究委員会「図書館員の倫理綱領（第4次案）」『図書館雑誌』Vol.73, No.10, 1979.10, p.564-565.
[26] 「評議員会」『図書館雑誌』Vol.74, No.5, 1980.5, p.225-229.
[27] 日本図書館協会「図書館員の倫理綱領（案）」『図書館雑誌』Vol.74, No.5, 1980.5, p.194-195.
[28] 「昭和55年度定期総会議事録」『図書館雑誌』Vol.74, No.8, 1980.8, p.402-403.
[29] 日本図書館協会「図書館員の倫理綱領」『図書館雑誌』Vol.74, No.8, 1980.8, p.354-355.
[30] 日本図書館協会図書館員の問題調査研究委員会編『「図書館員の倫理綱領」解説』日本図書館協会, 1981.10, 86p.
[31] 日本図書館協会図書館員の問題調査研究委員会「綱領の解説」『「図書館員の倫理綱領」解説』日本図書館協会, 1981.10, p.11-48.
[32] 日本図書館協会図書館員の問題調査研究委員会「綱領制定までの歩み」『「図書館員の倫理綱領」解説』日本図書館協会, 1981.10, p.49-51.
[33] アメリカ図書館協会「職業倫理に関する声明 1975」『「図書館員の倫理綱領」解説』日本図書館協会, 1981.10, p.63-64.
[34] イギリス図書館協会「倫理綱領草案」『「図書館員の倫理綱領」解説』日本図書館協会, 1981.10, p.65-73.
[35] 日本図書館協会図書館員の問題調査研究委員会編『「図書館員の倫理綱領」解説』初版第2刷補訂, 日本図書館協会, 1982.4, 86p.
[36] アメリカ図書館協会「職業倫理に関する声明 1981」『「図書館員の倫理綱領」解説』初版2刷補訂, 日本図書館協会, 1982.4, p.63-64.
[37] 久保輝巳「公共図書館司書の職業倫理」『公共図書館職員論』八千代出版, 1983.2, p.1-39.（初出は『関東学院大学文学部紀要』37, 1982.12, p.1-30.）
[38] 竹内悊［述］「倫理綱領にこめた情念」『図書館界』Vol.35, No.2, 1983.7, p.47-53.
[39] 久保輝巳「図書館職員をめぐる状況と「倫理綱領」」『図書館雑誌』Vol.84, No.11, 1990.11, p.727-729.

［40］江崎邦彦「JLA職員問題委員会の果たすべき役割」『図書館雑誌』Vol.84, No.11, 1990.11, p.732-733.
［41］竹村心「大学図書館員のこれまでとこれから―国立大学の場合」『図書館雑誌』Vol.84, No.11, 1990.11, p.734-735.
［42］田中隆子「「倫理綱領」事始め」『図書館雑誌』Vol.84, No.11, 1990.11, p.739-741.
［43］石塚栄二「図書館員の倫理」『図書館概論』（講座図書館の理論と実際 1）高山正也ほか　雄山閣出版，1992.4, p.159-164.
［44］薬袋秀樹「日本図書館協会図書館員の問題調査研究委員会「「図書館員の専門性とは何か（最終報告）」（1974）の批判的考察」『図書館学会年報』Vol.41, No.1, 1995.3, p.1-16.
［45］久保輝巳「「倫理綱領」制定20年」『図書館雑誌』Vol.94, No.7, 2000.7, p.474-475.
［46］後藤暢「社会への誓約から専門職制度まで―「図書館員の倫理綱領」前文と第1から」『図書館雑誌』Vol.94, No.7, 2000.7, p.478－479.
［47］山田邦夫「「図書館員の倫理綱領」第4，第5〈資料に関する責任〉について」『図書館雑誌』Vol.94, No.7, 2000.7, p.481.

［専門職関係］
［48］市川昭午『教育行政の理論と構造』教育開発研究所，1975.1, 422p.「第5章 3 教師＝専門職論の再検討」（p.234-248）
［49］市川昭午編『教師＝専門職論の再検討』（教師教育の再検討 1）教育開発研究所，1986.2, 279p.

第4章　司書に必要な基礎的能力とは何か
注
1)「資質」『日本国語大辞典』第9巻，日本大辞典刊行会編　小学館，1974, p.504.
2) 一谷彊「適性」『新教育学大事典』第5巻，細谷俊夫ほか編　第一法規，1990, p.242-243.
3) 塩見昇「第9分科会　図書館員とその形成―いま，図書館員に求められるものは（昭和59年度全国図書館大会への招待）」『図書館雑誌』Vol.78, No.9, 1984.9, p.601.
4) 久保輝巳『公共図書館職員論』八千代出版，1983.2, 276p.
5) 日本図書館協会図書館政策特別委員会「公立図書館の任務と目標（最終報告）」『図書館雑誌』Vol.81, No.9, 1987.9, p.555-562.
6) 日本図書館協会図書館政策特別委員会編『公立図書館の任務と目標　解説』増補版，日本図書館協会，1995, p.65.
7) SGS Associates. *Library Work,* London, Careers, and Occupation al Information Centre of the Employment Service of the Manpower Service Commission,

1978, p.1.
8) 松岡享子「図書館員に望まれる資質―ローレンス・パウェルの講演から」『こどもとしょかん』35号，1987秋, p.2-11. よい図書館員に望まれる要素として次の5点を挙げている。好奇心が旺盛であること，感じる力をもっていること，勇気があること，人に献身的に奉仕すること，信念をもっていること
9) 大栄出版編集部編『なりたい!! 学芸員・司書』大栄出版, 1993, p.50-51. 司書の仕事に適した資質として次の5点を挙げている。①本が好きで，常に関心を持っている。②人に関心を持ち，人のために働く気持ちがある。③図書館の仕事が好きである。④忍耐強く，何事も前向きにとりくむ。⑤適応性がある。
10) 薬袋秀樹『公立図書館司書のための仕事の技術10か条』図書館情報大学薬袋研究室，1996, 74p. 仕事の技術とは「仕事への取り組み方に関する具体的な指針」（はじめに）のことである。
11) 久保輝巳『図書館司書という仕事』ぺりかん社, 1986, p.93-94. 久保は当日の様子を「会場に詰めかけていた図書館現場の司書や図書館学教育関係者のあいだに，一瞬しんとした空気が張りつめ，やがてそれが静かな動揺に変わっていったのであったが，司書に求められる資質を利用者の側から端的に表現したものとして，強く印象に残っている」と表現している。
12) 薬袋秀樹『公立図書館司書をめざすための10か条』図書館情報大学薬袋研究室，1996, p.8.
13) 注10の文献, p.30.
14) 注10の文献, p.27-28.
15) 辻沢与三一「公共図書館を志す人へ」『図書館雑誌』Vol.76, No.6, 1982.6, p.338-339.
16) 日本図書館協会編『市民の図書館』日本図書館協会, 1970, p.114-115.
17) 注16の文献, p.147, 150.
18) 主に，図書館情報大学の司書講習と各地の公立図書館職員の研修会での図書館職員との意見交換や討論から知ることができたものである。
19) 注12の文献はそのための取り組みの一つである。

参考文献

[1] 日本図書館協会編『中小都市における公共図書館の運営―中小公共図書館運営基準委員会報告』1963.3, 217p.「421 最低必要な資質」(p.152-153)
[2] 清水正三編『公共図書館の管理』（シリーズ・図書館の仕事 3）日本図書館協会, 1971.3, p.75.
[3] 石井敦, 前川恒雄『図書館の発見―市民の新しい権利』日本放送出版協会, 1973.10, p.76-77.
[4] 前川恒雄『図書館で何をすべきか―若い図書館員のために―図書館問題研究会大阪支部第5期図問研塾の記録』[富田林] 図書館問題研究会大阪支部, 1981.9,

p.41, 90-92, 144-149.
［5］「図書館員の資質」『図書館用語辞典』図書館問題研究会編　角川書店, 1982.10, p.424.
［6］中川徳子「住民の期待する図書館職員像」『第70回全国図書館大会記録―昭和59年度』大阪, 全国図書館大会実行委員会, 1985.5, p.316-320.
［7］久保輝巳『図書館司書という仕事』ぺりかん社, 1986.8, p.90-94.
［8］前川恒雄『われらの図書館』筑摩書房, 1987.4, p.149-151.
［9］日本図書館協会図書館政策特別委員会編『公立図書館の任務と目標　解説』日本図書館協会, 1989.3, p.49-50.
［10］森智彦, 深川雅文『司書・学芸員になるには』ぺりかん社, 1993.12, p.73.

第5章　司書職制度の要請書をめぐって

注

1) 日本図書館協会図書館調査委員会編『日本の図書館―統計と名簿』1999年版, 日本図書館協会, 1999, p.146-155.
2) 佐藤政孝「この7年間で東公図の流れが変った」『東京の図書館は訴える―第1回第2回東京23区司書制度要求実現大集会記録』図書館問題研究会東京支部司書部会編　図書館問題研究会東京支部, 1980, p.87. 1970年代初めには23区の図書館に司書制度を導入することは館長達にも職員集団にも共通の願いであったが,「7年後の今日の状況は館長さん方の大部分が司書制度に否定的な立場をとられるようになっている」ことを指摘している。その原因として, 司書制度の導入を推進することは荒川区立図書館職員の不当配転提訴を「後押し」するものとして受け止められることを明らかにしている。
3) 朝倉雅彦（1966年4月～1971年6月都立日比谷図書館庶務課企画係長), 宍戸寛（当時都立日比谷図書館職員), 俵元昭（当時港区立図書館職員), 宮崎俊作（当時江東区立図書館職員）の4氏からお話をおうかがいした。当時, 朝倉氏は東公図事務局, 宍戸氏は図問研東京支部事務局を担当していた。俵氏, 宮崎氏は連絡会のメンバーであった。そのほか, 当時の区立図書館職員4氏, 東公図の事務局担当者1氏からもお話をおうかがいした。また, 朝倉雅彦, 宍戸寛, 宮崎俊作, 島田若葉, 石井紀子, 中多泰子（以上3氏は当時都立図書館職員）の6氏には原稿を読んでいただき, 貴重なコメントをいただいた。このほか, 佐藤政孝氏（当時東京都教育庁）からは, 佐藤氏の著書の参考資料についてご教示いただいた。
4)『週刊とちょう』縮刷版（東京都広報室編, 東京都弘済会）第119号（昭和42年1月5日）―第199号（昭和43年12月24日), 国立国会図書館所蔵の『都政新報』（マイクロ資料）（都政新報社）1414号（1967年1月6日）―1567号（1968年7月30日）（欠号多い),『都職労』縮刷版（東京都職員労働組合）718号（1968年5月1日）～特集号（8月24日）を調査したが, 関係記事は見られない。いずれも記事の内容は大きな出来事に限られている。

5) なお，1951年という記述もある［57：226］
6) このうち4回目の1978年の要請書は東公図会長名で出されたものである。(『とうきょうのとしょかん』56号，1978.8, p.1)
7) 昭和40年代前半まで，東京都の職員には吏員と雇員の二つの等級があり，学歴にかかわらず採用時は雇員で，学歴に応じた勤務年数の後，吏員昇任試験を受験し，合格すると吏員に昇進した。(東京都編『職員ハンドブック』帝国地方行政学会，1966, p.252-253)
8) 佐藤政孝は，当時，大田区など7区の図書館に「司書の職名の区固有職員70名程が在職していた」と書いているが［57：232］，これは誤りである。
9) 区立図書館には館長が課長職の図書館（中心的な図書館や大規模な図書館）と係長職の図書館がある。
10) 佐藤政孝『市民社会と図書館の歩み』第一法規, 1979, p.299-300.
11) 『とうきょうのとしょかん－東京都公立図書館長協議会会報』No.23－38, 東京都公立図書館長協議会, 1964.7－1968.8, 16冊.
12) 『ひびや』56－93号, 東京都立日比谷図書館, 1962.12－1969.3, 38冊.
13) 『館内報』No.2－33, 東京都立日比谷図書館, 1965.7.15－1968.10.14, 32冊.
14) 提出先は，都立日比谷図書館作成の資料では，特別区教育長協議会，同助役会，同区長会，東京都人事委員会，同総務局人事部及び行政部である（提出時期は記載なし）［37：41］。提出時期は，佐藤が引用している特区協の回答には「10月15日付をもって（中略）提出された」と書かれている［57：230］。また，要請書の小冊子の出版年は1967年11月である。都立日比谷図書館作成の別の資料では，「「区立図書館における司書職の設置について」をまとめ，同年11月都［総務局］行政部長，12月に特別区教育長［協議］会例会及び特別区総務部長会，特別区社会教育課長会に配布した。又，都職労書記長とも要請書につき話し合った」と書かれている［35］。
15) この二つの要請書はほとんど同文で，『とうきょうのとしょかん』31号（1月31日刊）掲載のものと比べて，1.「充分」が「十分」に訂正されている，2.「以上」が削除されている，3. 東公図の所在地が付記されている，の3点で異なっている。
16) 東京都立中央図書館『東京都立中央図書館要覧』昭和61年度, 1986, p.15-16.
17) 慣例により，都立日比谷図書館長，後には都立中央図書館長が東公図会長を務めている。
18) 「48」とは48時間勤務の意味である。「通常の勤務に服する職員の正規の勤務時間は，1週44時間である」「公会堂，保育所等職務の性質によりこれによれない職員については，その実態に応じ48時間のうちで個別に定めている」（東京都編『職員ハンドブック』1968年版, 帝国地方行政学会, 1968, p.248）当時，17区の図書館が48時間勤務であった（『連絡会ニュース』No.2, 1968.11, p.3）。
19) 回答及び別紙の理由については，今回インタビューした方と佐藤政孝氏などの関

係者に問い合わせたほか，都立中央図書館図書館学資料室，日本図書館協会資料室，都職労本部，特区連本部，特別区人事厚生事務組合人事企画部調査課に問い合わせないし調査したが，実物を入手できなかった。そのため，回答については［57：233-234］を典拠とした。
20) 学歴，採用年次，年齢が同じなら，役職，職務にかかわりなく，給与（号俸）が同じになる制度。年齢と共に，地位が上がらなくても給与が上がる。（自治体問題研究所編『地方行革の底流を読む―21世紀への社会変動―資料と解説』自治体研究所，1985，p.196．）
21)「もっと職場へ！ ―話し合いを通して署名運動を職場へ― 7月支部総会報告」『みんなの図書館』No.133，1979.7.31，p.4-5．
22)「組合からは67年10月15日付けをもつて要望書に対して反対の回答が寄せられた」（p.34）とあるが，この年月日は誤りである。これは佐藤の文章を誤読したものであろう。

第6章 なぜ要請書に反対したのか
注
1)『日本の図書館』1967年版，日本図書館協会編，1968，p.46-49．
2)『日本の図書館―統計と名簿』1997年版，日本図書館協会図書館調査委員会編　日本図書館協会，1997，p.138-147．
3)『東京支部ニュース』7―20号，1966.10.15―1968.9.22，14冊．
4) 1977年5月現在で，東公図第2部会は東京都内の全公立図書館の職員を対象にアンケート調査を実施した。これは全般的な調査であり，「今後とも引続き図書館勤務を希望するか」という設問以外に司書職制度に関連する設問はない。（東京都公立図書館長協議会第2部会編『東京都公立図書館職員に関するアンケート調査集計結果報告』東京都公立図書館長協議会，1980，50p．）
5) 給料月額の11％が支給されていた（「48と44勤務の比較表」『連絡会ニュース』No.2, 1968.11, p.3)．
6)「人の任免が上層部で勝手にきめられ，下へ押し付けられること。官庁で不用の人間を民間会社に売込む場合などにもいう」（「天降人事」『広辞苑』新村出編　岩波書店，1955，p.54）
7) 都立中央図書館開館時に司書有資格者の中央区立京橋図書館長が都立中央図書館資料部長に異動した例がある。
8) 当時の『東京支部ニュース』（図書館問題研究会東京支部）による。
9) この3者のほか，連絡会の中では異なる立場に立った宮崎俊作も1970年代初めにくにたち中央図書館長に転出した（『日本の図書館』1972年版，1973・1974年版，1986年版，1996年版，日本図書館協会編，1974，1974，1986，1998，4冊）．
10)『都政人名鑑』1967―1988年版，都政新報社出版部編　都政新報社，1967-1987，10冊．

11)「調整」佐藤達夫ほか共著『法令用語辞典』第4次全訂新版，学陽書房，1966，p.415-416.
12)『東京支部ニュース』No.10～18,1967.8～1968.8，9冊．1967年7月以後の取り組みの成果が，図書館問題研究会東京支部『東京の公共図書館―貸出しをのばすための実態調査報告』（東京の公立図書館白書　1969）1969，76p.である．
13) 注11の文献．
14) 清水正三編『戦争と図書館』白石書店，1977，244p.
15) 図書館問題研究会常任委員会「〈仕事に生きる図書館法〉特集にあたって」『みんなの図書館』143，1989.4，p.3.「都道府県立図書館の権限強化に結び付くような，どんな小さな動向も無視することはできない」
16) 1967年8月の図問研東京支部総会で，事務局長は八里正から目黒区立図書館の職員に交代した（『東京支部ニュース』No.11, 1967.11, p.3)．

第7章　図書館運動の「負の遺産」
注
1) 反対運動のリーダーとなった図問研東京支部の会員は，その後，日本図書館協会の各種役員を歴任している．
2)「特集　「司書職」はいらないの!?　東京23区の無責任人事」『みんなの図書館』234号,1996.10,p.1-47.

第5章～第7章　参考文献
［要請書関係］
［1］東京都立日比谷図書館協議会「東京都の公共図書館総合計画　1962」『東京都公立図書館略史　1872-1968』東京都公立図書館長協議会編　東京都立日比谷図書館，1969.3，p.143-146.
［2］東京都公立図書館長協議会「東京都公共図書館の現状と問題点　1963」『東京都公立図書館略史　1872-1968』東京都公立図書館長協議会編　東京都立日比谷図書館，1969.3，p.147-164.
［3］小林桃一「行政制度小委員会報告」『とうきょうのとしょかん』No.25，1965.3，p.2-3.
［4］宮崎俊作「専門職制度の問題点」『図書館評論』No.4, 1965.11, p.21-24.
［5］東京都公立図書館長協議会『司書職の専門職制度について』［1966.7？］3枚．司書職制度に関するアンケート調査の依頼文と調査票．記載内容に7月1日付けのデータがあることから，7月の作成・配布と思われるが，8月の可能性もある．（八里正氏所蔵）
［6］東京都立日比谷図書館『(資料) 司書職制度について』1966.12, 93p.「司書職制度に対するアンケートの集計結果について」p.81-82.
［7］俵元昭『司書制度についての考察』1966.8.18，2枚．司書資格の内容は不十分

注・参考文献

である，素質と熱意があれば実務を通じて必要な能力を獲得できる，管理職試験は事務職と共通でよい，意欲ある職員を確保するための人事異動上の配慮が必要である，などの点を挙げている。

[8]「東京支部体制かたまる―支部総会・役員会速報」『東京支部ニュース』No.7, 1966.10.15, p.1-2.
[9] 宮崎俊作「公共図書館報告」『図書館雑誌』Vol.60, No.12, 1966.12, p.559.
[10]「司書職制度―その後」『館内報』(都立日比谷図書館) No.16, 1966.12.18, p.[1]
[11] 東京都公立図書館長協議会『要請書 都区立図書館の司書職制度確立に関する要望』1967, 1枚.
[12] 秋山久「司書職制度について―要請書成案までの経緯―事務局報告」『とうきょうのとしょかん』No.31, 1967.1, p.4-7.
[13] 宮崎俊作「支部活動の反省」『東京支部ニュース』No.10, 1967.8.5, p.1-2.
[14] 八里正，伊藤峻「革新都政下における図書館―報告」『東京支部ニュース』No.10, 1967.8.5, p.3-7.
[15] 東京都公立図書館長協議会『区立図書館における司書職の設置について』1967.10.15, 3p.（八里正氏所蔵）
[16] 東京都公立図書館長協議会『要請書 都区立図書館の司書職制度確立に関する要望 昭和42年11月』1967.11, 12p.
[17] 衣川正義「区立図書館における司書職の設置について―成案までの経緯」『とうきょうのとしょかん』No.35, 1967.12, p.1-3.
[18] 東京都立日比谷図書館協議会『東京都立日比谷図書館における司書職のあり方に関する答申』[1968.3？] 133p.
[19] 北村泰子「都区立図書館の職員制度について」『ひびや』89号, 1968.1, p.23-27.
[20]「特区協・専門職制度研究集会の経緯について―報告」『東京支部ニュース』No.15, 1968.4.6, p.8-9.
[21] 都職労特別区協議会『特別区協』1968.4.15, 2p.（八里正氏所蔵）
[22]「図問研東京支部における当面する課題と任務について―図問研東京支部委員会報告」『東京支部ニュース』No.16, 1968.4.24, p.1-3. 専門職制度研究集会の出席者は，第1回11支部，第2回13支部となっている。
[23]「「東京都立日比谷図書館における司書職のあり方に関する答申」について―人事担当関係課への説明会開催」『館内報』No.31, 1968.7.20, p.[2]
[24]「公立図書館の司書職制度」『図書館雑誌』Vol.62, No.7, 1968.7, p.265-269.
[25]「ニュース抄」『東京支部ニュース』No.17, 1968.7.1, p.8.
[26] 小川已久雄「公立図書館の「専門職」制度について一言―問題提起」『東京支部ニュース』No.17, 1968.7.1, p.5.
[27] 朝倉雅彦「区立図書館に司書職を」『図書館雑誌』Vol.62, No.8, 1968.8, p.306-309.
[28] 宮崎俊作「司書職制度について考えたこと」『図書館雑誌』Vol.62, No. 8, 1968.

注・参考文献

8, p.310-313.
[29] 伊藤峻「司書職制度を考えるために―区立図書館のカウンターから」『図書館雑誌』Vol.62, No.8, 1968.8, p.314-317.
[30] 「第1回東京都公立図書館職員連絡会開かれる」『連絡会ニュース』No. 1, [1968.9] p.1-3. 専門職制度研究集会の出席者は, 第1回10支部, 第2回14支部となっている。
[31] 「図問研東京支部のこの一年―支部委員会報告」『東京支部ニュース』No.19, 1968.9.5, p.1-3.
[32] 「支部総会ひらく」『東京支部ニュース』No.20, 1968.9.22, p.1-6.
[33] 野瀬里久子「館長協議会の要請書に対して―公立図書館の司書職制度問題」『図書館雑誌』Vol.62, No.10, 1968.10, p.429-430. 回答の一部を収録している。
[34] 石井紀子「素朴な疑問に応えてほしい―宮崎氏への手紙」『図書館雑誌』Vol. 62, No.10, 1968.10, p.430-432.
[35] 「司書職制度に関する行政制度小委員会（東公図）と区立図書館職員の懇談会」『館内報』No.33, 1968.10.14, p.[2]
[36] 「第2回連絡会の報告」『連絡会ニュース』No.2, 1968.11.29, p.4.
[37] 東京都立日比谷図書館『司書職制度の確立についての説明資料』[1968 or 1969] 64p.
　　目次は下記の通りである。
　　1．司書職制度についての図書館協議会の答申の概要
　　2．東京都公立図書館長協議会［が］関係機関に要請した「都区立図書館の司書職制度の確立について」の要望の概要
　　3．「都区立図書館の司書職制度の確立についての要望」に対する東京都職員労働組合の反対意見の概要
　　4．図書館職員連絡会と行政小委員会との懇談会での話し合いの内容
　　5．司書職制度について想定される一般的疑問とこれに対する答
　　筆者が用いた資料はある区立図書館の昭和44年5月4日の受入印が押してある。このことからみて, 昭和43年度末ないし昭和44年度初めに印刷されたものと考えられる。
[38] 宮崎俊作「急がば廻れ」『図書館雑誌』Vol.63, No.1, 1969.1, p.4-5.
[39] 図書館問題研究会東京支部「図書館における不当配転闘争のために」『月刊社会教育』No.139, 1969.6, p.29-34. （文責：松岡要, 森崎震二）
[40] 編集委員会「文献レビュー・図書館学教育」『図書館界』Vol.22, No.1, 1970.5, p.16-21. 森耕一「公共図書館職員」(p.19)
[41] 小野格士「専門職制度と東京都職労の取り組み―織田論文への若干の見解」『月刊自治研』Vol.15, No.3, 1973.3, p.83-88.
[42] 千葉治「東京都人事委員会に対する陰山提訴の意義」『図書館評論』13号, 1974.8, p.19-28.

注・参考文献

- [43] 中多泰子「東京都の「図書館政策の課題と対策」成立および経過について」『現代の図書館』Vol.16, No.1, 1978.3, p.1-16.
- [44] 小野格士「67年の司書制度を作る運動から」『東京支部ニュース』No. 133, 1979.7.31, p.6-7.
- [45] 図書館問題研究会東京支部司書部会編『東京の図書館は訴える―第1回, 第2回東京23区司書制度要求実現大集会記録』図書館問題研究会東京支部, 1980.7, 286p.「区立図書館における司書制度づくり運動の経過」(p.235-246)
- [46] 後藤暢「司書職制度化への道」『図書館雑誌』Vol.79, No.8, 1985.8, p.455-457.
- [47] 千葉治『本のある広場―ある下町の図書館長の記録』教育史料出版会, 1992.9, 238p. 関連部分は p.58-64, 116-123, 128-130.
- [48] 朝倉雅彦「東京都の図書館振興策と多摩の図書館」『とりつたま』10号, 1994.3, p.4-13.
- [49] 「シンポジウム 図書館をもっと良くするために―プロの図書館員がほしい」『東京23区に司書制度を―利用者・住民の利益を第一義に優先して』図書館問題研究会東京支部編 1994.10, p.1―37.
- [50] 「区立図書館における司書制度づくり運動の経過」『東京23区に司書制度を』図書館問題研究会東京支部編, 1994.10, p.67―72.
- [51] 佐藤政孝『東京の図書館百年の歩み』泰流社, 1996.6, 316p.「第7章2 都立図書館と区市立図書館との関係」(p.204-212) 佐藤は, 筆者の問い合わせに対して, 反対理由3項目は, 都立中央図書館に保管されていた東公図関係の文書をもとに執筆したと回答している。
- [52] 「平成8年度（第1回）評議員会議事録」『図書館雑誌』Vol.90, No.8, 1996.8, p.614-621. 宍戸は年代を誤解して昭和45年と述べている。
- [53] 山家篤夫「司書制度づくり運動の歴史と制度づくりの障害となったもの」『みんなの図書館』No.234, 1996.10, p.30-38.
- [54] 「小野格士さんの話をきく会」『東京支部ニュース』No.292, 1996.10.25, p.5.
- [55] 大澤正雄「図書館職員のグレード制を考える」『図書館界』Vol.49, No.3, 1997.9, p.169-177.
- [56] 大澤正雄「司書職制度をさぐる」『図書館研究三多摩』2号, 1997.10, p.32-43.「1(1)東京都公立図書館長協議会の司書職制度について」(p.33-35) 要請書の事実経過と反対理由は佐藤の文章 [51] の要約である。
- [57] 佐藤政孝『東京の近代図書館史』新風舎, 1998.10, 359p.「第7章2 都立図書館と区市立図書館との関係」(p.224-234)
- [58] 朝倉雅彦「東京都の図書館振興策と多摩の図書館 [改稿]」『とりつたま』14号, 1998.3, p.16-26.
- [59] 鬼倉正敏「公立図書館の職務分析・職務区分表について―司書職制度・専門性の確立に向けて」『図書館評論』41号, 2000.6, p.48-68.

[全公図, 中央図書館制, 基準関係]

郵便はがき

恐縮ですが切手をお貼り下さい

112-0005
東京都文京区水道二丁目一番一号

勁草書房 愛読者カード係

（小社へのご意見・ご要望などお知らせください。）

本カードをお送りいただいた方に「総合図書目録」をお送りいたします。
HPを開いております。ご利用下さい。http://www.keisoshobo.co.jp
裏面の「書籍注文書」を小社刊行図書のご注文にご利用ください。
より早く、確実にご指定の書店でお求めいただけます。
近くに書店がない場合は宅急便で直送いたします。配達時に商品と引換えに、本代と送料をお支払い下さい。送料、は何冊でも1件につき380円です。（2002年1月現在）

愛読者カード

00027-9 C3000

本書名　図書館運動は何を残したか

ふりがな
お名前　　　　　　　　　　　　　（　　　歳）

　　　　　　　　　　　　　　ご職業

ご住所　〒　　　　　　　　電話（　　）　－

メールアドレス
メールマガジンを始めました。配信ご希望の方はアドレスをご記入下さい。

本書を何でお知りになりましたか　書店店頭（　　　　　　書店）
http://www.keisoshobo.co.jp
目録、書評、チラシ、その他（　　　）新聞広告（　　　　　新聞）

本書についてご意見・ご感想をお聞かせください。（ご返事の一部はホームページにも掲載いたします。）

◇書籍注文書◇

最寄のご指定書店

市　　　町（区）

書店

（書名）	¥	（　）部
（書名）	¥	（　）部
（書名）	¥	（　）部
（書名）	¥	（　）部

[60] 永井長雄「公共図書館（1年の回顧と展望）」『図書館雑誌』Vol.59, No.12, 1965.12, p.505-507.
[61] 長谷川昇「公共図書館界（1年の回顧と展望）」『図書館雑誌』Vol.60,No.12, 1966.12, p.481-483.
[62] 宮崎俊作「だれのための協力？」『図書館雑誌』Vol.61, No.2, 1967.2, p.72-75.
[63] 長谷川昇「図書館の現状に想う」『ひびや』84号,1967.3,p.65-67.
[64] 蒲池正夫「公立図書館の設置および運営に関する基準案のできあがるまで」『図書館雑誌』Vol.61, No.3, 1967.3, p.133-134.
[65] 発起人会『全国公立図書館長協議会の設立について』1967.3.15, 1枚.
[66] 「全国公共図書館長協議会設立」『図書館雑誌』Vol.61,No.6,1967.6, p.264. 慣例により，都立日比谷図書館長，後には都立中央図書館長が全公図会長を務めている。
[67] 「全国公立図書館長協議会規約」『全国公立図書館長協議会会報』創刊号,1967.6, p.6-7.
[68] 清水正三「中央図書館制度についての覚書―戦後の図書館法案にあらわれた中央図書館制度と昭和8年の図書館令改正を中心に」『図書館評論』6号,1967.6, p.1-6.
[69] 河島正光「政治的な働きかけも必要」『図書館雑誌』Vol.61, No.8, 1967.8, p.337.
[70] 石塚栄二「館界の新体制運動」『図書館界』Vol.19, No.2, 1967.7, p.33-34.
[71] 長谷川昇「会長挨拶」『とうきょうのとしょかん』No.36, 1968.2, p.1-2.
[72] 清水正三「中央図書館制度とはなにか?? ―その系譜と疑問点」『図書館雑誌』Vol.63, No.12, 1969.12, p.622-624. この文章は，清水正三『図書館を生きる―若い図書館員のために』日本図書館協会，1995, 318p. の p. 244-252 に収録されている。
[73] 全国公立図書館長協議会行政委員会「図書館法改正アンケートの実施について」『図書館雑誌』Vol.63, No.12, 1969.12, p.627.
[74] 全国公共図書館協議会事務局「公共図書館のナショナルプラン―全公図の計画と進歩状況」『図書館雑誌』Vol.73, No.2, 1979.2, p.82-83.
[75] 薬袋秀樹「都道府県教育委員会による市町村立図書館振興策の根拠法令―変遷の経過と内容」『図書館学会年報』Vol.39, No.4, 1993.12, p.158-176.

あとがき

　本書のテーマには東京都立中央図書館在職当時から強い関心を持ってきた。東京都立中央図書館を退職して大学院に進学し，研究者に転じた理由の一つは，これらのテーマについて実証的に研究し，その成果を発表したかったことにある。しかし，大学教員になってからの最初の10年間は，公立図書館に関する理論全般の研究に向けざるを得なかった。研究を進めるにつれて，既成の図書館運動は，単に司書職制度のあり方や司書職制度を要求する運動の方法において誤っているだけでなく，運動全般や体質そのものに問題があることがわかってきた。そのため，このテーマについて発表するためには，既成の運動全般に対する批判に確信を持てるようになることが必要であった。そのため研究はなかなか進まなかった。このテーマを深く研究できるようになったのは1990年代に入ってからである。

　筆者は，この10年間，文字通り全力を挙げて，既成の図書館運動の理論と実践について研究を進めてきた。そのため，多くのことを犠牲にしなければならなかった。この10年間の一連の研究は，筆者にとって，どうしても明らかにしなければならないものであった。このことを明らかにしなければ，全国の良心的な図書館職員のこれまでの努力が無駄になってしまうからである。

　本書の出版を決意した最大の原因は，日本図書館協会の委員会の対応である。筆者は，1995年以降，専門職員論に関する論文を発表してきた。このうちの一部が本書第2～4章のもととなった論文である。しかし，その後，6年間が経過したにもかかわらず，図書館員の問題調査研究委員会からは討論の申し入れや講演の依頼は一切なかった。現在の委員会メンバーも1970～1980年当時の委員会メンバーも筆者の問題提起にほとんど答えようとしていない。委員会は毎年全国図書館大会で図書館員の問題部会を開催しているが，筆者は一度も招かれたことがない。また，この6年間，『図書館雑誌』『現代の図書館』の両編集委員会からは，専門職員論に関する原稿依頼は一切なかった。

これまでの研究によって，図書館運動のいくつかの重要な問題に関して批判的な見解を明らかにしてきた。公立図書館関係者は，図書館運動の見解と批判的な見解の両方を判断材料として，自分で判断を下してほしい。

　本書の第Ⅱ部は，これまでに発表した論文にもとづいている。ただし，各論文にはかなり手を加えてある。既発表の論文の本書への再録を許可していただいた関係編集委員会に深く感謝したい。第Ⅰ部と第Ⅲ部は書き下ろしである。

　司書職制度について論じてきたこと，論じなければならないことは多い。本書はその第一歩にすぎない。筆者は，これを文字通り第一歩として，さらに理論構築を進めていくつもりである。

謝　　辞

　本書の執筆に当っては，多くの方々にお世話になりました。第Ⅱ部第4章では，森智彦氏から参考資料を提供していただきました。第Ⅲ部では，最初にこの問題についてご教示いただいた石井紀子氏，都立日比谷図書館作成の貴重な資料を発見し提供してくださった元区立図書館職員の方，当時の事情についてお話しいただくとともに原稿を読んでいただき，一貫して筆者を激励してくれた朝倉雅彦氏，中多泰子氏，宍戸寛氏，原稿を読んでいただき，コメントをいただいた島田若葉氏，石井紀子氏，宮崎俊作氏，質問に応えていただいた元都立図書館職員の方々，俵元昭氏を始めとする元区立図書館職員の方々，資料収集にご協力いただいた八里正氏，瀬島健二郎氏を始めとする都立図書館関係者の方々にお世話になりました。また，図書館情報大学助手の大庭一郎氏には最終原稿を点検していただきました。校正については，図書館情報大学ОBの高橋順子氏にご協力いただきました。ここに記して謝意を表します。

　また，筆者の孤独な作業に対して激励をいただいた多くの人々，特に元神奈川県教育長の武田英治先生，青山学院大学名誉教授の古賀節子先生，全国各地の公立図書館職員の皆さんに対して深く感謝の意を表します。

　最後に，本書の出版にご協力いただいた勁草書房編集部の町田民世子さんに深く謝意を表します。

索　引

本文中の事項，文献，人名の五十音索引である。

ア行

朝倉雅彦　　146,162,168,172,201,209,217
アメリカ図書館協会「職業倫理に関する声明」
　　75-76
荒川区職員労働組合執行部　　170
荒川区立図書館職員の不当配転問題　32,141
イギリス図書館協会「倫理綱領草案」　75
石井紀子　　166-167,219
石塚栄二　　79-80,84-85,99,106
市川昭午　　33-34,49,68-69,74
一般教養　　26
伊藤峻　　162-163,200,203,212
乾勝　　147-150,201-202
ウィレンスキー，ハロルド L.　　69-70
大澤正雄　　161,174,199-200
大田区立図書館の司書採用　　143-144
大庭一郎　　6
鬼倉正敏　　175
小野格士　　161,163,170,176,193-194

カ行

回答　→　要請書に対する回答
貸出サービス　　55
神本光吉　　50
管理業務の観点　　131
基礎的能力　→　司書に必要な基礎的能力
北村泰子　　191-192
教員の採用試験と人事　　27-28
区固有職員の司書有資格者　　144-145
久保輝巳　　19,52-54,69-70,83-86,97-98,110,
　　115-116
区立図書館
　　当時の事情　　178-179
　　労働条件　　190-191
　　都立図書館職員の天下り　　186-189
　　都立図書館との機能の相違　　186-187
　　都立図書館との人事交流　　187-188,206,
　　　211
区立図書館職員
　　事務職の意向　　184-185
　　職員の定数基準　　194-195
　　司書有資格者の身分保障・経過措置　193
　　　-194
　　少数派の反対意見　　196-197
　　職員の意識　　211-212
　　東京都公立図書館職員連絡会　　161,164-
　　　166
区立図書館長
　　現状　　187-188
　　司書に対する評価　　188
　　反対運動に対する評価　　176-177
グレード制　　64
『月刊社会教育』　　168
原稿執筆の機会　　29-31
公共図書館　　7
公立図書館
　　特徴，目的，種類　　6-7
　　設置率　　9
公立図書館施設整備費補助金　　15
「公立図書館の最低基準」　　15
「公立図書館の設置及び運営に関する基準案」
　　（1967年）　　205
「公立図書館の設置及び運営に関する基準」
　　（1992年）　　209
『公立図書館の任務と目標』　　110,118-119
後藤暢　　19,84,97,172,176-177,200

サ行

佐藤政孝　　173-177,181-184,193-195,200
資格試験　　27-28
資格認定　　63
時期尚早論　　195
資質　　107-108

245

索　引

事実認識　200-201
資質論の分析　121-125
宍戸寛　173,204,212
「司書および司書補の職務内容」　11
司書課程　13
司書課程の教員　14
司書科目　13
司書・司書補講習の履修単位　13,26
司書・司書補となる資格　12-13
司書・司書補有資格者　9
司書職制度　16
司書職制度に関するアンケート調査　147-149,181-184
『司書職制度の確立についての説明資料』　159,163
司書に必要な基礎的能力　27,125-126,132-137
　　　特に司書に必要な基礎的能力　133-136
司書の資質論　21-23,108-132
司書のための倫理綱領　88-89
司書の配置　14-15
司書の配置を進めるための方法　36-37
司書の養成　13-14,26-27,191-192
司書不要論　192,202
司書補の職務　11
渋谷嘉彦　48-50
清水正三　109,112-113,204-205,208-210
事務職からの助言　25
住民のための図書館の思想　189-190
省令科目　13
職業人に必要な能力　126-127
職務区分表　93
職務分析　63-64
職階制　185-186
自律　99
私立図書館　7-8
資料知識　26
人事異動　28
人事行政の構造　201-202
誓約　99
生来の資質　129-130
専攻科　13
全公図　→　全国公立図書館長協議会

全国公共図書館協議会　210
全国公立図書館長協議会　205-206,210-211
専門職員　10
専門職確立の5段階プロセス　69-70
専門職集団確立優先論　99-100
専門職性　49
専門職制度　16
専門職制度形成の手段としての倫理綱領
　　　論理　86-87
　　　問題点　93-94
専門職の属性　33-34,68-69
専門性の証明方法　34-35
専門性の三つの要件
　　　内容　43-45
　　　解説　51-53
　　　構成　54-55
　　　検討過程　55-60
　　　評価　50-51,53-54
専門的サービス　23,25,36
専門的職務　23-24
組織の運営と社会に対する認識の能力　132

タ行

竹内悊　83-84,96
田中隆子　19,83
千葉治　163,200
中央図書館制度　204-205,208-210
『中小都市における公共図書館の運営』　108-109,111-112
調査研究の観点　130-131
調整　205,208-209
適性　108
『東京支部ニュース』　142
東京都教育庁社会教育部社会教育課　149
「東京都公共図書館の現状と問題点 1963」　145
東京都公立図書館員懇話会　144
東京都公立図書館職員連絡会
　　　運動　161-167,199-200
　　　懇談会（連絡会との）　163
東京都公立図書館長協議会
　　　結成　143
　　　組織　146
　　　司書職制度に関する取り組み　147-156

懇談会（東公図との）　163
東京都職員労働組合
　　委員長　159
　　組合側の認識　208, 212
東京都職員労働組合特別区協議会
　　要請書の取り扱い　156-159
　　図書館司書専門職制度研究集会　157-158
　　議長　159
東京都人事委員会による一括採用　186
東京都・特別区の人事交流　187-188
東京都の人事担当関係課
　　協議　149
　　説明　161-162
　　評価　175-177
東京都立図書館　→　都立日比谷図書館
「東京の公共図書館総合計画1962」　145
東京の公立図書館白書　207
『とうきょうのとしょかん』　142
東公図　→　東京都公立図書館長協議会
東図懇　→　東京都公立図書館員懇話会
通し号俸制　160
読書案内サービス　36-37
特別区人事事務組合　144
特別区の司書職制度要求署名運動　32
特別区立図書館　→　区立図書館
図書館　7-8
図書館員　10-11
図書館員の専門性　24
「図書館員の専門性とは何か（最終報告）」
　　概要　21-22
　　内容　42-46
　　評価　46-51, 70-72
　　問題点　51
「図書館員の倫理綱領」
　　概要　21-22
　　本文　77-78
　　特徴　78
　　制定経過　78-83
　　倫理綱領重視の提案　65-66
　　意義　84
　　問題点　84-85, 91-106
　　目的　85-87
　　対象

図書館職員　87-89, 95-97　図書館　89, 97-98
　　規制力　90, 98-99
　　専門職団体との関わり　90, 99-102
　　現在の評価　73
図書館運営の姿勢　24-25
図書館運動参加者の相互批判　25
『図書館界』　174
「図書館学教育改善試案」　43, 61-62
図書館学教育の基準　93
図書館学の水準　60-61
図書館業務の根本理念　132-133
『図書館研究三多摩』　174
図書館サービスの基準　93
『図書館雑誌』　29-30, 37
『図書館司書という仕事』　4, 110, 115-116
図書館職員　10-11
「図書館の国民的な発展を求める全国署名」　32
「図書館の自由に関する宣言」　80, 91
図書館法改正　15
図書館問題研究会
　　概要　19-21
　　東京支部　31-33, 157, 167-168, 176, 207, 212
　　東京支部委員会　199
　　東京支部司書部会　171, 194
『図書館用語辞典』　109, 114-115
都職労　→　東京都職員労働組合
特区協　→　東京都職員労働組合特別区協議会
図問研　→　図書館問題研究会
都立日比谷図書館　143-150, 156, 159
都立日比谷図書館協議会　156, 188
都立日比谷図書館と区立図書館の関係　→　区立図書館
『都立日比谷図書館における司書職のあり方に関する最終答申』　156, 185-186

ナ行

中川徳子　110, 115
日本図書館協会
　　組織・活動　17-18
　　批判　66-68
　　専門職団体となるための改革　101

247

索引

日本図書館協会に対する遠慮　101-102
日本図書館協会教育部会　43,61
日本図書館協会公共図書館部会　210
日本図書館協会専門職委員会　63
日本図書館協会図書館員の問題調査研究委員会
　　概要　4,18-19
　　活動　42,80-81
　　問題点　102-103
任務規定　91-92
ネームプレート　37
能力　108
野瀬里久子　161,163-165
望ましくない資質　128

ハ行

長谷川昇　156,192,210
反対運動　→　要請書に対する反対運動
非専門的職務　11-12,23-24
プロフェッション（専門職）　11,68,74,79
別枠採用　16
本の案内カウンター　36-37

マ行

前川恒雄　109-110,113-114,116-118
松岡要　168-169,172,199-200
マニュアル　28-29
宮崎俊作　147,162-163,167,175-177,180-181,
　187-188,196,198-199
室伏武　82,98
森耕一　169
森智彦　19,111,119-120
森崎震二　87-88,168-169,200,212

ヤ行

八里正　212
山家篤夫　174,200
「ユネスコ公共図書館宣言　1994」　8
要請書
　　「都区立図書館の司書職制度確立に関する
　　　要望」　150-151
　　作成の経緯　152-153
　　要請行動の結果　154-155
　　提出　155-156
　　評価　175-176
　　周知度　195-196
要請書に対する回答
　　東京都職員労働組合委員長の回答　159-
　　　161
　　連絡会の見解　164-166
　　回答の結果　168
要請書に対する反対運動
　　反対意見の一覧　179-180
　　反対意見の原因　180-181
　　反対理由の問題点　182-195
　　反対運動の方法の問題点　195-203
　　反対運動の影響　216-217
48手当（48時間勤務職員特別手当）　185

ラ行

吏員昇任試験の特別選考職種　144
臨時職員の正職員化　144
倫理規定　91-92
『連絡会ニュース』　142

ワ行

『われらの図書館』　110,116-118

初出一覧

　本書の第2～4章の初出と元のタイトルは以下のとおりである。いずれも，加筆訂正を行なっている。第2章は2本の論文を1章にまとめたものである。

第2章　「日本図書館協会図書館員の問題調査研究委員会「図書館員の専門性とは何か（最終報告）」（1974）の批判的考察」『図書館学会年報』Vol.41, No.1, 1995.3, p.1-16.
　　　　「図書館員の専門性の要件の批判的考察―「図書館員の専門性とは何か」の検討過程における問題点」石井敦先生古稀記念論集刊行会編『転換期における図書館の課題と歴史―石井敦先生古稀記念論集』緑陰書房，1995, p.85-97.
第3章　「日本図書館協会「図書館員の倫理綱領」（1980）に関する考察」『図書館学会年報』Vol.42, No.1, 1996.3, p.32-48.
第4章　「公立図書館司書に必要な基礎的能力―司書の資質論から」『図書館界』Vol.50, No.5, 1999.1, p.224-238.

著者略歴
1948年　兵庫県生まれ
1970年　慶応義塾大学経済学部卒業
1972年　慶應義塾大学文学部図書館・情報学科卒業
1972年　東京都立日比谷図書館、中央図書館勤務
1983年　東京大学大学院教育学研究科博士課程単位取得退学
現　在　図書館情報大学教授

図書館運動は何を残したか　図書館員の専門性

2001年5月15日　第1版第1刷発行
2002年5月15日　第1版第3刷発行

著　者　薬袋　秀樹（みない　ひでき）
発行者　井　村　寿　人
発行所　株式会社　勁草書房（けいそう）
112-0005　東京都文京区水道2-1-1　振替 00150-2-175253
（編集）電話 03-3815-5277／FAX 03-3814-6968
（営業）電話 03-3814-6861／FAX 03-3814-6854
三協美術印刷・鈴木製本

©MINAI Hedeki　2001

ISBN 4-326-00027-9　Printed in Japan

JCLS ＜㈱日本著作出版権管理システム委託出版物＞
本書の無断複写は著作権法上での例外を除き禁じられています。
複写される場合は、そのつど事前に㈱日本著作出版権管理システム
（電話 03-3817-5670、FAX03-3815-8199）の許諾を得てください。

＊落丁本・乱丁本はお取替いたします。
　　　　　http://www.keisoshobo.co.jp

津田良成編
図書館・情報学シリーズ　全9巻／A5判／上製カバー／平均250頁

①	情報の発生と伝達	上田修一・倉田敬子	3,400円
②	情報探索と情報利用	田村俊作編	4,100円
③	情報検索の理論と技術	岸田和明	4,500円
④	図書館・情報センターの経営	高山正也編	3,600円
⑤	図書館・情報学のための調査研究法	緑川信之他	3,000円
⑥	情報システムとデータベース	上田修一	近刊
⑦	大学図書館の運営	高鳥正夫	2,900円
⑧	理工学部文献の特色と利用法	上田修一他	2,900円
⑨	目録の歴史	澁川雅俊	2,500円

津田良成編	図書館・情報学概論　第二版	2,800円
原田　勝	図書館／情報ネットワーク論	2,500円
長尾・原田他	研究情報ネットワーク論	3,000円
ブレイビク，ギー／三浦他訳	情報を使う力	3,700円
バックランド／高山他訳	図書館サービスの再構築	2,400円
情報探索ガイドブック編集委員会編	情報探索ガイドブック	4,000円
バーゾール／根本他訳	電子図書館の神話	3,400円
フェザー／高山・古賀訳	情報社会をひらく	3,000円
ウォーナー／高山・柳監訳	本とコンピュータを結ぶ	3,200円
緑川信之	本を分類する	3,200円
根本　彰	文献世界の構造	3,600円
上田修一編	情報学基本論文集Ⅰ・Ⅱ	各3,200円
原田　勝・田屋裕之編	電子図書館	2,800円
倉田敬子編	電子メディアは研究を変えるのか	3,200円
根本　彰	情報基盤としての図書館	2,800円

＊表示価格は2002年5月現在のもの。消費税は含まれておりません。